Leo Frobenius

Der schwarze Dekameron

Belege und Aktenstücke über Liebe, Witz und Heldentum in Innerafrika

Verlag
der
Wissenschaften

Leo Frobenius

Der schwarze Dekameron

Belege und Aktenstücke über Liebe, Witz und Heldentum in Innerafrika

ISBN/EAN: 9783957008831

Auflage: 1

Erscheinungsjahr: 2016

Erscheinungsort: Norderstedt, Deutschland

Hergestellt in Europa, USA, Kanada, Australien, Japan
Verlag der Wissenschaften in Hansebooks GmbH, Norderstedt

Der schwarze
Dekameron

Der schwarze Dekameron

Belege und Aktenstücke

über

Liebe, Witz und Heldentum
in Innerafrika

gesammelt von

Leo Frobenius

Mit Zeichnungen von Fritz Nansen
und photographischen Aufnahmen

Vita, Deutsches Verlagshaus
Berlin-Ch., Hardenbergstraße 14

Hochverehrter Boccaccio!

Ueber fünf Jahrhunderte sind in die Ewigkeit geflossen, seitdem Sie Ihren Lehrstuhl in Florenz bestiegen haben, seitdem Sie aus der Versenkung in einen göttlichen Dante emporstiegen und der großen Welt das Verständnis für die Tiefe der Volkserzählung erweckt haben. Ueber fünf Jahrhunderte! Aber Ihre Freude an der Dichtung Ihres Volkes wurde zu einem Monumente, zu dem die Menschheit immer wieder dankbar emporblicken wird.

Tausende und aber Tausende von Jahren sind verflossen, seitdem die Menschheit begann, ihr Leben und Sinnen in dichterische Form zu kleiden, und dieses Gut schweigend weiter zu vererben, jedes Volk an seinen Erben, jeder Stamm seiner Nachkommenschaft, jede alte Rasse ihren Epigonen.

Tausende und aber Tausende von Jahren hindurch sind die Völker und Rassen hin- und hergeströmt, durcheinander geflossen und wieder

auseinander gegangen. Der Schwache ererbte das
Gut der Starken, und die Gewaltigen erfreuen
sich an der Arbeit der Heloten. So ward die
Menschheit immer mehr zu e i n e r Menschheit,
und ihre Schöpfung immer mehr eine allgemeine
Menschlichkeit. Wohl möglich, daß in irgendeinem
Urbeginn die einzelnen niederen Menschheits=
formen einander nicht verstanden; möglich auch,
daß sie alle aus einer Wesenheit hervorgingen!
Wir wissen das noch nicht. Wir wissen heute nur,
daß nach dem langen, stillen Hin= und Herfluten
in uns ein Drang erwacht ist, die anderen zu
verstehen, daß die Menschheit zu einer Verein=
heitlichung hinstrebt.

Als Sie, hochverehrter Boccaccio, vor über
fünf Jahrhunderten ihre Volksdichtung ent=
hüllten, da war das etwas Großes, — und wenn
wir Epigonen der Welt die Dichterseele einer
fremden Rasse entschleiern, so ist das etwas
Kleines geworden. Soweit ist die Menschheit in
ihrem Strome der Vereinheitlichung schon nahe
gekommen! Und nicht viel mehr als fünf Jahr=
hunderte! —

Und dennoch, hochverehrter Boccaccio, habe
ich diesem Buche den Namen gegeben, der Ihnen
bekannt klingen muß. Alles scheint gegensätzlich:
Die Zeit, die Menschheit, die Fremdheit des
Werkes. Und doch sind wir über die Bergkette von
über fünf Jahrhunderten einander nahe gekommen.
Ein Humanist anderer Art, bin ich doch Ihr
Nachkomme; trotz anderer Rassen Fühlen, ist

meiner braunen Freunde Dichtung doch Ihrem Volke verwandt.

Ritterlich und phantasiereich, listig, liebenswürdig und üppig, und so manches Mal auch gar verliebt und naturalistisch scheint der Mensch der roten Erde Afrikas über Wüste und Meer hinweg verständnisinnig zu den Bauern der Campania hinüberzuschauen. Oft hat sich mir dieser Gedanke im Laufe meiner afrikanischen Wanderjahre aufgedrängt. Und oft, nachdem ich tagsüber in trockener Gelehrsamkeit Stammbäume und Sprachwerte, Formen der Bogen und Maße der Hütten, Töpferei und Weberei studiert und bezeichnet habe, — oft nachdem sich mir in Gelehrtenarbeit die großen und kleinen Probleme der Kulturverwandtschaft bis zur Eintönigkeit aufgedrängt hatten, — ach, so oft haben dann die Studien der Abendzeit, das Märchenübersetzen und das Buchen der Volkspoesie mich wieder frisch und froh gemacht.

Dann habe ich bedauert, daß ich die Schätze dieser schönen Kunst nur allein genießen kann und später dann in den Archiven der Wissenschaft vor der Welt vergraben sollte. Das durfte nicht sein! Und ehe diese Schätze akademisch verstaut werden, sollen die Perlen ausgewählt und in dieser Fassung Ihnen, lieber Boccaccio, und dem Volksgeiste zur Prüfung vorgelegt werden. Freunde, denen ich aus meinen Aufzeichnungen vorlas, baten mich, die besten Teile weiteren Kreisen zugänglich zu machen.

So entstand der schwarze Dekameron.

Die sprachliche Form ist eine möglichst sinngemäße und wortgetreue Uebertragung aus afrikanischen Sprachen. Für äußere Ausstattung erstrebte ich eine Vervollständigung, indem Zeichnungen und Darstellungen, die mein Assistent, der Kunstmaler Nansen, im Verlauf der Reise angefertigt hat, sowie auch einige Photos eingefügt wurden.

Hochverehrter Boccaccio! — Drehen Sie sich, bitte, im Grabe ein wenig um, auf die linke Seite, stützen Sie Ihr Haupt und blättern Sie mit der Rechten in diesem Büchlein. — Ich hoffe, Sie werden nicht zu enttäuscht sein.

Ihr
Leo Frobenius.

I. Ein Buch von Rittertum und Minne

1. Der fahrende Ritter und sein Barde.

(Zur Einführung.)

In den letzten Tagen des Jahres 1907 war es. Vor vierzehn Tagen waren wir aus dem Norden zurückkehrend im Zentrallager von Bamako am oberen Niger wieder angelangt. Mit aller Kraft war das Studium der sozialen Verhältnisse begonnen worden. Manches unhandliche, schwer verständliche Material war geborgen. Der derzeitige Zustand des Negertumes in diesen Ländern schien meinem Verständnisse so nahegerückt, daß die Grundlage im allgemeinen als solide gelten konnte. Nege, der alte, mir von der französischen Regierung überwiesene Leiter des schwarzen Personales lächelte dann eines Abends sehr verschmitzt und sagte: „Früher war es ganz anders!"

Man kann unsereinen nicht mehr reizen, als daß man ihm sagt: „Früher ist es ganz anders gewesen!" Die Hoffnung, die Entwicklungsgeschichte der Dinge durchschauen zu können, schwillt dann mächtig an, der Wunsch wird zur Leidenschaft, das Portemonnaie wird gelockert,

11

die Versprechung wird aus dem Augenblick und dem Wunsche geboren: „Besorgt mir gute Aktenstücke, gute Belege, dann will ich euch reichlich bezahlen."

In den letzten Tagen des Jahres 1907 war es, da brachte der alte Nege mir einen hageren, schlanken, in langwallendes Gewand gehüllten Burschen mit grauem Haar. Sein Gruß war der des Islams, aber sein Atem der des heidnischen Trinkers. Seine kleinen Augen glitten listig umher, und mit der Hand spielte er über die Saiten einer Guitarre. Das war Korongo! Korongo, der Sänger, der Barde, ein Mann, der auf gute Tage zurücksah, der es noch erlebt hatte, daß die Könige frei und edel hoch zu Roß das Land durchzogen, der vor dem Turniere noch weithin verkündete, wes hohen Stammes der und jener Recke sei, — das war der Korongo, der in Segu den Sturz der letzten Königsmacht erlebt hatte, der Korongo, der dann seine Leier gestohlen hatte, der darauf verfolgt hierher in das Treiben des modernen Staates geflüchtet, und dessen Beruf von dem eines reckenhaften Barden zu dem eines Bänkelsängers herabgesunken war.

Dann begann sein Sang: „Zwölf Helden waren in der Vorzeit!" — Das Wort für „Held" war: „Gana." Oh, was hat es für Mühe gekostet, bis ich das Wort „Gana" in „Held" übersetzen konnte, denn in keiner Sprache vermochte ich bei meinen Dolmetschern eine Uebersetzung des Wortes „Gana" zu finden. Aber die Gana der Mande, die Sagate der Fulbe, sind nichts anderes als „Helden"! Und was dann in tage= und nächtelangem, wochenlangem, monatelangem Zusammenarbeiten aus dem Munde dieses Korongo und so manchem seiner anderen Sangesgenossen, die nun aus allen Teilen des Mande= Landes zusammengerufen wurden, uns bekannt wurde, das waren wahrhaftige und wirkliche Heldengesänge, — das waren kleine und große Heldenbücher, darin stampften die Rosse, darin klirrten die Speere und Schwerter, darin hallte der Jubelruf siegreicher Recken, das Todesstöhnen untergegangener Helden, und allem voran das Kosen der Liebe, das Minnewerben tatendurstiger Männer der Vorzeit, die das Glück der Nächte gern bereit waren, mit dem Blute des anderen Tages zu zahlen.

„Und früher war es ganz anders!" — hatte der brave Nege gesagt. Er hatte Recht gehabt. Eine Welt tauchte vor mir auf und stieg aus der Vergangenheit empor, die hatte so wenig zu tun mit dem Heute und mit dem Geiste des heutigen Lebens, der jetzt diese Länder belebt und bewegt, daß die gesunde Grundlage meiner sozialen Erkenntnisse von Grund auf erschüttert und zertrümmert wurde. Etwa ein Jahr lang bin ich dann in jenen Ländern gewandert und umhergefahren, zu Fuß, zu Pferde und im Boote, und habe allenthalben aus allen Provinzen, die nur irgendwie im Bereiche meines Rufes standen, die alten Sänger zusammenkommen lassen und habe alles aufgeschrieben, was diese einstigen Barden und heutigen Bänkelsänger mir zu sagen vermochten. Zerstört, zerrieben, zertrümmert und zu banalen Interessen des Alltagslebens herabgezogen liegt das Heldentum der Vergangenheit im Westen des West-Sudan. Kein Recke zieht mehr aus, für sein Lieb den letzten Lanzenstoß zu wagen; kein Held ergreift den Stoßspeer, um den Spott über Mannestum zu rächen; kaum achtet das Volk mehr darauf, ob seine Führer edlen Blutes sind. Kaufleute sind sie geworden! Als Krämer für Salz und Gold und schlechte Stoffe ziehen die Nachkommen der alten Ritterhöfe durch das Land, auf den breiten Handelsstraßen dahin, die eine moderne Kultur ihnen schafft, und wenn sie jammern, so klagen sie nicht über den Verlust einer edlen Vergangenheit, sondern dann rechten sie miteinander und untereinander über die Höhe der Steuer und den Wegzins und die Entschädigung über dies und das und den Kurswert von Salzbarren und um Hammel. Und die Barden sind wie jener Korongo. Erstorben ist der Stolz, der höchste Ehrgeiz der alten Zeit, der für die Barden darin lag, ihrem hohen Herrn nicht nur von der herrlichen Tat der alten Herkommen berichten zu können, sondern dessen größte Freude darin bestand, ein neues Lied schaffen zu können über das, was sein Blutherr selbst verrichtete. Sie liegen in den Kneipen umher. Sie singen bald lüsterne und liederliche, bald banale eingeborene, und jetzt auch schon gar jene Lieder, die aus den Kabarets Europas als abgelegte Ware bis nach da unten hin wandern.

14

Die Kraft und die Macht, die Größe und die Herrlichkeit eines alten, ritterlich-herrlichen Hoflebens liegt zerstört vor uns. Ich aber will versuchen, hier zu schildern, wie das Leben der alten Zeit in großen Zügen sich abspielte.

Da, wo die Sahara ohne merklichen Gegensatz in das Steppenland West-Afrikas hinüberfließt, zwischen dem Senegal und dem Niger herrschten viele, viele Jahrhunderte hindurch hellfarbige Völker über die dunkelhäutigen Ackerbauern des dunklen Kontinentes. Wie im Netz zogen sich die Maschen der Verkehrsstraßen über das Land hin, und an den Bundstellen ragten mächtige Mauern gen Himmel, hinter denen die Gehöfte des Adelsgeschlechtes lagen. Es ist im höchsten Grade unwahrscheinlich, daß in diesem Lande irgendein besonders starkes Geschlecht sehr lange Zeiten hindurch ununterbrochen mit königlicher oder kaiserlicher Gewalt den Gipfelpunkt sozialer Geschlossenheit repräsentierte. Vielmehr kann man als sicher sagen, daß die einzelnen adligen Familien ein so freiherrliches Leben geführt haben, wie nur je ein feudales Leben in Deutschland oder Frankreich es gezüchtet hat, daß sie sich im Uebergewicht einander oft abwechselten. Bald war diese Familie stärker, bald jene. Aber die Ebenmäßigkeit der Glieder dieses Adels blieb der älteste Charakterzug. Dieser Adel war in

15

seinen männlichen Teilen nicht durchaus boden=
ständig. Er verwuchs nicht absolut fest mit der
Scholle. Ein uraltes Gesetz, das genau wie dieser
Adel überhaupt dereinst aus den Ländern des
Atlas und des Mittelmeeres nach diesem Süden
gepilgert war, verfügte, daß nicht der Sohn Hof,
Volk und Land des Vaters erbte; der Sproß
des Mutterbruders trat die Erbschaft an. Der
Besitz des Adels blieb also in weiblicher Linie.
Die Folge hiervon war, daß die Söhne der Herr=
scher und Fürsten, wenn sie Mann waren, mit
ihrer Erziehung abgeschlossen hatten, den väter=
lichen Hof, das väterliche Fürstentum verlassen
mußten.

„Der Fürstensohn tritt seine Wanderung an.“
Das ist der eigentliche Grundzug, aus dem die
Heldentaten entspringen. Der fahrende Ritter!
Denn dieser junge Sproß des abligen Geschlechtes
muß sich nun sein eigenes Besitztum, den eigenen
Hof, die eigene Knappenschaft erobern. Der junge
Held zieht wohlausgerüstet in die Ferne. Er hat
eine glänzende Erziehung zu Hause genossen; er
ist geübt in der Führung der Waffen; er ist
wohlvertraut mit allen Gesetzen des Kampfes und
mit allen Rechten und Pflichten des Ritters;
er hat ein stattliches Roß, und hinter ihm reitet
ebenfalls glänzend ausgerüstet sein Barde, sein
Knappe, sein Herold. Ueberdies folgt häufig noch
der eine oder der andere Pferdebursche, so daß
der Herr und der Spielmann nicht auf die eigene
Wartung von Pferd und Speisung angewiesen
sind.

Meine gelehrtesten Barden: 1. Der Malinke Hansumana Kuate

Meine gelehrteften Barden: 2. Der Boffo Fara=korro=djon

So zieht der junge Rittersmann mit seinen Barden wohlvorbereitet auf alle etwaigen Ereignisse, das Herz voll von Hoffnung, den Kopf gefüllt mit kühnen Gedanken, in die Ferne, weit fort, so weit, daß er das Gebiet der Verwandten seiner Mutter aus den Augen verliert.

Durch den Busch geht es dahin, durch wildes, ödes Land, an Bauernhöfen vorbei, vorüber an den gewaltigen Herden der viehzüchtenden Nomaden, bis dann eines schönen Tages die mächtige Mauer eines fremden Fürstengehöftes vor den Augen der Reisigen auftaucht. Vor den Toren liegt der Brunnen. Neben dem Brunnen stehen einige alte Bäume. An den Bäumen werden die Pferde angebunden. Der Barde breitet für den jungen Herrn eine Matte aus, der junge Ritter streckt sich im Schatten nieder, und während der Troßbursche für die Pferde sorgt und aus der Manteltasche auch einige Speise hervorlangt, läßt sich der Barde neben dem Ritter nieder und schlägt: Ping-Pang! Ping-Pang! Ping-Pang! an die Saiten.

Auf der Hofmauer ist es lebendig geworden. Einige Leute betrachten von oben die Neuangekommenen. Dann öffnet sich auch wohl das Tor, und ein paar Mädchen, geführt von einem schützenden Kriegsmann, kommen zum Brunnen, um Wasser zu holen oder die Wäsche zu waschen. Die Mädchen wissen ganz genau unter dem Scheine der Gleichgültigkeit den Fremden zu erforschen und abzuschätzen.

Inzwischen singt der Barde.

Er singt den Teil des Heldenbuches, der die Taten der Altvorderen des Herrn betrifft. Da ist erst der Kampf mit dem Drachen, dann ist da die Eroberung der jungen Ahnherrin, dann kommen die Kämpfe mit den Nomaden, mit den wilden Völkern der Sahara, dann die mit den brutalen und verachteten Jägern der Wälder an die Reihe. Der Barde singt von jedem Ahn das Stück, das ihm zugehört, und die Mädchen, die am Brunnen Wasser holen, lauschen, und die Männer, die oben auf der Burgmauer stehen, horchen, und je weiter der Gesang sich entwickelt, desto klarer wird es denen in der Burg, mit welchem Sprossen aus welchem Stamme sie es hier zu tun haben. Und wenn die Mädels dann noch ihrer Herrin zu berichten wissen, daß es auch ein schöner Ritter sei, der draußen im Grase liege, wenn der Barde gut gesungen und dem Fürsten selber solcher Familienverkehr genehm ist, dann kommen alsbald einige Hörige aus der Burg und laden den jungen Ritter ein, näher zu treten und die Beköstigung des Fürsten an= zunehmen.

Ein hübscher Hof wird für den jungen Ritter hergerichtet, an guter Stelle werden die Pflöcke für die Pferde in die Erde getrieben, Hammel und Hühner werden geschlachtet, die besten Saucen gekocht und alsbald vermittelt freundlicher Gruß und gütige Botschaft in langer, gewundener Rede= weise den herzlichsten Verkehr.

Das Idyll beginnt.

Verehrte Leserin, verehrter Leser! Diese Ritter des Altertumes, diese Sprossen des adligen Geschlechtes, waren in allem, was Minne anbelangt, so ursprünglich, daß wir nur in unseren Gedanken, nicht mehr mit unserem Gefühle dem vollständig nachzukommen vermögen. Manches kleine Scherzlied, manch kleine Tradition weiß nun zu berichten, wie die Tochter des Fürsten in nächtlicher Stunde ihre kleine Lieblingsdienerin zu dem jungen Ritter hinübersandte, mit irgendeiner Form der Botschaft, die wir gar nicht mehr verstehen können, die symbolischer Sprache war, und die darauf hinauslief, daß, wenn der junge Rittersmann wohlgebildet, klug und genügend verliebt war, er alsbald den Weg in das Gehöft der Prinzessin antrat. Und der Mond war damals genau so poetisch wie heute, und die Sterne funkelten, und das schönste von allem ist es gewesen, daß die Prinzessin das gute Recht hatte, sich ihren Liebhaber zu wählen und mit dem fremden Rittersproß zu tändeln. In manchen Gesängen, die ich nachfolgend wiedergebe, sind solche herzlichen Beziehungen geschildert. Der Afrikaner ist züchtig, ist unendlich viel keuscher als der Europäer. Der Afrikaner liebt sicherlich nicht mit weniger Leidenschaft, und die Afrikanerin ist sicherlich nicht weniger verliebt als die Europäerin. Aber während aller Jahre des Wanderlebens, die ich im Innern Afrikas verbrachte, sah ich doch nie einen verliebten Blick, sah ich nie etwas Lüsternes im Tagesgeräusche, im Tagestreiben. Die Liebe

schleicht in Afrika viel leiser, viel viel unmerk=
licher, wenn auch viel selbstverständlicher durch
das Leben hin. Und so kost in nächtlicher Stunde
die junge Prinzessin mit unserem Ritter, und der
kehrt dann glücklich und beglückt in sein Domizil
zurück, und niemand spricht davon, wenn alle
es auch ahnen.

Aber Minne hat hier nichts mit Ehe zu tun.
Der Ritter, der hier seine verliebten Stunden
verbringen darf und dem das Glück mit so
blendenden Zähnen lacht, wie nur irgend denk=
bar, ist deswegen doch noch lange kein will=
kommener Freier. Oftmals ist der Ritter dann
nach einiger Zeit aufgebrochen und von dannen
gezogen, sein prinzeßliches Mädel mag ihm nach=
geseufzt und nachgeweint haben, aber kein Hahn
kräht von Ehe. Ebensooft trat aber dann auch
an den Ritter die Anforderung heran, in dem
Prinzeßlein sein Eheweib zu erobern. Die Tabele
(Kriegspauke) ward geschlagen, zuweilen für alle,
zuweilen nur für ihn allein. Dann galt es anzu=
treten, irgendein fremder Ritter war mit böser
Miene gegen die Burg herangezogen oder hatte
das Vieh fortgetrieben, um den Kampf zu er=
zwingen, und man erwartete dann vor allen Dingen
von dem jungen Ritter, der als Gast so innige
und herzliche Aufnahme gefunden hatte, daß er
für den Burgherrn Speer und Schwert ziehe.
Dann ward gerüstet, dann ward geritten, dann
ward gestritten. Dann tummelten sich die Rosse,
dann brachen die Schäfte, dann floß das Blut;
Jubel und Aechzen erfreute des Mannes Herz.

Dann war es die Frage, ob der junge Minne=
ritter auch ein Kampfesheld sei. Und gar mancher
wackere junge Kumpan hat in solchen Gefechten
sich Land und Weib und Ruhesitz erobert.

Oder aber, der Fürst sandte zu dem Gehöfte
des jungen Gastes hinüber und ließ ihn fragen,
ob er dies oder jenes Abenteuer bestehen wolle,
und so ging es weiter.

Nicht nur auf solcher Fahrt aber ward Minne
und Hof gewonnen. Oft hatte sich bei irgend=
einer Gelegenheit ein junger Ritter in irgendeine
Königstochter oder in das junge Weib eines
Fürsten verliebt, und dann setzte er alles daran,
zu ihr zu gelangen, dann galt jede List, dann
galt jedes Wagnis, und mancherlei weiß das
Heldenbuch zu erzählen von kühnen Eroberern
dieser Art.

So ward die Mannestat erzogen. Und die
Mannestat ward Selbstzweck. Das geht als tief=
innerlicher Zug durch das Wesen dieser alten
Ritterepen. Ein junges, schönes Fürstenweib
braucht nur zu sagen: „es gibt keine rechten
Männer mehr unter dem Adel!“ — und alsbald
ist der Tatendurst des Ritters geweckt. Solchen
Spott vermag er nicht zu ertragen, er zieht aus,
um in der vollsten Kühnheit die unerhörtesten
Wagnisse zu unternehmen und den Beweis für
das Gegenteil zu erbringen. Man kann sagen,
daß der kriegerische Geist dieser Völker durch das

Nomadenleben in den Steppen erzogen, durch die ständigen Reibereien hervorgerufen, im Kampfe ums Dasein zum Leben erweckt, aber dann durch die Frauen und die Liebe erst zu den Formen erzogen worden ist, die den Grundzug dieses Rittertumes ebenso darstellen, just wie in unserem eigenen Mittelalter. Deswegen wage ich den Satz auszusprechen, daß das Weib und die Minne die höhere Form dieser Mannestugenden auch hier erzogen haben.

Dies ist das Grundwesen, das Lebens=Milieu, aus dem jene Epen geboren sind, von denen im Folgenden die schönsten Stücke zur Wiedergabe gelangen. Die Bilder, in denen die Erscheinungen sich spiegeln und die Ereignisse sich abwechseln, sind zum Teil von packender Poesie. Da ist der Gossi, der mit dem einen Fuße an den Mitgefangenen gefesselt ist, — über den Himmel hin zucken und brausen Donner und Blitze, an dem Mitgefangenen nagen die Löwen; Glied um Glied nagen sie ab, und er selbst steht unerschrocken da, ohne zu zucken, und nur Gott und er selbst wissen, daß in seinem Herzen für einen Augenblick der Schrecken wohnt. Da sind alle jene Krieger und Könige, die im stolzesten Rittertume ihr Ende nehmen, unter der Tücke der Feinde zu Boden sinken und deren Lebens=blut dahinfließt, zum Ruhme ihres Stammes, zum Ruhme des alten Heldentumes.

Im Grunde genommen ist dieses Heldentum nichts anderes als Mannestum überhaupt, und der ihnen innewohnende Geist, der der Hoch=

haltung und Verehrung der männlichen Tatkraft. Der Szenenwechsel im Epos repräsentiert den Wechsel der Ereignisse, die jedes wahre Mannesleben benötigt. Zu allen Zeiten bedurfte der Mann, wenn er nicht zum sozialen Maschinenteile herabatrophieren wollte, der Anregung und Freiheit, des Spielraumes und des Lohnes. Tatkraft und Tatendrang ergänzten sich stets und fanden im verheißenden Lächeln des Weibes allzeit ihren schönsten Lohn. Gern starben zu allen Zeiten die „Männer" in solchem Lebensraume und in solchem Lebenssinne. Heute allerdings sind die Zeiten vorüber, die das Lebensrecht solchen raumbedürftigen Manneswesens anerkennen. In der dichtgedrängten und überbölkerten Menschheit muß ein jeder mühsam den Raum zur Führung von Messer und Gabel innehalten, und wer den Arm zum Speerwurf ausholen will, wird von der Masse leicht erdrückt, weil allzu anspruchsvoll und für die Schwachen gefährlich. Aber ich meine, gerade deswegen müsse unserer heutigen Menschheit das Ideal der hinsiechenden Mannesfreiheit einen um so tieferen Eindruck machen, und gerade deswegen wird man in den Heldensängen aus jener Periode mit Freude die verehrungswürdige Aeußerungsform einer edlen Mannheit verehren können, einer Art der Mannheit, die uns Nordischen zu dem machte, was wir sind, wenn sie auch heute, in die Masse gepreßt, nicht mehr geduldet und kaum mehr erkennbar ist.

Wirklich großartig sind die Auffassungen dieser Zeit gewesen. Und bis in die mythologische

Tiefe hinein ragt die Uebereinstimmung mit dem, was wir bisher gewohnt sind, als germanische Sagenpracht anzustaunen. Und noch mehr werden wir durch mancherlei Einzelheiten an diesen Vergleich erinnert, wenn wir hören, daß der Donnergott auf dem Gespann von dröhnenden Böcken gezogen über die Wolken hinsaust; wenn wir hören, wie aus der Tiefe der Flüsse und der Wasser kluge Wasserfrauen emporsteigen; wenn wir von jenen Drachen hören, die das edelste Gut der Menschheit vorenthalten, bis der Recke kommt, der wie Siegfried oder Sankt Georg ihn vernichtet usw.

Es ist hier nicht die Stelle, über den Ursprung solcher Aehnlichkeit und Gleichheit nachzudenken. Es muß uns genügen, in den letzten Burgen, die heute noch ihre Mauern aus Sudan und Sahara und Atlas gen Himmel recken, die Symbole unserer eigenen Vergangenheit verwandter Erscheinungen zu begrüßen. Welcher Zeit sie angehören, welcher Grund die Gleichheit hervorrief, welche Periode dieses wunderliche Nord-Afrika mit unserer alten europäischen Kulturgeschichte verband, das zu erwägen, gehört nicht hierher. Aber solcher Hinweis genügt uns und zwingt uns sogar dazu, mit reiferem Verständnis diese afrikanischen Heldengesänge, diese Reste aus edler Zeit zu betrachten und zu würdigen.

Reste aus älterer Zeit!

Fast nichts ist geblieben! Wir Europäer sind es nicht, die das zerstört haben. Es ist der unbeeinflußbare Zug unserer Zeit, der allem

Wesen und allem Wesen höherer Art das Hauptinteresse des Wirtschaftslebens aufzwingt. Handel und Verkehr schlichen seit dem Mittelalter langsam und brachen in der neuen Zeit gewaltig umformend über die ganze Erde hin; sie zerstörten alles Niedere, alles Rohe, alles Barbarische, das die Vorzeit charakterisierte; sie vernichteten aber auch jene edlen und kostbaren letzten Blüten, die als Rosenkränze eine einfacher denkende Menschheit der Vergangenheit zierte und schmückte. Bleich und matt liegt dieser Schmuck vor unseren Augen am Boden. Keine Kultur, kein bester Wille vermag diese schönen Blumen länger am Leben zu erhalten. Sie müssen welken, aber indem sie vergehen, strömen sie noch einmal ihren köstlichsten Duft aus, und wir dürfen den letzten Genuß solch köstlichen Gutes für die Menschheit der Nachwelt retten.

Das ist der innere Wert der Ritterepen und jener Heldenbücher, in denen Minne und Rittertum ersterbend aus der Vergangenheit in die Zukunft den letzten Gruß senden.

Nun aber: Korongo von Segu, beginne!

2. Samba Kullung wird Ritter.

Samba Kullung heißt soviel wie: Samba, der nichts tut, Samba, der Feigling. Wenn man neben dem Kinde Samba die Hand schnell aufhob, so schrak es zusammen. Wenn einer aufschrie, so rannte das Kind Hals über Kopf von dannen. So war Samba Kullung als Kind, so wuchs Samba Kullung heran. Sein Vater gab ihm ein Pferd, einen Dialli (Barden), einen Sufa (Pferdeburschen) namens Munji = Kadi. Sein Dialli war Dialli Sirima. So galt Samba Kullung denn als erwachsen.

Samba war aber immer noch Samba Kullung, Samba der Feige. Er war groß und stark und sehr schön, aber alle Welt verlachte ihn wegen seiner Feigheit. Die Mutter Sambas sagte zum Dialli Sirima: „Alle Welt sagt Schlechtes von meinem Sohne, kann man denn gar nichts tun?" Dialli Sirima sagte: „Man kann nichts, gar nichts tun. Ich reize ihn jeden Tag. Ich erzähle ihm allerhand, um ihn begierig zu machen, auch Abenteuer zu bestehen, aber es nützt nichts. Er ist schon als Kind von diesem Charakter gewesen und wird als Erwachsener kaum anders werden." Die Mutter sagte: „Ach, diese Schande in meiner Familie. Ich werde es nicht überleben. Oh, diese Schande! Aber höre, Dialli Sirima: könnte man ihm nicht eine Freundin gewinnen? Jedes Frauenzimmer regt und reizt den Mann zu Kriegsabenteuern an. Könnte man ihm nicht eine Freundin gewinnen?" Dialli Sirima sagte: „Nichts ist einfacher als das, denn Samba Kullung ist der schönste Mann in Kalla."

Am anderen Tage kam Dialli Sirima mit einem schönen Mädchen namens Kumba zu Samba Kullung. Samba Kullung saß auf der Ecke seines Bettes. Der Dialli setzte sich mit dem schönen Mädchen auch auf das Bett. Kumba saß in der Mitte. Nach einiger Zeit stand Dialli Sirima auf und ging hinaus und ließ die beiden allein. Einen ganzen Tag lang bis zum anderen Morgen ließ er Samba Kullung mit dem Mädchen allein. Dann kam er heraus. Dialli Sirima fragte: „Nun, was war denn?" Samba Kullung sagte: „Was soll gewesen sein?! Wir haben nebeneinander auf dem Bett gesessen. Sie hat nichts gesagt, da habe ich auch nichts gesagt. Sie hat sich nicht bewegt, da habe ich mich auch nicht bewegt." Dialli Sirima sagte: „Du hast es nicht recht gemacht! Wenn man neben einem schönen Mädchen sitzt, so muß man sie am Arm anfassen. Versuche das einmal!"

Dialli Sirima ging mit Samba Kullung in das Haus. Er setzte sich erst zu Kumba und Samba Kullung. Dann ging er hinaus. Samba Kullung faßte nun Kumba leicht am Arm an.

Kumba aber, wie das so die Art der Frauen ist, stieß ihn beiseite und sagte: „Ach, geh doch!" Samba Kullung stand auf und ging. Er traf draußen den Dialli Sirima, der fragte ihn: „Nun?" Samba Kullung sagte: „Ich habe Kumba angefaßt, da hat sie mich fortgestoßen und gesagt: „Ach, geh' doch!" Darauf bin ich natürlich gegangen." Dialli Sirima sagte: „So so, da kennst du die Art der Frauen noch wenig! So machen sie es alle. Versuche es noch einmal, und wenn sie dich wieder wegstößt, so klopfe ihr ein wenig auf den Hintern. So und nicht anders mögen es die Frauen."

Samba Kullung ging sogleich wieder in das Haus. Nun kam er aber sobald nicht wieder heraus. Sie blieben einen Tag darin. Als Dialli Sirima ihn an diesem anderen Tage fragte, wie es gewesen sei, sagte Samba Kullung: „Höre, mein Dialli Sirima, es war sehr unrecht von dir, daß du mir nicht schon lange gesagt hast, daß es etwas so Schönes auf der Erde gibt! — Als sie mich wieder wegstieß, klopfte ich ihr auf den Hintern und dabei wurde mir so wohl, daß ich Achtung gab, was weiter geschehen könne, und darauf habe ich dann Kumba beschlafen. Ach Dialli Sirima, warum hast du mir nicht früher gesagt, daß es so etwas auf der Erde gibt!"

Am nächsten Tage kam die Mutter des Burschen zu Dialli Sirima und fragte: „Nun? Hat es etwas genützt?" Dialli Sirima sagte: „Der Rat war gut! Etwas hat er sicher schon gelernt."

Einige Tage nachher wurde die Kriegspauke geschlagen, weil in der Nachbarschaft ein Gefecht war. Dialli Sirima ging zu Samba Kullung, setzte sich neben ihn und sagte: „Die Kriegspauke wird geschlagen!" Samba Kullung sagte nichts. Dialli Sirima sagte nach einer Weile: „Die Kriegspauke wird geschlagen, wollen wir nicht mit in den Krieg ziehen?" Samba Kullung sagte: „Ach, denkst du vielleicht, weil ihr mir Kumba gegeben habt, müßte ich auch etwas tun und in den Krieg ziehen? Das fällt mir nicht ein! Ich bleibe zu Hause." Der Vater Samba Kullungs fragte Samba Kullung: „Höre, mein Sohn, du bist nicht mit in den Krieg gezogen?" Der Bursche sagte: „Nein, ich mag nicht in den Krieg ziehen, ich will zu Hause bleiben." Der Vater sagte: „Ich schäme mich deiner, mach, daß du aus meinen Augen kommst. Geh weg!" Die Mutter Samba Kullungs sagte zu ihrem Sohne: „Wenn ich dich sehe, muß ich mich schämen! Geh mir aus den Augen!" Samba Kullung ging.

Samba Kullung rief Munji Kadi, seinen Sufa, und sagte: „Meine Eltern wollen nichts mehr von mir wissen, weil ich nicht in den Krieg ziehen will. Sattle also mein Pferd; ich will in die Ferne ziehen, wo es keinen Krieg und keinen Streit gibt." Munji Kadi sattelte das Pferd. Dialli Sirima kam zu ihm und sagte: „Ich will bei dir bleiben, ich will mit dir in die Ferne ziehen." Die drei machten sich auf, verließen die

Stadt und zogen in die Wildnis. Ein und einen halben Monat irrten sie in der Wildnis umher. Dann kamen sie in die Nähe eines großen Dorfes.

Dem Dorfe stand ein großer Häuptling vor, der hatte eine sehr schöne, ledige Tochter. Die Sklavin des Mädchens war eines Tages am Buschrande, hatte Holz gesammelt, es auf den Kopf gehoben und wollte es nun nach Hause tragen. Sie sah die drei Wanderer, und als ihr Blick auf Samba Kullung fiel, da ward sie so befangen von der Schönheit des jungen Ritters, daß sie ihr Holz hinwarf und so schnell sie konnte in das Haus rannte. Daheim sagte sie zu ihrer Herrin: „Es kommt ein schöner, schöner Reiter mit seinem Dialli und einem Sufa, sorge, daß dein Vater ihn würdig empfängt und ihm ein gutes Gehöft anweist." Die Tochter des Ober= hauptes ging hin und sagte das ihrem Vater.

Samba Kullung kam mit seinem Dialli und seinem Sufa in dem großen Orte an. Der Orts= herr empfing ihn freundlich. Er führte ihn in ein schönes, weites Gehöft und tötete einen Hammel, um ihn zu ehren. Alle Leute sagten: „Was ist dieser Mann schön!" Samba Kullung machte es sich bequem und wohnte zwei Tage daselbst. Während zwei Nächten beschlief er die Tochter des Ortsherrn.

Am dritten Tage ward die Kriegspauke ge=
schlagen. Samba Kullung saß in seinem Hause.
Er achtete nicht auf den Kriegslärm. Die Tochter
des Bürgermeisters aber kam, ließ sich, um ihn
zu ehren, vor der Türe auf die Knie nieder
und sagte: „Samba, höre die Kriegspauke. Samba,
willst du nicht in den Krieg ziehen?" Samba
sprang auf und sagte: „Ach, du denkst, weil dein
Vater mir einen Hammel geschlachtet hat soll ich
nun in den Krieg ziehen? Nein, das tue ich
nicht. Ich mag nicht in den Krieg. Ich bin Samba
Kullung. Vater und Mutter haben mich schon
aus dem Hause gejagt, weil ich Samba Kullung
bin und nicht in den Krieg ziehen will. Du denkst
nun, daß ich für den Hammel deines Vaters zum
Kriege ausziehe?" Das Mädchen sprang auf und
sagte: „Ach, so einer bist du? Du bist Samba
Kullung? Nein, dann will ich nichts mehr von
dir wissen, zieh' deiner Wege, mich kümmerst du
nicht mehr."

Samba Kullung rief seinen Sufa. Er sagte
zu ihm: „Munji Kadi, sattle mein Pferd, wir
wollen diesen Platz verlassen." Munji Kadi sagte:
„Es ist gut." Er tat so. Samba Kullung bestieg
sein Pferd. Dialli Sirima aber sagte: „Ich werde
heimkehren und werde nicht länger bei dir bleiben.
Denn du wirst nicht anders, und nur Schande
und Schmach habe ich als deinen Lohn zu er=
warten." Dialli Sirima ging heim. Samba
Kullung aber zog mit seinem Sufa allein
weiter.

In einer großen Stadt herrschte ein großer
König. Der war reich, hatte viel Land und Leute
und eine sehr schöne und kluge Tochter, die noch
keinem Manne in die Ehe gefolgt war. Die
Sklavin dieser Prinzessin wusch vor den Toren
der Stadt die Kleider ihrer Herrin an einem
Teichrande. Sie sah von der Arbeit auf und ihr
Blick fiel auf Samba Kullung, der mit seinem
Munji Kadi angeritten kam. Allsogleich war
das Mädchen von der Schönheit dieses Reiters
so gefangen genommen, daß es seine Wäsche ver=
gaß, aufsprang und zu seiner Herrin in die Stadt
lief. Das Mädchen kam in deren Haus und sagte:
„Fatumata, ich sah soeben einen schönen, sehr
schönen Reiter kommen, der in unsere Stadt ein=
zieht. Bitte nur sogleich deinen Vater, den König,
daß er den Fremden würdig empfange, denn nie
sahen meine Augen einen so schönen Mann wie
diesen Reiter." Fatumata ging zu ihrem Vater
und sagte: „Mein Vater, ich höre, es soll ein
sehr stattlicher und schöner Reiter in deine Stadt
einziehen. Ich bitte dich, ihn würdig zu emp=
fangen und ihm deine Freundschaft zu gewähren."
Darauf ließ der Fama ein großes Gehöft her=
richten, und als nun Samba kam, empfing er ihn
und ließ einen Ochsen schlachten, und Fatumata
sagte zu ihrer Sklavin: „Du hast recht gehabt,
das ist der schönste Mann, den ich je gesehen
habe." Dazu schenkte Fatumata ihrer Sklavin
einen hübschen Lendenschurz.

Samba Kullung machte es sich in seiner schönen Wohnung sehr bequem, und es erschien ihm das alles außerordentlich angenehm. Während fünf Tagen ging es ihm ganz vorzüglich. Alle Tage ward ihm mehrmals ausgezeichnetes Essen gebracht, zudem schlief er nachts bei der schönen Fatumata, und der König erwies ihm große Ehre. Am sechsten Tage aber ward die Kriegspauke gegen Abend geschlagen, und es hieß überall: „Die Feinde kommen, die Feinde kommen, man muß ihnen entgegenreiten." Samba Kullung tat so, als wenn er von alledem nichts merkte.

Eine Zeitlang beobachtete Fatumata von ihrem Hause aus, was Samba nun machen würde. Als sie sah, daß in dessen Gehöft gar nichts geschah, ging sie hin und warf sich vor ihm auf die Knie. Sie sagte: „Samba, die Kriegstrommel ist geschlagen. Laß dein Pferd rüsten, zieh' aus mit den Königsleuten gegen den Feind!" Samba sagte: „Ich werde nicht gehen! Weil ich den Krieg nicht leiden mag, haben mich Vater und Mutter aus dem Hause gewiesen. Weil ich den Krieg nicht leiden mag, nennen sie mich Samba Kullung. Weil ich Samba Kullung bin, hat mich ein anderes schönes Mädchen von sich gewiesen. Und wenn dein Vater mir auch Ochsen schlachtet, so werde ich den Krieg doch nicht beginnen. Wenn du mich nicht so magst, wie ich bin, werde ich gehen."

Fatumata war schön und stolz und sehr klug. Sie hatte in diesen Tagen schon vieles mit Samba gesprochen. Sie hatte seinen Charakter gesehen,

und da Samba sehr schön war, hatte sie ihn sehr
lieb. Sie sagte zu Samba: „Wenn du auch
Samba Kullung bist, werde ich doch nicht von
dir lassen. Aber ich will dein Kleid anziehen
und dein Pferd besteigen und mit gegen den
Feind ziehen. Es ist so dunkel, daß niemand
das Gesicht und jeder nur das Kleid sehen kann."
Es waren ein paar Sklaven dabei, die hörten
und sahen alles. Fatumata zog die Beinkleider
und den Mantel Samba Kullungs an und sagte
zu den Sklaven: „Wenn heute oder später je
einer das sagt, was hier geschieht, so lasse ich
den töten." Fatumata stieg auf Samba Kullungs
Pferd und ritt von dannen in die Nacht hinaus.
Samba Kullung sah ihr heimlich und lange nach.

Die Kriegspauke war umsonst geschlagen; es
war blinder Lärm! Es kam kein Feind, sondern es
war nur eine falsche Nachricht. Alle kehrten noch in
gleicher Nacht um, und Fatumata wechselte wieder
die Kleider. — Samba Kullung betrachtete lange
sein Kleid, das Fatumata getragen hatte. Am
anderen Tage ging Samba über den großen Platz
in die Stadt. Da saß ein Dialli, der sang: „In
dieser Nacht habe ich einen herrlichen Reiter
gesehen, der war kein Mann unserer Stadt, aber
er wollte gegen den Feind zu Felde ziehen.
Wenn es zum Kampfe gekommen wäre, dann
hätte er sicher manchen fremden Räuber nieder=
geschossen. Sicher hätte er Großes geleistet."
Samba Kullung blieb an der Ecke stehen und
hörte dem Dialli lange Zeit zu. Dann ging er
nach Hause.

Fatumata war sehr traurig, daß der schöne Samba so gar nicht für den Krieg zu gewinnen war. Sie überlegte lange. Sie betrachtete den Charakter Samba Kullungs und fand, daß er sehr jung war.

Eines Tages sagte Fatumatas Vater zu seiner Tochter: „Wenn ich nicht sehr irre, wird es heute Abend noch zu einem Gefechte mit den Nachbarn kommen. Sage das Samba, aber sorge, daß die Stadtleute nichts vorzeitig erfahren." Fatumata überlegte. Sie sagte Samba Kullung und niemand anderem etwas, wohl aber kaufte sie auf dem Markte eine große Kalebasse voll Honigmeth. Als es Abend war, ging sie zu Samba hinüber und ließ den Honigmeth auch dorthin bringen. Samba Kullung fragte: „Was ist das?" Samba Kullung war noch so unerfahren, daß er nicht wußte, was ein berauschendes Getränk war. Fatumata sagte: „Ach, das hier ist nichts anderes als ein gutes Magenelixier. Versuche es nur." Samba Kullung trank.

Samba Kullung trank. Er sagte: „Weshalb hat mir niemand früher gesagt, was es für herr= liche Sachen gibt!" Samba Kullung trank und ward betrunken. Er nahm Fatumata auf die Knie. Fatumata sagte: „Alle Leute der Stadt halten dafür, daß, wenn du nur willst, du allein eine ganze Räuberherde überwinden kannst." Samba Kullung lachte. Samba Kullung trank.

Samba Kullung trank. Draußen auf dem großen Platze ward die Kriegspauke geschlagen.

Fatumata hörte es. Fatumata stand auf. Samba
Kullung sagte zu Fatumata: „Ach, du denkst wohl,
du könntest jedesmal so für mich in den Krieg
ziehen! Nein, Fatumata, du sollst die Dialli ein=
mal von mir singen hören. Morgen werden sie
im Pui (Heldengesang) singen. Heute ist die
Kriegspauke nur für mich geschlagen, denn alle
Leute der Stadt sagen: „Wenn Samba Kullung
will, kann er eine ganze Räuberbande allein über=
winden.“ Hörst du, wie sie die Kriegspauke für
mich schlagen?“ Samba Kullung rief Munji Kabi.
Er sagte zu seinem Sufa: „Rüste mein Pferd,
ich will wieder einmal (wörtlich) in den Krieg
ziehen.“

Munji Kabi sattelte das Pferd; Samba
Kullung ritt von dannen. Er ritt mit den anderen.
Er tötete einen Feind. Er kam zu Fatumata heim
und sagte: „Heute hatte ich kein Glück, denn ich
habe nur einen Feind töten können.“ Dann schlief
er ein.

In der Nähe der Stadt, in der Fatumatas
Vater König war, lebte ein Jäger, mit Namen
Gomble. Das war ein gewaltiger Mann, der
war begütert und über alle Maßen gewalttätig
und jähzornig. Er hatte große Ländereien und
viele Sklaven, die seine Aecker bestellten. Er
konnte es aber nicht mit ansehen, daß ein Pferde=
huf auf seinen Acker trat. Gar viele Leute, die
mit oder ohne Willen über seinen Acker geritten
waren, hatte er angegriffen, und da er sehr stark

war, hatte er sie alle getötet. Nachher hatte er
ihnen die Köpfe abgeschlagen und diese in die
großen Bäume gehängt, die seine Aecker umgaben.
Alle Welt hatte vor Gomble solche Furcht, daß
niemand wagte, auf dem Kriegszuge seinen Namen
auszusprechen. Auch traute sich kein Mensch den
Weg einzuschlagen, der nach seinen Besitzungen
führte. —

Als Fatumata sah, welche Wirkung der Meth
auf Samba Kullung ausgeübt hatte, und nun
hörte, daß die Dialli von seiner Schönheit und
seiner Tapferkeit sangen, kaufte sie sich Korn und
machte selbst daheim das beste Bier. Das Bier
setzte sie Samba Kullung eines Morgens vor,
und er begann zu trinken. Er nahm Fatumata
auf die Knie. Als Samba Kullung genug ge=
trunken hatte, sagte Fatumata: „Alle Leute loben
dich wegen deiner Tapferkeit." Samba Kullung
sagte: „Ach, ich habe noch nichts getan! Aber
ich habe gehört, daß es einen Jäger namens
Gomble gibt." Fatumata sagte: „Ach, schweige
von dem! Kein Mensch wagt es, seinen Namen
auszusprechen, noch viel weniger wird ein Mensch
wagen, ihn anzugreifen."

Samba Kullung ergriff den Biertopf, — er
trank. Er setzte Fatumata auf die Erde und
sagte: „Geh zu deinem Vater und sage ihm,
er möchte für mich die Kriegspauke schlagen, dann
möchte er mir Leute geben, die mir den Weg zu
Gomble zeigen." Fatumata ging sogleich zu ihrem
Vater und sagte: „Laß für Samba die Kriegs=
trommel schlagen, er will mit Gomble kämpfen

und bittet dich, ihm Leute zu geben, die ihm den Weg zeigen." Der Fama (König) sagte: „Das ist eine gute Botschaft." Er ließ die Pauke schlagen.

Samba Kullung bestieg ein Pferd, er nahm seine Büchse. Es folgten ihm 100 Freie, 100 Dialli, 100 Schmiede und 100 Sklaven, alle zu Pferde. Als sie ein Stück weit geritten waren, teilte sich der Weg; rechts ging eine breite, viel= begangene Straße ab; links führte ein schmaler Pfad zum Lande Gombles. Die Leute sagten: „Wir müssen nach links, das ist der Weg zu Gomble." Als das die vielen, vielen Gaffer, die aus der Stadt mitgekommen waren, hörten, blieben sie stehen und sahen Samba Kullung nach, der nach links von dannen ritt. Nach einer Weile sagten die 100 Sklaven: „Das wird eine schlimme Sache! Wir lassen wohl lieber davon ab." Und die 100 Sklaven blieben zurück. Nach einer Weile sagten die Dialli und die Schmiede: „Ich denke, das wird genügen, wenn wir bis hierher gefolgt sind, denn dort hinter dem Hügel liegen schon die Aecker Gombles." Die Schmiede und Spiel= leute blieben dort. Die 100 Freien aber stiegen von den Pferden ab und begleiteten Samba Kul= lung noch eine Weile zu Fuß. Dann lagerten auch sie zur Seite.

Samba Kullung ritt nun allein weiter und sah denn auch bald die Felder Gombles vor sich. Siebenhundert Söhne und Sklaven arbeiteten auf den Feldern. Gomble selbst aber saß am Rande der Felder unter einem Butterbaume und trank aus einer Kalebasse sein Bier. Samba Kullung tat so, als sähe er Gomble nicht und ritt auf den Acker des Jägers zu und dann ein Stück auf ihm hin. Gomble sah dem kühnen Unternehmen eine Weile erstaunt zu, dann rief er: „He, du schöner Mann, bist du ein Fremder oder bist du aus diesem Lande?" Samba Kullung erwiderte: „Ich bin ein Fremder in diesem Lande."

Gomble sagte: „Wie? Kein alter, kein freund= licher Ratgeber fand sich in der Gegend, aus der du kommst, in jener Stadt, die du gekreuzt haben mußt, der dir gesagt hätte, was es um mich und um meine Aecker für eine Bewandtnis hat? So wisse denn, ich bin Gomble, ein Jäger und übel= gesinnter Mann, und zumal alle, deren Pferde meinen Ackerboden berührten, haben bis heute ein hartes Schicksal erfahren: — ich habe sie eingefangen, getötet und ihre Köpfe in jene Bäume gehängt. Nun weißt du, wo du bist!" Samba Kullung sagte: „Ei, so bin ich ja just vor dem rechten Stadttor angekommen. Mit dem Gomble wollte ich ein Wort reden."

. Gomble sagte: „Es ist recht, ich will mit dir gern sprechen, denn du bist ein schöner Bursche und ich mache deshalb gern mit dir Kamerad= schaft. Steige aber sogleich von deinem Pferd und führe es an den Grenzrain dort. Dann fülle die Erde, die von den Hufen deiner Pferde berührt ist, in deine Mütze und trage sie bei= seite. Das beanspruche ich. — Nachher können wir gut Freund sein." Samba Kullung sagte: „Ah, so hast du mich falsch verstanden. Nicht

so will ich, ich will dich packen!“ Gomble sagte:
„Treibe nicht solche Scherze mit mir. Wenn du
nicht so ein schöner Jüngling wärest, dessen An=
blick mir angenehm ist, würde ich dich schon lange
an einem jener Bäume aufgehängt haben. — So
aber will ich dir etwas sagen: vielleicht bist du
ein junger Hungerleider, der das Glück für den
Lebensunterhalt einsetzt. Brauchst du etwas, so
nimm dir dort zwei Sklaven, — ich will sie
dir schenken, weil du hübsch bist.“

Samba Kullung sagte: „Ach, du hast mich
doch falsch verstanden. Nur dich, niemand anderes
will ich packen.“ Gomble sagte: „Reize mich
nicht allzusehr, denn schon länger als mit anderen
hielt sich meine Geduld mit dir auf. Nimm deine
Sklaven dort meinetwegen und trolle dich dann
von dannen!“

Samba Kullung sagte: „Ach, noch immer
hast du mich nicht verstanden. Nun, nur dich,
dich allein will ich jetzt packen, eile dich!“ Gomble
sagte: „Wie du willst!“ Gomble packte ein Ge=
wehr. — Er stieß nach Jägerart mit dem Kolben
auf Samba Kullung zu in die Luft, dann drehte
er es um, um auf Samba Kullung zu schießen.
Gomble drückte ab, aber sein Gewehr versagte.
Da packte ihn Samba an der Brust und schwenkte
ihn in die Luft. Gomble aber rief den Söhnen
und Ackerknechten zu: „Laßt euch durch dieses
kleine Ungemach nicht in eurer Arbeit stören!“

Gomble sagte dann zu Samba: „Samba, du
raubst (soll heißen: du nutzt) das Unglück, das
ich mit der Flinte hatte, ungebührlich aus!“

40

Herrschertypus des Westsudan; der ritterliche Bammanakönig von Kumi

Samba Kullung sagte: „Niemand soll behaupten, daß ich geraubt habe. Geh, gib die beiden Kola=nüsse deinem Baschi (magische Hilfsmittel) zu essen, daß sie dich besser schützen." Er ließ Gomble auf die Erde gleiten und warf zwei Kolanüsse hin. Gomble ging zur Seite.

Nach einiger Zeit fragte Samba Kullung: „Gomble, bist du fertig?" Gomble sagte: „Ich bin fertig. Du kannst kommen." Gomble nahm die Büchse und schoß. Er traf die Mütze Samba Kullungs, der sich gebückt hatte, und riß sie ihrem Herrn, ohne ihn selbst zu streifen, vom Kopfe. Samba Kullung aber stürmte auf Gomble zu, packte ihn zum zweiten Male und schwenkte ihn hoch in die Luft. Samba Kullung sagte: „Gomble, wenn ich dich dreimal so packe und schwenke, willst du mir dann als Sufa folgen? Willst du dann mein Höriger sein?" Gomble sagte: „Das kann nicht dreimal geschehen." Samba sagte: „Wir werden es sehen." Samba ließ Gomble auf die Erde gleiten. Gomble aber rief seinen Söhnen und Hörigen zu: „Was hier vor sich geht, darf eure Arbeit nicht stören!"

Gomble ging zur Seite. Samba Kullung fragte Gomble: „Bist du fertig?" Gomble sagte: „Ja, du kannst kommen." Er wollte dann sein Gewehr abdrücken, aber Samba Kullung stürmte so schnell und gewaltig heran, daß er das Ge=wehr Gombles zur Seite schlagen konnte, ehe der noch abgeschossen hatte. Dann packte er Gomble zum dritten Male und schwenkte ihn hoch in die Luft. Dann sagte er: „Nun, Gomble,

das wäre ja wohl das dritte Mal!" Die 700
Söhne und Arbeiter Gombles wollten sich auf
den schönen Jüngling stürzen, aber Gomble rief:
„Was geht euch diese Sache an? Wollt ihr
machen, daß ihr zu eurer Arbeit kommt?" Die
700 Söhne und Arbeiter gingen wieder fort.
Gomble sagte aber zu Samba Kullung: „Samba,
du hast mich dreimal überwunden. Ich will dir
hinfort als Höriger folgen, wohin du mich auch
führst."

Da machte sich Samba Kullung auf den
Heimweg. Gomble folgte ihm. Sie kamen zu
den 100 Freien, zu den 100 Schmieden, zu den
100 Barden, zu den 100 Sklaven. Alle Leute
jubelten: „Samba hat den Gomble ganz allein
überwunden. Gomble ist der Hörige Sambas geworden. Seht, er geht hinter Samba. Samba ist
der Tapferste. Seht Samba!" Gomble sagte aber
zu den Leuten: „Laßt es euch nicht einfallen,
meiner zu spotten, denn das würde euch schlimm
ausfallen. Wohl bin ich Sambas Höriger, aber
nicht der eure. Ihr habt mich nicht überwunden."
Samba sagte: „Gomble hat recht, ihr dürft ihn
nicht verspotten." Gomble sagte: „Ihr sollt aber
meinen Herrn preisen, denn Samba ist stark und
tapfer und schön." Da riefen die Leute: „Samba
ist der Tapferste aller Männer!"

So kamen sie bis zur Wohnung Fatumatas,
und Gomble ging hinter Samba Kullung her
als dessen Höriger. — Darauf ernannte der Fama
Samba zum Kelle=tigi (Heerführer), der in Zukunft alle Kriege und Fehden der Städter leiten

follte. — Nie war aber in dieſer Stadt ein Krieger, der ſo herrlich und gewaltig war, wie Samba Kullung.

Eines Tages hatte Fatumata ausgezeichnetes Bier bereitet. Da machte ſich Samba Kullung auf und zog gegen die Feinde, — ganz allein; und er brachte alle ihre Ochſen und Kühe herein, — eine große Herde! Ein anderes Mal machte ſich Samba Kullung wieder auf, als Fatumata herrliches Bier bereitet hatte. Er brachte eine Herde von Kühen und Ochſen heim, die war noch viel größer. Ein drittes Mal bereitete Fatumata vorzügliches Bier. Abermals zog Samba Kullung aus gegen die Feinde, und er gewann eine Herde, die war über alle Maßen ſtolz, und nun war er der reichſte Mann der Stadt und des Landes.

Alle Leute ſagten, daß er an Heldentat und Macht allem weit voranſtehe, was bis dahin im Lande bekannt war.

Samba Kullung trieb alle ſeine Herden zuſammen und übergab ſie Fatumata. Er ſagte zu Fatumata: „Nimm alles, was ich erworben habe. Ich ſelbſt werde zu meinen Eltern nach Kalla fahren. Sie haben mich herausgewieſen, weil ich nie einen Kampf beginnen wollte. Nun will ich ihnen zeigen, was in Wahrheit an mir iſt. Ich werde wohl wiederkommen, leb’ wohl und hüte das, was ich erwarb.“

Samba Kullung machte sich auf den Weg nach Kalla. Er kam heim. Er sah seine Eltern wieder und blieb längere Zeit bei ihnen.

Als aber Samba Kullung von dannen geritten war, erhoben sich alle, die der Kelle=tigi unterworfen hatte und an ihrer Spitze war Gomble. Gomble sagte: „Die beste Kraft ist von der Stadt gewichen, nun wollen wir die Stadt angreifen." Alle Gegner kamen und sammelten sich um die Stadt. Die Stadt war umringt von Feinden. Es war eine große Gefahr.

Samba Kullung war auf dem Heimweg. Da kam ihm ein Marabout entgegen, — das war aber kein ehrlicher Mann, sondern er war gemietet und bezahlt von Gomble und seinen Leuten. Der Marabout sagte zu Samba Kullung: „Die Stadt Fatumatas und ihres Vaters ist belagert, und Gomble ist an der Spitze der Feindlichen. Wenn du nun heimkehrst, und wenn es dir gelingt, sieben von den Belagerern gefangen zu nehmen, so ist die Stadt von allem Unheil befreit." Es war das aber keine rechte Sache, sondern nur eine falsche Prophezeiung, die es darauf absah, Samba Kullung in einen Hinterhalt zu locken.

Samba Kullung kam vor der Stadt an. Er stürzte sich auf zwei Mann der Belagerer; er nahm sie gefangen. Er stürzte sich auf noch zwei der Belagerer und nahm sie gefangen. Er stürzte sich auf noch drei der Belagerer, er nahm sie gefangen. Dann aber kamen die Leute Gombles, und nun wurde er selbst gefangen genommen.

Zwei Leute Gombles führten Samba Kullung zu ihrem Herrn auf dessen Besitzungen. Samba Kullung sagte zu einem: „Gib mir etwas Wasser, ich habe Durst." Der Mann sagte: „Ach was, du hast im vorigen Jahre meinen Vater totgeschlagen. Ich tue es nicht." Samba Kullung wandte sich an den zweiten Mann und sagte: „Gib mir etwas Wasser, — ich habe Durst." Der Mann sagte: „Ach was, du hast im vorigen Jahre meinen Vater totgeschlagen. Von mir erhältst du nichts." Als die beiden Sklaven sahen, daß Samba Kullung, der weit gereist war und dann hart gestritten hatte, matt wurde, schlugen sie ihn tot.

Die beiden Leute kamen zu Gomble und sagten: „Dein Samba Kullung ist gestorben." Da wurde Gomble traurig und sagte: „Wie ist er ums Leben gekommen?" Die beiden Leute sagten: „Samba Kullung hatte Durst. Wir gaben ihm nichts zu trinken, denn er hat unsere Väter erschlagen. Als er dann matt wurde, schlugen wir ihn tot." Da wurde Gomble wütend und sagte: „Ihr habt sehr schlecht gehandelt, denn einen Mann, der so tapfer ist, und der so Großes zu tun imstande ist, den soll man suchen zum Freunde zu gewinnen. Ihr aber seid elende Räuber."

3. Frauenspott und Bardenlist.

Sirrani Korro Samba heiratete eine Frau aus Tomma Korro. Eines Tages reiste er mit seiner Frau nach Tomma Korro, um seine Schwiegermutter zu besuchen. Seine Frau ritt auf einem Packochsen. Er ritt auf seinem Pferd. Er hatte seiner Frau einen Sklaven gegeben, der deren Sachen trug. Sie kamen nach Tomma Korro. Drei Tage blieben sie in Tomma Korro. Es war viel Honigbier hergestellt worden. Sie aßen, und jeden Tag betrank sich Sirrani Korro Samba.

Am vierten Tage morgens sagte Sirrani Korro Samba: „Heute wollen wir zurückkehren. Du (meine Frau), reite mit dem Sklaven auf dem Packochsen voran, ich will noch einige Stunden hier bleiben, denn ich will das gute Honigbier austrinken, das noch übrig geblieben ist. Ich komme dann um die Mittagszeit nach. Steig' auf deinen Packochsen und reite mit dem Sklaven voran." Die Frau machte sich mit dem Sklaven auf den Weg.

Es waren damals 60 Helden von Segu auf dem Wege, und die hatten eine Unternehmung vor, hatten aber kein Glück gehabt, so daß sie jetzt ohne Beute mißmutig umherritten. Unter den 60 waren mit die berühmtesten Helden der Vergangenheit. Da war z. B. der Massassi Diadierri, der Fulbe Malia, der Diaora Gundaunda, dann Sira = Obassi, der Bosso Mamadu Amadu und vor allem der Spielmann (Dialli) Signana Samba. Der soll seinen Namen daher erhalten haben, daß, wenn er nach Art der Dialli um eine Gabe bat und man dann etwas für den anderen Morgen versprach, daß er dann an der Tür niederhockte und wartete, bis er die Gabe erhalten hatte. Er hatte große Beharrlichkeit und Geduld.

Diese 60 Helden aus Segu also kamen beutegierig des Weges und waren darauf erpicht, noch irgend etwas aufzufangen, um nicht gezwungen zu sein, mit leeren Händen nach Segu zurückzukehren. Einer der Männer sah in die Ferne und sagte: „Hoo! Kommt da nicht ein Mann mit bepacktem Reittier an?" Die anderen sahen auch hin und sagten: „Nein, ein Mann mit einem Reittier ist es nicht. Wohl aber ist es eine Frau, die sicher schön und wohlhabend ist, denn neben ihr geht ein Sklave." Andere meinten: „So wollen wir der Frau den Weg nach Segu zeigen, auf solche Weise lernt sie dann etwas von der Welt kennen." Andere meinten: „So hätten wir also doch noch einen leidlichen Abschluß für unser verunglücktes Unternehmen zu verzeichnen."

Die 60 Reiter sprengten auf die Frau Sirrani Korro Sambas zu und hielten im Kreise um sie. Die Frau sagte: „Nun, was seid ihr für Räuber und Buschreiter, daß ihr nicht einmal einer anständigen Frau aus den Augen geht? Schämt ihr euch nicht, so in der Sonne mit euren diebischen Gedanken herumzustehen, so daß ich jeden einzelnen sehe?" Einer der 60 Helden sagte erstaunt: „Frau, was gibt dir den Mut, in dieser Weise zu den 60 vornehmsten Helden von Segu zu sprechen?" Die Frau Sirrani Korro Sambas sagte: „Oh, was seid ihr doch für großartige Helden, daß ihr so kühn mit einer Frau zu reden wagt, — wartet aber ein wenig, bis mein Mann kommt, der wird euch schon lehren, wie man vor Angst die Hosen voll kriegt. Dann wird es sehr schnell! mit dem stattlichen Mute vor der Frau zu Ende sein." Signana Samba, der Spielmann, schlug an seine Gitarre und sagte: „Wenn der Mut des Mannes dieser Frau nicht ins Pui (Heldenbuch) gehört, so sollte man wenigstens die Zungenfertigkeit dieser Frau besingen! Frau, wer ist dein Mann?"

Die Frau Sirrani Korro Sambas antwortete: „Wer mein Mann ist, fragt ihr? Wollt ihr ihn wirklich erst kennen lernen? Dann sucht euch schnell die Mauslöcher im Acker und die Vogelnester in den Bäumen aus und bleibt vorsichtig mit euren Pferdchen darin sitzen. Von da aus könnt ihr am besten die Bekanntschaft meines Mannes machen und ihr habt Aussicht nicht unter die Fußtritte seines Pferdes zu kommen." Massassi Diabierri sagte: „Frau, du mußt uns unbedingt nach Segu begleiten, damit der König einmal eine ungewöhnliche Sache kennen lernt.

Hat je einer solchen Vogel singen hören? — Vor=
wärts nach Segu!"

Die Frau sagte: „Macht schnell, daß ihr
eures Weges kommt, denn da hinten kommt mein
Mann. Ich sehe, daß er arg betrunken ist, und
dann ist das Spiel gefährlich. Macht, daß ihr
beiseite kommt, denn es wäre ein Jammer, wenn
60 so tapfere Helden, die es wagen, bei hellem
Tage eine einsame Frau zu belästigen, irgendwie
Schaden nehmen sollten. Geht nur, ich sehe jetzt,
daß mein Mann ganz außerordentlich betrunken
ist." Einer der Seguleute sagte: „Das muß eine
sonderbare Art von Held sein, — berichte uns
doch, ob es ein Gott ist oder eine Hyäne?" Alle
Leute spotteten: „Es muß ein Gott oder eine
Hyäne sein." Die Frau sagte: „Wenn ihr in
ein Mausloch kriecht, wird er euch vorkommen
wie ein Gott, — wenn ihr in ein Vogelnest
schlüpfet, könnt ihr denken, es sei eine Hyäne,
und das sähe eurem Verstande ähnlich."

Sirrani Korro Samba kam langsam ange=
trottet. Er hörte den Wortstreit und sah auf.
Die 60 Helden von Segu zogen sich zurück und
betrachteten den Mann aus der Ferne. Sirrani
Korro Samba richtete sich mühsam in seinem
Sattel auf. Er war nämlich sehr betrunken. Dann
nahm er seine Flinte, schoß sie nach hinten in die
Luft ab, schoß sie nach rechts in die Luft ab,
— schoß sie nach vorne in die Luft ab. Sirrani
Korro Samba zog dann seine Tabakspfeife heraus
und begann vor sich hin zu qualmen und rief den

Männern aus Segu zu: „Hooo! Seid ihr lang=
weilig! Hooo! Seid ihr langweilig!"

Einer der Helden von Segu kam angesprengt,
— er schoß auf Sirrani Korro Samba. Aber er
traf ihn nicht. Sirrani Korro Samba schoß gleich=
mütig seine Flinte in die Luft ab. Der andere
schoß und fehlte wieder und dann noch ein drittes
Mal. Da legte Sirrani Korro Samba sein Ge=
wehr an. Er schoß den anderen von seinem Pferde
herab. Er lud, legte nochmals an und schoß den
zweiten herab. Er lud, legte nochmals an und
schoß einen dritten und vierten herunter. Die
Seguleute begannen nun zu fliehen. Darauf
setzte Sirrani Korro Samba sein Pferd in Be=
wegung, jagte ihnen nach und nahm drei von
ihnen gefangen.

So tummelten viele Leute auf dem großen
Platze herum. Viele schossen. Signana Samba,
der Dialli von Segu, schlug die Gitarre und
sang: „Ihr Helden von Segu, so vergeßt doch
nicht euren würdigen Namen! Ihr Helden von
Segu, bedenkt, daß ihr 60 Männer seid, die von
einem Frauenmund vergiftet und als Kranke nun
hingeschlachtet werden sollen. Denkt doch, daß
ihr Helden seid. Ihr 60 Männer aus Segu!"
Der Held aus Kalla jagte in die Ferne hinter
den Fliehenden her, da ritt der Dialli zu der
Frau heran und sagte: „Wenn diese Sache je
im Pui besungen werden soll, wie sie es ver=
dient, muß ein Spielmann dafür gewonnen
werden, denn jene fliehenden Männer werden
sicher nichts davon erzählen. Wenn der Spiel=

mann diese Sache berichtet im Pui, dann wird er von der tapferen Frau, die er kennen lernte und von der er singen will, allzu weit entfernt sein, als daß sie ihm ein Geschenk machen könnte!" Da nahm die Frau Sirrani Korro Sambas einen ihrer schweren goldenen Ohrringe ab und gab ihn dem Dialli.

Sirrani Korro Samba kam mit seinen drei Gefangenen zurück und übergab sie seiner Frau. Er sagte zu den Männern: „Paßt auf, daß meine Frau nicht aus Angst von ihrem Packochsen fällt, wenn sie eure tapferen Gestalten neben sich sieht." Dann setzten sie sich wieder in Bewegung, um heimzukehren.

Signana Samba hatte die fliehenden Genossen eingeholt, als sie sich unter einem Baume gesammelt hatten. Er setzte sich zu ihnen, schnipste gegen seine Gitarre und sagte: „Einer — sechzig." Die Helden sahen ihn an, und einer sagte: „Du wirst doch dem König nichts davon sagen?" Signana Samba zog den Goldring heraus, den er von der Frau Sirrani Korro Sambas erhalten hatte, steckte ihn an den Kopf der Gitarre und sagte, das Instrument schlagend: „Einer — sechzig!"

Die Helden gingen hinter den Baum. Massaffi Diadierri sagte: „Er meint, jener Kallamann wäre ein einziger gewesen und wir seien sechzig. Er wird das sicher dem Könige sagen und es aller Welt berichten." Der Fulbe Malia sagte aber:

„Er meint, von der Frau des Kallahelden hätte er einen Goldring erhalten, damit er im Pui von ihr singe. Wir aber seien sechzig, und er würde die Sache nicht vorbringen, wenn wir ihm sechzig Goldringe schenkten." Darauf verabredeten sie sich und gingen zurück. Massassi Diadierri sagte zu Signana Samba: „Jeder von uns wird dir in Segu einen Goldring geben, wenn du von alledem dem Könige und den anderen in Segu nichts berichtest." Signana Samba sagte: „Ihr wollt das gleich tun, wenn wir zurückgekehrt sind?" Die anderen sagten: „Ja!"

Sie kamen zurück nach Segu. Der König sagte: „Ihr bringt mir keine gute Nachricht?" Der Dialli sagte: „Ja, wir haben das Haus gereinigt, und ein guter Strohwisch hat alle die ausgetrieben, die nicht hinein gehörten." Der König sagte: „Das verstehe ich nicht!" Der Spielmann sagte: „Kennst du den Puigesang: „Einer — sechzig!?" Der König sagte: „Nein, den kenne ich nicht." Der Dialli sagte: „Gerade der Gesang wird von deinen Helden vorbereitet."

Einige Helden gaben dem Dialli sogleich das Gold. Andere taten es nicht. Traf Signana Samba einen der Säumigen, so schlug er gegen seine Gitarre und sang: „Einer — sechzig!" Und wenn der andere dann so tat, als ob er nicht verstehe, dann fragte er ihn: „Kennst du die Frau, die so sonderbar singt? Kennst du den, vor dem die einen in ein Mäuseloch und die anderen in die Vogelnester kriechen? Kennst du den, der für den einen ein Gott und für den anderen eine

Hyäne ist?" Einer der Männer nach dem anderen zahlte, und einige zahlten noch für die, die gefallen und gefangen genommen waren. Der Spielmann Signana Samba hatte also nach einiger Zeit von diesen 60 Goldringe erhalten.

Der Fama hörte dann und wann das eine oder andere Wort. Er sagte zum Dialli Signana Samba: „Nun berichte mir endlich." Der Spielmann sagte: „Erst muß ich mit den anderen sprechen. Es müssen alle dabei sein." Am Abend kamen alle zusammen. Der Dialli hatte an seiner Gitarre die 61 Goldringe angebracht. Der König fragte: „Was gibt es im Pui?" Signana Samba sagte: „Einer — sechzig!" Alle sahen ihn an. Der Dialli fragte Massaffi Diadierri: „Wie hält man sein Wort, — halb oder ganz?" Massaffi Diadierri sagte: „Man hält sein Wort ganz!" Der Dialli sagte: „Einer — sechzig! Hat man nicht versprochen, diese 60 Goldringe sogleich zu geben? Hat man nicht gezögert und es mir sehr schwer gemacht? Hat man nicht unter einem Baume beraten?" — Der Dialli Signana Samba schlug gegen die Gitarre und hub an: „Ich singe von einem großen Könige. Würde der große König 60 Goldringe dem armen Dialli zu geben wissen?"

Darauf ließ der König 60 Goldringe bringen und gab sie dem Dialli; der gewann so 121 Goldringe und sang die Geschichte von Sirrani Korro Samba und den 60 Helden im Pui.

4. Der Held Gossi.

Gossi gilt als der tapferste Fulbe, der je gelebt hat. Er ertrug jeden Schmerz. Wenn er sich einen Dorn in den Fuß trat, so schmerzte ihn das nicht. Wurde er angerufen, so hörte er das erste Mal nie darauf, denn gleich sich um= zuwenden ist ein Zeichen, wenn auch leichten Erschreckens. Auf alles, was hinter ihm vorging, achtete er nicht, und man mußte, wenn man seine Aufmerksamkeit erwecken wollte, an ihm vorüber= gehen und ihn von vorn anrufen.

Gossi erschrak, seitdem er erwachsen war, nur dreimal. Aber niemand als Gott und er haben wahrgenommen, daß er erschrak.

Eines Tages nach 6 Uhr nachmittags, als es also schon dunkel war, riß draußen am Brunnen vor der Stadt die Leine, an der die Kalebasse zum Schöpfen angebunden war, und nun wußten sie nicht, wie sie für den Abend Wasser bekommen sollten. Niemand getraute sich in der Dunkelheit in den Brunnen zu steigen, denn alle Welt wußte, daß da unten im Brunnen eine gefährliche Kuango

— eine Schlangenart — hauſte. Alle Leute standen um den Brunnen. Es wußte niemand, was zu tun ſei.

Goſſi kam des Weges. Er ſagte: „Was gibt es?" Die Leute ſagten: „Wir haben kein Waſſer im Dorf, die Leine iſt geriſſen, die Schöpf= kalebaſſe heruntergefallen, — man wird warten müſſen, bis es Morgen und hell iſt, denn jetzt iſt es ſchwarze Nacht und außerdem iſt die Kuango da unten." Goſſi ſagte: „Ach was! Bindet mir die Leine um den Leib und laßt mich herab. Ich hole die Kalebaſſe herauf." Einige ſagten: „Aber, es iſt ja dunkle Nacht!" Andere ſagten: „Und da unten iſt die Kuango." Goſſi ſagte: „Ach was! Laßt mich herunter." So ließen ſie denn Goſſi herunter in das tiefe Brunnenloch.

Unten hatte die Kuango ſich ſchon behaglich in der Kalebaſſe eingelagert. Goſſi ergriff die Schnurenden und zog und ſuchte ſie heraus= zuſchleudern. Es gelang aber nicht. Inzwiſchen war aber das durſtige Vieh zum Brunnen ge= drängt und wartete auf den Trank. Im tieriſchen Spiele ſuchte ein Bulle auf eine Kuh zu ſpringen. In der Dunkelheit nahmen ſie das Brunnenloch nicht wahr und ſtürzten beide hinein. Sie zwängten ſich aber nahe dem Eingange feſt und verſtopften das Loch vollkommen. Nunmehr ſaß Goſſi ganz feſt. An der Schnur war nicht zu ziehen, über ſich hatte er den Bullen und die Kuh, unter ſich das Waſſer und die Schlange, und ringsum war es ſtockdunkle Nacht. Entſetzt ſchrien die Leute auf. —

Die Leute sagten: „Wir müssen von der Seite her schräg nach unten ein Loch machen und Gossi so das Herauskommen ermöglichen." Gossi hörte das und rief: „Macht euch nicht die unnötige Arbeit, denn ich werde nicht herauskommen. Laßt mich nur bis morgen früh unten. Dann bei Tageslicht könnt ihr Kuh und Bullen wegziehen, und dann ist der gegebene Augenblick. Jetzt gehe ich nicht heraus." Die Leute sagten: „Wenn Gossi es nicht anders will, können wir nichts anderes tun."

Am anderen Morgen kamen sie wieder und zogen erst den Ochsen und die Kuh heraus und riefen dann: „Gossi!" Aber Gossi hörte nie darauf, wenn er das erstemal angerufen wurde. Man rief nochmals: „Gossi, lebst du?" Gossi antwortete: „Ja, ich lebe. Die Schnur ist diese Nacht noch einmal gerissen und ich bin in das Wasser gefallen." Die Leute banden ein starkes Ende daran, ließen es herunter und riefen: „Schlinge die Schnur jetzt um den Leib und laß dich heraufziehen." Gossi antwortete: „Nein, ich lasse mich nicht herausziehen, — ich will hier unten sterben. Denn ich bin in das Wasser gefallen und habe es damit für die Fulbe beschmutzt. Ich habe mich vor den Fulbefrauen lächerlich gemacht."

Da kamen alle Frauen zusammen und zum Brunnen, und sie sagten zu Gossi: „Gossi, komm doch heraus. Sieh, das Dorf hat nur einen Brunnen. Wenn du unten stirbst, können wir hier kein Wasser mehr schöpfen. Dann werden alle Leute und alles Vieh vor Durst sterben.

Du aber bist der Tapferste von allen. Denn du warst der einzige, der es wagte, da hinabzusteigen, und warst die ganze Nacht da unten bei der schreck= lichen Schlange." Darauf ließ Gossi sich herauf= ziehen und sagte: „Meinetwegen sollen die Fulbe nicht vor Durst sterben." Als er an die Ober= fläche kam, warf er die Leiche der zwischen den Fingern totgedrückten Schlange über den Brunnenrand auf die Erde.

Als die Kuh und der Bulle herunterstürzten, da war Gossi das erstemal erschrocken, aber außer ihm und Gott hatte es niemand gemerkt.

Es gab in der Gegend noch einen zweiten Gossi. Der war mit dem großen Helden Gossi verwandt. Dieser zweite Gossi war außerordentlich eifersüchtig auf seine Frau und hatte sich des= halb vor den Toren der Stadt für sich und seine Frau einen Hof angelegt. Denn er wollte nicht, daß eine Fliege, die schon auf der Haut eines anderen Mannes gesessen hatte, sich auf der Hand seiner Frau niederlasse. — Dieser Gossi ritt viel zur Jagd, und zwar des Nachts. Wenn er weg= ritt oder kam, konnte man ein Glöcklein ver= nehmen, das hatte er um den Hals seines Pferdes gebunden.

Die Leute scherzten mit dem großen Helden Gossi und sagten: „Du bist zwar ein sehr großer Held, du wagst es aber doch wohl nicht, in die

Niederlassung deines eifersüchtigen Vetters zu gehen und dessen Frau aufzusuchen, wenn ihr Mann nicht daheim ist." Gossi sagte: „So? Meint ihr das?" Eines Tages nahm er sein zweiläufiges Gewehr, bestieg sein Pferd und ritt in die Niederlassung des eifersüchtigen Vetters. Der andere war nicht daheim. Da band er sein Pferd draußen an, zog alle Kleider aus und hing sie rundherum auf, so daß jeder dies sehen mußte. Dann ging er hinein zu der Frau.

Er blieb bei der Frau. Er legte dann seinen Kopf auf ihre Knie und schlief ein. Nach einiger Zeit hörte die Frau die Glocke am Halse des Pferdes ihres Gatten. Die Frau stieß Gossi an und sagte: „Hör' doch!" Gossi wachte auf und fragte: „Was gibt es denn?" Sie sagte: „Höre die Glocke, sie ist am Pferde meines Mannes. Er kommt. Wenn er dich hier trifft, wird er dich töten." Gossi sagte: „Was, einer solchen Kleinigkeit wegen weckst du mich?" Er drehte sich um und schlief wieder ein.

Gossi, der andere, kam inzwischen auf den Hof geritten. Er band sein Pferd an. Er gewahrte, daß noch ein anderes Pferd da war. Er ging auf das Haus seiner Frau zu. Da hingen alle Kleider seines Vetters. Darauf geriet er in große Wut und lud sein zweiläufiges Gewehr. Er ging in das Haus. Er legte auf Gossi, den Helden, an und schoß. Er hatte aber in der Wut so viel Pulver hineingeladen, daß der erste Lauf beim Abschießen platzte. Darauf legte er das Gewehr nochmals an · und schoß. Es platzte aber auch der andere Lauf beim Abschießen, denn in der Wut hatte er wieder zuviel Pulver in den Lauf gestopft. Gossi, der Held, sagte: „Dein Gewehr ist schlecht, wie das aller Jäger. Denn die Jäger lassen ihre Gewehre zu oft im Wasser und Regen naß werden. Nimm mein Gewehr, — es ist gut und außerdem scharf. Es steht dort hinter dem Lager."

Gossi, der andere, ergriff das Gewehr, aber er zitterte vor Wut und Aufregung derart, daß er nicht abzudrücken vermochte. Nach einigen Stunden sagte Gossi, der Held: „Höre, wenn du nicht schießest, hat es auch keinen Zweck, daß ich hierbleibe." Er nahm Abschied von der Frau des anderen Gossi und ging hinaus, zog sich an und ritt von dannen. Gossi der andere sagte: „Dein unerschrockener Mut und Gott haben dich gerettet. Es ist wahr, du erschrickst nicht."

Als der Held nach Hause kam, nahm er wahr, daß er eine Schnur mit einem Schnuramulett am Hauseingang des anderen Gossi hatte liegen lassen. Er sagte: „Sende ich einen anderen, es zu holen, so wird man sagen, ich hätte Furcht. Laß ich es liegen, so wird man sagen, ich hätte Furcht. Reite ich schnell vorbei und nehme es im Vorüberreiten mit mir, so wird man sagen, ich habe Furcht." Er sattelte sein Pferd, ritt langsam zurück, stieg am Hause des anderen Gossi ab, unterhielt sich mit diesem eine Weile und sagte dann: „Ich ließ heute morgen meine Sachen bei dir liegen." Er ging zu der Stelle, nahm das Schmuckstück, hängte es um, sah, ob es gut hing, nahm von seinem Vetter Abschied und ritt langsam nach Hause.

Das war das zweite Mal, daß Gossi erschrak. Aber außer Gott und ihm selbst hatte es niemand gemerkt.

Bakari, ein Fulbe, hörte von den Heldentaten Gossis. Er kam aus großer Ferne herbei und sagte zu Gossi: „Ich habe gehört, du sollest ein ganz außerordentlicher Held sein und große Unerschrockenheit besitzen. Würdest du mich wohl einmal auf einem Zuge mitnehmen, so daß ich mit dir etwas Außerordentliches erleben und deine Taten selbst mit ansehen kann?" Gossi sagte: „Komm, wir können uns sogleich auf den Weg nach irgendeiner Richtung machen." Sie bestiegen die Pferde und ritten von dannen.

Nach einer Weile kamen sie an einen Busch, in dem gingen viele Jäger ihres Weges. Bakari sagte: „Wollen wir diese nicht angreifen?" Gossi sagte: „Diese Leute sind zu gefährlich. Ich fürchte mich vor solchen Leuten." Nach einer Weile kamen sie zu Ackerbauern, die bestellten einen Acker. Bakari sagte: „Wollen wir diese nicht angreifen?" Gossi sagte: „Ich fürchte mich. Diese Leute sind so sehr gefährlich und außerdem, wenn wir hier den Kampf beginnen, haben wir vor uns die Ackerleute und im Rücken die Jäger." Darauf sagte Bakari: „Ich sehe, daß du gar nicht ein tapferer Held bist. Du fürchtest dich vor allem.

Du bezahlst wohl sehr reichlich den Spielleuten, daß sie dir so gewogen sind und so große Sachen von dir singen!?" Gossi sagte: „Siehst du, so und nicht anders ist es." — Nach einiger Zeit kamen sie an eine Stadt, — vor den Toren gingen einige Leute hin, dem Busch zu, um sich zu entleeren. Bakari sagte (spöttisch): „Wollen wir nicht vielleicht diese Leute angreifen?"

Darauf fuhr Gossi empor und sagte zu Bakari: „Du bist ein solcher Feigling, daß ich mich fast schäme, mit dir ausgegangen zu sein. Hast du keine Scham und nicht Angst, daß die Fulbe-frauen dich auslachen werden, wenn wir harm-lose Jäger und Ackersleute überfallen? Pfui, ich schäme mich deiner." Bakari sagte: „Was hast du denn eigentlich vor?"

Gossi sagte: „Vor uns liegt die Stadt eines Königs. Der hat da drinnen zwei wertvolle Pferde. Nimm du eines, wie ich mir eines nehmen werde. Damit reiten wir nach Hause zurück. Das ist eine würdige Sache, denn jedes der beiden Pferde ist von 12 wohlbewaffneten Sufa be-wacht." Bakari sagte: „Du willst das am lichten Tage ausführen? Da mache ich nicht mit." Gossi sagte: „Dann laß es sein. Dann will ich allein hineinreiten und die Pferde allein herausholen." Bakari sagte: „Nein, warte bis zur Nacht, dann machen wir es gemeinsam." Gossi sagte: „Gut, wenn du es durchaus nicht anders willst!"

Also ritten sie am Abend in die Stadt hinein. Sie kamen unbehelligt an den Sufa vorüber, denn die Sufa hielten sie für ganz harm-lose Reisende. Sie kamen an die Stelle, wo die beiden Pferde angebunden waren. Es war Mond= schein. Im Mondschein gingen sie zu der Stelle hin und banden die Pferde los. Die Sufa hörten die Pferdetritte und schrien: „Die Pferde haben sich losgerissen, haltet sie, die Pferde haben sich losgerissen." Andere riefen: „Haltet die Pferde! Fangt die Pferde!" Gossi rief: „Der Pferde wegen braucht ihr nicht solche Sorge zu haben, die sind nicht allein, sondern ich, der ich sie los= gebunden habe, bin dabei." Als die Sufa das hörten, liefen sie schnell hin und schlossen alle Tore, dann fingen sie Gossi und Bakari ein und übergaben sie dem Aufseher als Gefangene. Die Leute sagten: „Morgen früh können wir diese beiden Menschen über dem Baschi (Heiligtume) des Königs töten." Gossi und Bakari wurden in Eisen gelegt. Gossi sagte zu den Leuten: „Geht zum Könige und sagt ihm, daß ich gewohnt bin, abends meine Milch zu trinken." Die Leute sagten: „Milch gibt es nicht für Pferderäuber." Sie sagten es aber dem Könige. Der König sagte: „Es ist ein Fulbe, gebt ihm die Milch." Man brachte Gossi die Milch. Er trank die Hälfte und reichte das andere Bakari. Bakari sagte: „Ich mag nicht. Milch kann ich jetzt gar nicht trinken." Dann nahmen die Sklavenaufseher die beiden in ihre Obhut. Beide wurden in ein Eisen geschmiedet.

Als es Nacht war, rief Bakari: „Gossi!" Gossi antwortete aber niemals auf den ersten Anruf. Bakari rief nochmals: „Gossi!" Gossi

sagte: „Weshalb störst du mich im Schlafe?"
Bakari sagte: „Was, in der Nacht vor deinem
Tode kannst du schlafen?" Gossi sagte: „Gewiß,
wie soll ich morgen etwas bestehen können, wenn
ich heute nicht schlafe?" Bakari sagte: „Wenn
es dir paßt, wollen wir doch jetzt entfliehen. Ich
wiederhole: wenn es dir paßt, denn ich habe
schon sehr wohl gesehen, daß du deinen Kopf
für dich hast." Gossi sagte: „Aergere mich nicht.
Wie sollen wir wohl fort, wo wir so angeschmiedet
sind? Wenn du solchen Unsinn noch einmal
sagst, rufe ich den Gefangenenaufseher." Bakari
sagte: „Nun sei doch nur gut, ich meine, wir
könnten doch nur . . ." Gossi wollte rufen, aber
Bakari hielt ihm den Mund zu.

Es begann ein heftiges Gewitter. Der Sturm
jagte starke Staubwolken über die Stadt hin.
Bakari sagte nach einer Weile zu Gossi: „Höre,
Gossi, wir können so einfach fortkommen. Wir
sind ja beide zusammengeschmiedet, aber wir
können hier hinüber und können dann über die
Mauer. Willst du mich begleiten, daß wir es
ansehen?" Gossi sagte: „Es ist gut, wir wollen
gehen." Beide gingen dahin, wo die Mauer war.
Es war ganz dunkel. Aber im Gewittersturm
kamen häufig Blitze nieder, die beleuchteten den
Weg. Gossi und Bakari gingen Schritt für Schritt
langsam zur Mauer.

Sie kamen an die Mauer. Bakari sagte:
„Da brauchen wir nur herunterzuspringen. Dann
wären wir draußen." Gossi sagte: „Nein, das
mache ich nicht. Das Fußeisen können wir nicht

zerbrechen. Wenn wir aber herunterspringen, werden wir die Füße brechen und ewig wird man dann an meinem Fuße die Narbe, die vom Fußeisen kommt, wahrnehmen, — dann werden sich die Fulbefrauen über uns lustig machen. Nein, das will ich nicht. Eher sterbe ich morgen über dem Baschi des Königs." Das Gewitter brauste über die Mauer hin. Der Donner grollte. Der Regen prasselte zur Erde. Blitze zuckten herunter. Da gab Bakari Gossi einen Stoß. Beide stürzten von der Mauer herab.

Unten war eine Löwin, die hatte lange Zeit nichts zu fressen gehabt, so daß ihre Brust leer war. Sie stand unten mit ihren Jungen. Als Bakari und Gossi die Mauer herunterstürzten, fielen sie auf die Jungen, und unter dem Auf= schlagen der Fußeisen wurden die beiden Jungen getötet. Die Löwin aber stürzte sich auf Bakari und biß ihm die Kehle durch.

Die Blitze zuckten vom Himmel herab. Die Löwin hatte sich auf Bakari gestürzt und begann ihn zu fressen. Wenn die Blitze aufleuchteten, wandte sie sich gegen Gossi, der an Bakari an= geschmiedet war, und zeigte ihm die blutigen Zähne. Gossi schlug ihr alsdann ins Gesicht, so daß sie wieder und immer wieder ihre Zähne in den Leib Bakaris bohrte und ihn zermalmte. Die Blitze zuckten nieder. Gossi schlug die Löwin. Die Löwin fraß Bakari. Gossi lag daneben. End= lich hatte die Löwin die Füße Bakaris durch= gebissen. Gossi konnte mit dem Fußeisen auf= stehen und gehen. Er gab der Löwin noch einen

Befestigtes Fürstengehöft der Malinke

Schlag, dann machte er sich auf den Heimweg. Er konnte nicht schnell gehen, aber er konnte vorwärts kommen. So kam Gossi heim.

Das war das drittemal, daß Gossi erschrak. Aber außer Gott, der Löwin und ihm selber hat es niemand gemerkt. Nachher erschrak Gossi nie wieder.

Gossi lebte im Lande Bakunu. Zu Gossis Zeit war Hamadi König der Fulbe von Bakunu. Hamadi hielt in zwei Punkten auf strenge Innehaltung der alten Gebräuche des Landes. Die eine Fürsorge galt einem heiligen Stiere. Diesen Stier durfte niemand schlagen oder stoßen, und es stand auf Zuwiderhandlung einfach Todesstrafe. Zum zweiten aber war der König strengstens auf die Respektierung der Frauen seines Hofes und Hauses bedacht. Nicht weniger als siebenhundert Soldaten bewachten ständig die Tore, die zu seinem Häuserviertel führten. Zweimal in der Woche, am Montag und Freitag, wurden die Frauen von den gesamten Soldaten zum Flusse hinab begleitet. Wenn der Zug kam, mußte jedermann schnell beiseite laufen, und wer es dennoch wagte, hinzuschauen oder stehen zu bleiben, der war auch der Todesstrafe verfallen. Wer zufällig auf dem Hofe des Königs oder sonstwo eine Frau seines Haushaltes sah, der mußte sich abwenden und das Gesicht mit den Händen oder mit dem Mantel bedecken. — Zumal eine seiner Frauen liebte der Herrscher über alle Maßen. Das war Njelle. Der konnte er die Erfüllung keines Wunsches versagen, und sie war Hüterin aller seiner wichtigsten Schätze.

Es war ein Fulbe, der hieß Bulloballi, der hatte von Gossis Taten gehört, und der machte sich auf den Weg, um den Helden persönlich kennen zu lernen. Er legte den weiten Weg zurück, kam an, trat zu Gossi und sagte: „Ich suche das Schreckliche und Unerhörte.“ Gossi sagte: „Da kann dir ja leicht geholfen werden, — warte nur einige Tage, dann will ich dir das Schreckliche und Unerhörte zeigen, so daß du genug davon haben sollst.“ Bulloballi sagte: „Ich werde warten.“

An einem Montage saßen alle gemeinsam auf dem Marktplatze. Einige Dialli spielten Gitarre und sangen das Baudi (Heldenlied). Gossi schnipste gegen die Gitarre und sagte: „Komm, Bulloballi, heute wollen wir auf den Sandbänken des Flusses das Padi (ein Würfel= spiel) spielen.“ Gossi und Bulloballi gingen zum Fluß hinab und begannen zu spielen. Nach einiger Zeit sah Gossi, daß der Zug der königs= lichen Frauen, geführt und geschützt von den siebenhundert Soldaten, daherkam. Er ließ sich nicht stören. Bulloballi wandte sich um, er sah auch den Frauenzug. Da schlüpfte er in großer Furcht auch allsogleich in eine Höhle, die am Uferrande war.

Gossi stand auf. Er erwies den königlichen Frauen die Ehre und warf sich auf die Knie, das Antlitz gegen den Boden gewendet. Als der Zug aber just neben ihm war, blickte er mitten in den Zug und rief: „Njelle!" Njelle antwortete sogleich: „Hier bin ich." Gossi sagte: „Njelle, ich habe Durst, bringe mir doch eine kleine Schale mit Wasser." Njelle ging an den Fluß, sie ging bis an die Knie in das Wasser und schöpfte für Gossi Wasser. Sie kam mit der Schale zurück. Sie kniete vor Gossi nieder und reichte dem Helden den Trunk. Gossi trank.

Man hatte vordem schon für die Frauen Decken auf den Boden gebreitet. Gossi strich jetzt mit der flachen Hand von einer der Decken den daraufgewehten Sand fort und sagte: „Setze dich zu mir nieder, Njelle!" — Alle siebenhundert Soldaten und Wächter, alle Frauen sahen starr und entsetzt auf das Unerhörte. Niemand wagte es, sich zu bewegen oder etwas zu sagen. Njelle aber ließ sich neben Gossi nieder, und so plauderten sie miteinander. Njelle sagte dann zu Gossi: „Es gibt keine rechten Männer mehr unter den Fulbe in Bakunu." Gossi sagte: „Ei, es gibt schon noch echte Männer in Bakunu, du kennst sie nur nicht. Wenn du einen echten Fulbehelden kennen lernen willst, so erwarte mich heute abend in deinem Hause, denn dann will ich trotz der siebenhundert Soldaten und des heiligen Stieres bei dir schlafen." Njelle sagte: „Ach, ich kann es gar nicht erwarten, daß es Abend wird. Ich möchte, es wäre erst Nacht."

Dann nahmen Njelle und Gossi voneinander Abschied, und die Frauen kehrten mit ihren Wächtern zur Stadt, in die Gehöfte des Königs zurück.

Bulloballi kam auch aus seinem Versteck hervor. Er sagte: „Komm schnell heim. Ich habe genug des Unerhörten erlebt." Gossi sagte: „Nein, wir gehen nicht, wir wollen jetzt erst noch das Padi spielen." Bulloballi sagte: „Wir wollen gehen." Gossi sagte: „Dann gehe allein." Bulloballi blieb. Sie spielten das Padi.

Gossi sagte (spielgemäß): „Eine Frau hat gesagt, es gibt keine echten Männer mehr unter den Fulbe von Bakunu. — Das gibt eine neue Sache. Wir wollen es zeigen." Im Hintergrund kam eine Löwin herbei. Gossi sah nie hinter sich. Er hörte nun wohl die Schritte und das Knurren des Tieres, aber da es hinter ihm herankam, achtete er nicht darauf. Bulloballi sagte erschreckt: „Eine Löwin!" Gossi sagte: „Da, spiele." Bulloballi sprang auf und schlüpfte wieder in seine Höhle. Gossi blieb, wie und wo er war.

Dann kamen zwei Jäger des Weges, und darauf ward die Löwin vergrämt und sprang schnell in den Busch. Bulloballi sagte: „Ich gehe nach Hause!" Er kroch aus seiner Höhle. Als er an Gossi vorbeikam, sagte er: „Ich habe heute genug Unerhörtes gesehen." Er lief fort.

Gossi sagte: „Es gibt wirklich wenig wahre Männer unter den Fulbe. Ich werde es aber zeigen, daß es doch etliche gibt." Er stand auf und ging auch in die Stadt.

Als es Abend war, nahm Gossi zwei Lanzen und ging damit nach dem Königsviertel. An dem einen Tor war der heilige Stier angebunden, den niemand bei Todesstrafe schlagen oder stoßen durfte. Er nahm die erste Lanze und stieß sie dem Stiere in die Seite. Er nahm die zweite Lanze und stieß sie dem Stiere in die Seite. Der heilige Stier brach tot zusammen. Dann ging Gossi durch das Torhaus und in das Königsviertel. Er fragte eine Frau nach der Wohnung Njelles. Die Frau zeigte ihm die Richtung. Er fragte nochmals eine Frau nach dem Hause Njelles. Sie zeigte Gossi das Haus Njelles. Gossi ging hinein und schlief bei Njelle.

Drei Tage war Gossi im Hause Njelles und schlief bei ihr. Alle Frauen und Männer wußten es. Keiner aber wagte es, dem Könige diese Nachricht zu hinterbringen, denn alle Leute fürchteten seinen Zorn. Am dritten Tage faßte sich die erste Frau Hamadis ein Herz, ging zum Könige und sagte: „Seit drei Tagen ist der Held Gossi im Königsviertel und im Hause deiner Frau Njelle und schläft bei ihr." Als der König das hörte, rief er alle seine Vornehmen und Weisen zusammen zu einer Beratung auf dem großen Platze.

Der König sagte: „Ich habe das Gesetz erlassen, daß jeder, der den heiligen Stier schlägt oder stößt, getötet werden soll. Ich habe das Gesetz erlassen, daß jeder, der auf meine Frauen sieht, und sich nicht umwendet, wenn sie irgendwo daherkommen, getötet werden soll. Nun aber ist dieser Gossi gekommen und hat den heiligen Stier nicht geschlagen, nein, er hat ihn getötet. Er hat meine Frauen nicht nur angesehen, sondern er hat die liebste meiner Frauen beschlafen. Er ist drei Tage bei Njelle und kümmert sich nicht um meinen Zorn. Wenn man schon wegen Schlagens und Hinschauens tötet, was soll man dann beim Töten und Beschlafen machen? Wer kann mir da einen Rat geben?"

Einige Leute sagten: „Man kann ihn eben nur töten." Andere sagten: „Man kann ihn in einem großen Topf kochen." Es wurde viel dergleichen geredet. Es war auch ein Bruder Gossis da, der war älter als Gossi und sagte: „Tötet Gossi nicht, sondern weist ihn aus dem Lande." Gossi hörte in dem Hause Njelles alles, was draußen auf dem Platze gesprochen wurde.

Als der ältere Bruder Gossis gesagt hatte: „Tötet Gossi nicht, sondern weist ihn aus dem Lande!" sagte Gossi zu Njelle: „Höre, es wird mir etwas eng und warm im Haus, ich will ein wenig auf den großen Platz gehen." Njelle sagte: „Ich komme mit dir." Darauf traten Gossi und Njelle Hand in Hand aus dem Hause auf den großen Platz, auf dem die Versammlung abgehalten wurde, die wegen Gossis Strafe beratschlagte. Gossi sagte zu Njelle: „Nun kehre zurück." Njelle sagte: „Nein, ich begleite dich noch ein wenig, denn du bist ein wahrer Mann und der Tapferste unter den Fulbe." Sie gingen also

Hand in Hand noch weiter auf die Versammlung und den König zu und dann sagte Gossi: „Guten Weg, Njelle." Njelle sagte: „Guten Tag, Gossi." Njelle kehrte in ihr Haus zurück.

Als die versammelten Männer Gossi mit Njelle Hand in Hand aus dem Hause und über den Platz kommen sahen, wandten die einen den Kopf weg, die anderen bedeckten die Augen mit den Händen, die dritten verhüllten das Antlitz, um so den Geboten des Königs zu gehorchen, welche verlangen, daß jeder fortsieht, wenn ein königliches Weib auftritt. So kam es, daß Gossi ganz ungehindert über den Platz auf den König zugehen und neben ihm Platz nehmen konnte. Den König packte aber angesichts solcher Unerschrockenheit große Angst, und er rückte furchtsam ein wenig zur Seite.

Gossi setzte sich nahe dem König und sagte: „Mein ältester Bruder hat hier soeben gesagt: ‚Tötet Gossi nicht, sondern weist ihn aus dem Lande.' — Wenn es nicht mein Bruder gewesen wäre, der diese schmähenden Worte gesagt hat, mein Bruder, der gleichen Vater und gleiche Mutter mit mir hat, so würde ich ihn auf der Stelle töten. Straft mich, wie ihr wollt. Ihr könnt mich töten. Aber aus der Gemeinschaft der Fulbe werdet ihr mich niemals ausweisen!" Gossi sagte das, stand auf und ging zurück in das Haus Njelles. — So lange Gossi neben ihm gesessen hatte, war dem Könige angst und bange gewesen; — als er nun von seiner Seite gegangen war, ward ihm leicht und angenehm zumute.

Als Gossi den Platz verlassen hatte und wieder in Njelles Haus zurückgekehrt war, kam ein eiliger Bote in die Versammlung gestürzt und teilte mit, daß ein starker Kriegshaufen in der Nachbarschaft der Hauptstadt aufgetaucht sei und da großen Schaden anrichte. — Da sagte König Hamadi: „So wollen wir die Sache mit diesem Gossi vorerst sich selbst überlassen und zunächst einmal den Feinden entgegenziehen." Einer aus der Umgegend sagte: „Wenn wir aber hier weggehen, so wird dieser Gossi sehr bald entfliehen, und so sich seiner Strafe entziehen." Ein Einheimischer aber sagte: „Man sieht, daß du nicht aus dieser Stadt bist, sonst würdest du wissen, daß dieser hier ein Held ist, der niemals entfliehen wird." — Somit brach denn das Heer auf und zog unter der Führung des Königs Hamadi gegen den Feind.

Gossi hörte alles das mit an. Als die anderen abgezogen waren, sagte er zu Njelle: „O Njelle, ich höre, daß draußen Krieg ist, und nun sitze ich hier tatenlos bei einer Frau! Ach, Njelle, wenn ich doch ein Pferd hätte!" Njelle sagte: „Höre, es sind hier im Königshofe zwei herrliche Pferde, eines hat sieben, das andere hat zehn Sklaven gekostet. Geh' hin und wähle dir eines aus." Gossi ging und wählte sich ein Pferd aus. Er kam zurück und sagte: „Ach, Njelle, wenn ich nun noch ein gutes Gewehr hätte!" Njelle hatte alle Schlüssel über alle Vor=

ratshäuser. Sie zeigte ihm, wo der Speicher mit den Gewehren sei. Er ging hin und nahm aus dem Haufen von 50 eine Doppelbüchse heraus. Njelle zeigte ihm wo der Speicher mit dem Pulver und den Kugeln war. Sie sagte zu Gossi: „Nimm dir nur viel Pulver und Kugeln mit." Gossi sagte: „Ich brauche nur für zwei Schüsse, um uns zu befreien." Er lud und sagte: „Guten Tag, Njelle." Njelle sagte: „Guten Weg, Gossi!"

Inzwischen war es dem Heerhaufen König Hamadis sehr schlecht gegangen. Die Feinde waren mit großer Macht herangekommen und hatten die Fulbe so gut wie zurückgedrängt. Nun waren zwei kühne Helden unter den Truppen der Feinde, die hatten es darauf abgesehen, den König Hamadi zu töten oder gefangen zu nehmen. Der eine hatte gerade die Büchse angelegt, um König Ha= madi aus nächster Nähe totzuschießen, — der andere hatte schon die Hand ausgestreckt, um den König Hamadi an der Brust zu packen. In diesem Augenblick kam Gossi angejagt. Er erschoß erst den, der sein Gewehr gegen König Hamadi ge= richtet hatte, dann tötete er den anderen, der seine Hand schon nach ihm ausgestreckt hatte. Beide sanken tot zu Boden. Gossi packte die beiden Pferde an den Zügeln, reichte sie dem König Hamadi und sagte: „Bewahre mir diese beiden Pferde gut!" Der König band die Riemen der Pferde zusammen und hielt sie, und so ward der König Hamadi der Sufa des Helden Gossi. — Gossi stürzte sich aber in das Schlachtgewimmel, sprengte überall hin, wo der Feind die Ober=

hand gewinnen wollte, und das hatte zur Folge, daß das Heer König Hamadis zuletzt doch den Feind zurückschlug.

Als das Heer Hamadis sich versammelt hatte, sprengte Gossi so schnell wie möglich zur Stadt zurück, band sein Pferd am Hause Njelles an und ging hinein. Gossi sagte: „So, Njelle, nun mache mir warmes Wasser, damit ich mich baden kann, denn ich habe schwere Arbeit hinter mir.“ Darauf lachte Njelle vor Freude und bereitete alles. Der Held wusch sich.

Das Heer Hamadis versammelte sich auf dem Schlachtfelde und kehrte in die Stadt zurück. Die Versammlung trat wieder auf dem großen Platze zusammen. Als alle anwesend waren, sagte der König: „Wir müssen jene Sache des Helden Gossi, die noch nicht erledigt ist, abschließen. Gossi hat den heiligen Stier getötet und ist in das Haus meines Lieblingsweibes gegangen, um bei ihr drei Tage zu schlafen. Wir haben keine Strafe für ihn ersinnen können, die schwer genug gewesen wäre, und die genügt hätte, diese Verbrechen zu sühnen. Inzwischen ist aber eine große Aenderung eingetreten. Gossi hat mir auf dem Schlachtfelde nicht nur das Leben gerettet, sondern wir haben es auch ihm zu verdanken, wenn wir den Sieg nicht verloren haben. Darum will ich diesem Helden Gossi anstatt ihn zu strafen, die Frau Njelle schenken.“ Der ältere Bruder Gossis ging hin, um den Helden zu rufen und ihm zu sagen, was der König beschlossen habe.

Goffi kam. Er trat in die Versammlung. Er nahm kühn und unverzagt neben dem Könige Platz. Er sagte: „König Hamadi, ihr anderen! Ihr glaubt, daß ich diese Sache um der Frau Njelle wegen getan habe. Das würde ich nicht tun, denn Njelle ist die Frau des Königs. Aber eine Fulbe-Frau hat mir gesagt: „Es gibt keine ordentlichen Männer mehr!“ Es ist eine Schande, wenn die Fulbe-Frauen so sprechen dürfen. Ich habe mit alledem nur zeigen wollen, daß es eben noch echte Männer unter den Fulbe gibt. Deine Frau will ich dir nicht nehmen. Behalte sie, König Hamadi!“

Damit stand Held Goffi auf und verließ das Viertel des Königs.

Später sagte der Held Goffi: „Ich bin doch der tapferste unter allen Fulbe, nur drei Männer werden mich darin zu übertreffen wissen. Erstens der sich in warmem Wasser wäscht und Geduld genug besitzt, dem Juckreiz zu widerstehen und sich nicht zu kratzen. Zweitens, der einen Nied= nagel am Finger hat und den Mut besitzt, ihn nach der Handfläche zu fingerauf wegzuziehen, statt ihn abzubeißen oder abzuschneiden. Drittens, wer nachts Wasser schöpft, um zu trinken, und dann trinkt, ohne das anzusehen, was er schlürft.

5. Der Raffenreine.

Aus der Familie des Fulbe=Königs Ardo, welche 500 Jahre über Maffina herrschte, ging auch Goroba=Dike hervor, der war aber ein jüngerer Bruder, somit fiel für ihn keine Herr= schaft ab, und somit irrte er unzufrieden und schlechter Laune im Lande der Bammana herum und ließ diese seine schlechten Schicksale und Bitter= nis gründlich fühlen. Goroba Dike wurde zu einem rohen, grausamen, gewalttätigen Menschen. Wenn er abends in einem Bammanadorfe abstieg, ließ er ein kleines Kind schlachten und dieses stampfen, einen Mörser Wasser darauf gießen und das seinem Pferde als Futter vorsetzen. Wenn er vor eine Schmiede kam, so mußte der Schmied ihm Messer und Lanzen schmieden, ohne dabei aber Feuer und Blasebalg anzuzünden. Traf er auf einen Lederarbeiter, so verlangte er von ihm, daß er den Schädel eines Nilpferdes mit Leder benähe, und solche Sachen mehr, so daß die Bammanastämme vor seiner Wildheit große Furcht hatten.

In ihrer Not wandten sich die Bammana einmal an den Mabo=Spielmann Alal, der war

der kluge Spielmann Goroba Dike. Sie brachten
ihm eine Mulle mit Gold als Geschenk und
sagten zu ihm: „Du bist der einzige, der auf den
Willen Goroba Dikes Einfluß hat. Wir bringen
dir dies Geschenk, damit du ihm sagest, daß er
auf solche Art das Land nur zerstört, daß er aber
oder wir damit gar nichts gewinnen können. Suche
doch seinen Sinn zu ändern." Der Mabo Alal
sagte: „Es ist gut, ich werde sehen, was ich in
der Sache tun kann. Er nahm die Mulle mit
Gold an, und er war wirklich der einzige, von dem
Goroba Dike sich etwas sagen ließ. Nach einigen
Tagen sagte er zu Goroba Dike: „Höre! Diese
Bammana haebn dir eigentlich nichts Uebles
getan. Wenn ich an deiner Stelle wäre, würde
ich mich einmal gegen meine Landsleute, die Pulo,
wenden, die dir ein Königreich schuldig sind."

Goroba Dike sagte: „Du hast recht! Welche
Stadt soll ich denn einmal aufsuchen?" Der Mabo
Alal sagte: „Wie wäre es, wenn du einmal nach
Sariam reistest, in welchem Orte Hamadi Ardo
König ist?" Goroba Dike sagte: „Gut, das können
wir machen. Reiten wir dahin!"

Die beiden kamen in die Nähe Sariams.
In einem Landgehöft der Umgebung machten sie
bei einem Dimadio (Bauern) Halt und stiegen ab.
Goroba Dike sagte zu seinem Mabo: „Bleibe
du zunächst hier. Ich will mir die Stadt zunächst
einmal allein ansehen." Dabei legte er seine guten
Kleider ab und ließ sich von dem Dimadio das
älteste und schlechteste Zeug eines Arbeiters geben,
legte es an und wanderte in einem gar schäbigen

Zustande in die Ortschaft. Bei einem Schmiede sprach er zunächst vor und sagte: „Ich bin ein Pulo, dem es augenblicklich sehr schlecht geht. Wenn du mir ein wenig zu essen geben willst, bin ich bereit, dir tüchtig bei der Arbeit zu helfen." Der Schmied sagte: „Das einzige, wozu ich dich eigentlich recht gebrauchen könnte, wäre, daß du mir den Blasebalg stößt." Goroba Dike sagte: „Das will ich gern tun." Er stellte sich an. Er arbeitete ordentlich.

Während der Arbeit fragte er den Schmied: „Wem gehört denn die Stadt eigentlich?" Der Schmied sagte: „Die Stadt gehört dem Hamadi, der ein Ardosproß ist." Goroba Dike sagte: „Also dem Hamadi Ardo! Hat er denn ein paar Pferde?" Der Schmied sagte: „Ach, der hat eine Unzahl Pferde; überhaupt, reich ist er. Die Stadt und er sind reich, sehr reich, — er hat alles, was er braucht. Er hat auch drei Töchter, und zwei von den Töchtern haben ordentliche, tapfere Fulbe zu Männern." Goroba Dike sagte: „Und die dritte Tochter ist wohl noch ein Kind?" Der Schmied sagte: „Nein, ein Kind ist sie nicht, — vielmehr könnte sie schon mehrere Kinder haben. Aber die Kode Ardo ist das stolzeste Fulbemädchen Massinas. Sie trägt einen silbernen Ring auf dem kleinen Finger und will nur den heiraten, auf dessen kleinen Finger dieser Ring auch paßt. Denn sie sagt: „Ein echter Fulbe muß ganz feine Glieder und zarte Finger haben. Sonst ist es kein echter Fulbe." (In der Tat sind die echten Fulbe die zartesten und feinsten Gestalten von geradezu abnorm erscheinender Feinheit der Glieder.)

Am anderen Morgen versammelten sich, wie an jedem Tage, alle vornehmen jungen Fulbe vor dem Hause Hamadi Ardos. Sie lagen und standen plaudernd umher. Dann kam die stolze kleine Tochter des Königs, Kode Ardo, aus ihrem Hause, zog den Silberring von ihrem Finger und suchte unter den Anwesenden einen Mann, der ihn auch über den kleinen Finger streifen könne. Der eine konnte ihn nicht einmal auf die Spitze setzen, der zweite schob ihn mit knapper Not bis an das erste Gelenk. Einige wenige brachten ihn bis gegen das zweite Gelenk hin, aber darüber war er nicht mehr zu verschieben, — auch nicht von einem einzigen mit der unglaublichsten Anstrengung. Denn von allen diesen hätte ein jeder herzlich gern Kode Ardo zur Frau gehabt. Sie zu besitzen, galt als Beweis der Rassenreinheit. Sie war die Tochter des Königs. Sie brachte ihren Mann in ein wohlhabendes Ansehen.

Am darauffolgenden Morgen spielte sich die gleiche Sache ab. Wieder fand sich unter all den Fulbe, die von nah und fern herbeigekommen waren, nicht einer, der den Ring aufzusetzen imstande gewesen wäre. An diesem Tage war aber die Geduld des Hamadi Ardo bis aufs äußerste erschöpft. Er sagte zu seiner Tochter: „Du mußt nunmehr den ersten besten heiraten." Der Schmied, bei dem Goroba Dike in Arbeit stand, war unter denen, die das hörten. Er sagte: „Ach, in meinem Hause arbeitet jetzt ein Mann.

Der ist nicht sauber gekleidet. Er kommt aus dem Lande. Er sagt, er sei ein Pulo, und man sieht es ihm auch an, daß er ein Fulbe ist." Hamadi Ardo sagte: „Bringt mir den Mann herbei. Er soll auch versuchen, den Ring meiner Tochter überzuziehen." Der Schmied und einige Leute kamen zu Goroba Dike und sagten ihm: „Komm schnell, der König will dich sprechen." Goroba Dike sagte: „Was? Mich will der König sprechen? Ich kann da nicht hingehen, ich habe ja ganz schmutzige und zerrissene Kleider an." Der Schmied sagte: „Komm nur, — der König will es so."

Goroba Dike ging mit dem Schmiede auf den großen Platz, wo der König Hamadi, Kode Ardo und alle Vornehmen standen. Er ging in zerlumpten Kleidern. Der Schmied sagte: „Hier ist er!" Hamadi Ardo fragte ihn: „Du bist ein Fulbe?" Goroba Dike sagte: „Ja, ich bin ein Fulbe." Hamadi Ardo sagte: „Wie heißest du?" Goroba Dike sagte: „Das werde ich nicht sagen." Hamadi Ardo nahm den Ring seiner Tochter und sagte: „Versuche diesen Ring über den kleinen Finger deiner Hand zu ziehen." Goroba Dike nahm den Ring und schob ihn über den Finger. Der Ring paßte. König Hamadi Ardo sagte: „Du mußt meine Tochter heiraten."

Da fing Kode Ardo an zu weinen und sagte: „Nein, diesen Mann von dem Lande, diesen häßlichen, schmutzigen Menschen will ich nicht heiraten." Der König aber sagte: „Es war dein eigener Wille. Nun mußt du den Mann heiraten." Kode Ardo weinte den ganzen Tag, aber sie

Gehöft eines Dimadio am Fië

mußte den schmutzigen Goroba Dike heiraten. Man feierte am gleichen Tage die Hochzeit. In dieser Nacht schon schlief Goroba Dike bei seiner Frau. Am anderen Tage weinte Kode Ardo. Sie weinte den ganzen Tag und sagte: „Oh, an welchen schmutzigen Menschen hat mich doch mein Vater verheiratet."

Eines Morgens kamen die Burdam (Tuareg) ins Land und raubten das gesamte Rindvieh König Hamadi Ardos und der Stadt Sariam. Es kamen die Hirten angelaufen und meldeten: „Die Burdam haben alles Rindvieh geraubt. Ihr müßt sie sogleich verfolgen." Alle Leute der Stadt rüsteten sich. Goroba Dike lag in einer Ecke müßig. König Hamadi Ardo trat zu ihm und fragte ihn: „Willst du nicht ein Pferd besteigen und auch mit in den Krieg ziehen?" Goroba Dike sagte: „Auf ein Pferd steigen? Ich habe noch nie ein Pferd bestiegen. Ich bin das Kind armer Leute. Gebt mir einen Esel. Auf einem Esel kann ich mich halten." Kode Ardo weinte. Goroba Dike bestieg seinen Esel, hieb auf ihn drauf und ritt nach einer anderen Richtung als die Kriegscharen fort. Kode Ardo weinte und weinte. Sie sagte: „Vater, Vater, welches Elend hast du mir aufgeladen!"

Goroba Dike ritt zu dem Dimadioweiler, wo er sein Pferd, seine Waffen und seinen Mabo zurückgelassen hatte. Er sprang vom Esel und sagte: „Alal, ich habe geheiratet." Der Mabo

sagte: „Was, du haſt geheiratet? Wen haſt du
geheiratet?" Goroba Dike ſagte: „Ich habe das
ſtolzeſte Mädchen der Stadt geheiratet, Kode Ardo,
die Tochter des Königs Hamadi Ardo." Der
Mabo ſagte: „Was, ſolch ein Glück hatteſt du?"
Goroba Dike ſagte: „Ja. Heute gibt es aber
noch etwas anderes. Die Burdam haben das
Rindvieh meines Schwiegervaters geſtohlen. Nun
gib' mir ſchnell die Kleider und Waffen, rüſte
mir ein Pferd, ich will den anderen den Weg
abſchneiden." Der Mabo rüſtete alles, reichte
ihm alles und fragte: „Darf ich dich begleiten?"
Goroba Dike ſagte: „Nein, heute nicht." Damit
ritt er, ſo ſchnell er nur konnte, von dannen.

Er hatte die anderen bald eingeholt, und
nun ritt er in einiger Entfernung immer neben
ihnen her. Die beiden Schwiegerſöhne König
Hamadi Ardos und die anderen Fulbe ſahen ihn
von der Seite her kommen und ſagten unterein=
ander: „Das muß Djinar (der Teufel) ſein! Den
wollen wir für uns gewinnen. Dann wäre der
Sieg und die Rückkehr der Herden ſicher!" Einer
ſagte: „Man ſollte mit ihm ſprechen." Es ritten
einige hin und fragten Goroba Dike: „Wo reiteſt
du denn hin? Was haſt du vor?" Goroba Dike
ſagte: „Ich reite dahin, wo es Kämpfe gibt, und
helfe denen, denen mir zu helfen paßt." Die Leute
ſagten: „So biſt du alſo Djinar?" Goroba Dike
ſagte: „Gewiß bin ich Djinar!" Die Leute fragten:
„Willſt du uns helfen?" Goroba Dike ſagte:
„Warum ſollte ich euch nicht helfen? Wieviel
Schwiegerſöhne König Hamadi Ardos ſind bei euch?"

Die Leute sagten: „Es sind zwei bei uns." Goroba Dike sagte: „Wenn mir jeder von beiden als Lohn eines seiner Ohren gibt, werde ich helfen." Die Leute sagten: „Das geht nicht! Was würde man in der Stadt sagen!" Goroba Dike sagte: „Das ist sehr einfach. Die zwei Schwiegersöhne sagen einfach: ‚Im Gefecht ist mir das Ohr abgeschlagen worden. Ich hielt den Kopf so, da glitt der Schlag ab.' — Das gilt dann noch als sehr ehrenvoll." Die Leute ritten zurück und berichteten den beiden Schwiegersöhnen des Königs. Erst waren sie nicht einverstanden, dann ließen sie sich jeder ein Ohr abschlagen und sandten es Goroba Dike. Der steckte die Ohren in die Tasche. Nun kam Goroba Dike und setzte sich an die Spitze des Zuges. Er sagte zu den Fulbe: „Ihr dürft aber nicht sagen, daß euch Djinar half." Die Fulbe sagten: „Nein, nein, wir werden es nicht sagen."

Sie trafen auf die Burdam. Sie fochten mit den Burdam. Goroba Dike tötete mehrere und gewann die Pferde. Er gab sie den Schwieger= söhnen. Die Fulbe gewannen das Gefecht. Darauf trieben die Fulbe die Herden wieder zurück. Goroba Dike aber zweigte seitwärts ab und ritt zu dem Dimadiogehöft, in dem sein Mabo auf ihn wartete. Hier stieg er von seinem Pferde, legte die Waffen und Kleidung ab, zog die Lumpen an, schwang sich auf den Esel und ritt wieder nach der Stadt herein. Als er durch Sariam ritt, sah ihn der Schmied, der ihn die ersten Tage beherbergt hatte. Der rief: „Bleib' mir von meiner Schwelle. Du bist kein Fulbe, du bist

ein ganz gemeiner Bastard oder ein Sklave, aber
ein Kriegsmann oder ein Fulbe bist du nicht.“
Die Frau des Schmiedes hörte das. Sie sagte
zu ihrem Manne: „Laß solches Gerede. — Ein
Fulbe ist ein Fulbe, und du bist auch nicht so
klug, daß du wissen könntest, was dahinter steckt.“

Inzwischen waren die siegreichen Fulbe mit
den wiedergewonnenen Herden glücklich daheim an=
gekommen. Alles begrüßte sie mit Jubel. Ha=
madi Ardo, der König, kam ihnen selbst ent=
gegen und sagte: „Das ist doch noch echte Kriegs=
art. Ihr seid doch noch Fulbe. Ihr habt ja
wohl auch Wunden?“ Der eine Schwiegersohn
sagte: „Wie ich so auf der einen Seite angriff,
schlug mir ein langer Burdam mit seinem Säbel
so über den Kopf. Ich bog den Kopf, da schlug
das Schwert mir das Ohr ab, und ich war ge=
rettet.“ Der andere Schwiegersohn sagte: „Wie
ich so auf der anderen Seite angriff, schlug mir ein
kleiner Burdam mit seinem langen Schwert von
unten her gegen den Hals. Um ein Haar hätte
ich den Kopf eingebüßt. Ich duckte mich aber
so, und da flog nur das Ohr weg. Der Kopf
war aber gerettet.“ König Hamadi Ardo sagte:
„So etwas zu hören, macht Freude. Ihr seid
Helden. Aber sagt, hat denn keiner meinen dritten
Schwiegersohn gesehen?“ Alle lachten und sagten:
„Ach d e r! Er ritt ja schon von Anfang an nach
der falschen Richtung! Nein, wir haben ihn nicht
gesehen!“

Von der anderen Seite kam Goroba Dike
auf seinem Esel angeritten. Als er näher heran

war, hieb er auf sein Tier ein, daß es in Galopp=
sprüngen dahersetzte. Als Kode Ardo ihn so an=
kommen sah, begann sie bitterlich zu weinen und
sagte: „Vater, Vater, welches Unglück hast du
mir auferlegt!“ — — Abends lagen die vornehmen
Fulbe in einem Kreise umher und erzählten von
dem, was sie heute getan hatten. Goroba Dike
lag in seinen Lumpen in einer Ecke und hörte
alles mit an. Der eine sagte: „Wie ich so als
erster in die Menge der Feinde hinein=
sprengte . . .“ Der Zweite sagte: „Als ich die
Pferde erbeutet hatte . . .“ Der Dritte sagte:
„Ja, ihr seid nicht wie der Mann der Kode Ardo.
Ihr seid wahre Helden!“ Die beiden anderen
Schwiegersöhne mußten wieder erzählen, wie sie
im harten Kampfe ihre Ohren verloren hätten.
Goroba saß aber daneben und hörte alles, und
in der Tasche hatte er die beiden Ohren und
ließ sie sich immer wieder durch die Finger gleiten.
Als es Nacht war, ging er in sein Haus. Kode
Ardo sagte zu ihm: „Du schläfst nicht mehr neben
mir. Du kannst auf der anderen Seite schlafen.“

Am anderen Tage griffen die Burdam die
Stadt in großer Menge an. Als sie am Hori=
zonte auftauchten, versammelten sich alle kriegs=
tüchtigen Männer. Goroba Dike schwang sich aber
auf seinen Esel und jagte von dannen. Die Leute
aber schrien: „Da flieht Goroba Dike. Da flieht
Goroba Dike.“ Kode Ardo brach in Tränen aus

und sagte: „Vater, Vater, welch schweres Un=
glück hast du mir aufgeladen." Goroba Dike ritt
in das Dimadiogehöft, in dem er seine Kleider,
Waffen, sein Pferd und seinen Mabo zurück=
gelassen hatte. In dem Dorfe sprang er mit
großer Hast von seinem Esel und sagte zu seinem
Mabo: „Schnell, schnell rüste mein Pferd, reich'
meine Sachen! Denn heute ist eine ganz große
Sache! Die Burdam greifen die Stadt an in
gewaltigen Scharen, und niemand ist da zur Ver=
teidigung." Der Mabo Alal fragte: „Darf ich
mitreiten?" Goroba Dike sagte: „Heute noch
nicht." Er zog sich seine anderen Kleider an,
ergriff seine Waffen, sprang auf sein Pferd und
jagte von dannen.

Die Burdam hatten inzwischen die Stadt
Sariam angegriffen und umzingelt. Dann waren
sie aber auch schon in die Stadt eingedrungen,
und ein Teil rückte gegen den Kraal des Königs
vor. Goroba Dike, der von außen kam, durch=
brach ihre Reihen. Er warf die Burdam nach
rechts und links aus den Sätteln, sprengte über
sie hinweg und langte gerade in einem ent=
scheidenden Augenblick im Gehöft seines
Schwiegervaters an. Soeben griffen nämlich
einige Burdam nach Kode Ardo und wollten sie
fortführen. Als Kode Ardo den tapferen Fulbe
ankommen sah, rief sie: „Mein großer Bruder,
komm und hilf mir, denn die Burdam wollen
mich fortschleppen und mein Mann ist feige ent=
flohen." Goroba Dike schlug mit dem Speer einen
Burdam beiseite. Ein Zweiter hieb ihm selbst

eine klaffende Wunde, aber dann stach Goroba
Dike ihn nieder. Die anderen flohen. Kode Urdo
sah, daß Goroba Dike eine schwere Wunde hatte.
Sie rief: „Oh, mein großer Bruder, du hast mich
gerettet, aber du bist verwundet." Sie riß schnell
die Hälfte ihrer Kleider herab und wand sie als
Verband um das blutende Bein Goroba Dikes.
Dann sprengte Goroba Dike von dannen, jagte
in die größte Menge der Burdam hinein und
drängte sie nach allen Seiten auseinander. Er
stach hier einen Mann nieder und schlug da einen
zu Boden, so daß sich der Burdam ein großer
Schrecken bemächtigte. Sie drängten aus der
Stadt und jagten in wilder Flucht von dannen.
Die Fulbe verfolgten sie.

Goroba Dike aber ritt seitwärts in das Ge=
höft des Dimadio, in dem sein Mabo Alal war.
Dort stieg er von seinem Pferde, legte Kleider
und Waffen ab, hüllte sich in seine Lumpen und
kehrte auf dem Esel in die Stadt zurück. Als er
an dem Schmiede vorüberkam, bei dem er zu=
nächst aufgenommen war, schrie der: „Sieh diesen
elenden Bastard! Diesen Straßenhund, diesen
Feigling! Mach, daß du so schnell wie möglich
an meinem Hause vorüberkommst." Die Frau des
Schmiedes sagte: „Laß das Gerede, denn dies ist
ein Fulbe, und nie soll man einen Fulbe schimpf=
lich anreden." Der Schmied aber rief: „Laß mich,
Weib! Ueber diesen elenden Schurken, der fort=
gelaufen ist, als es uns am nötigsten war, Männer
zu haben, kann ich nicht anders als schelten."
Goroba Dike sagte: „Was willst du? Seit ich

hier ankam, sagte ich nicht anders, als daß ich das Kind armer Leute sei."

Dann gab er dem Esel Schläge, so daß der in Sätzen auf den großen Platz sprengte. Da waren viele Fulbe um den König Hamadi Ardo versammelt und sprachen von den Ereignissen des Tages. Auch Kode Ardo stand da. Als Goroba Dike so angesprengt kam, begann sie zu weinen und sagte: „Ach, mein Vater, weshalb hast du mir ein so elendes Schicksal bereitet, wo es doch so tapfere und mutige Männer unter den Fulbe gibt." Goroba Dike sagte: „Schon am ersten Tage, da ich dich heiratete, sagte ich dir, daß ich das Kind armer Leute sei, und ich habe es vor deinem Vater gesagt, daß ich von Pferden und vom Kriegshandwerk nichts verstehe." Kode Ardo aber weinte und sagte: „Du Feigling, du elender Feig= ling! Du sollst nicht wieder mein Lager teilen." Goroba Dike legte sich gleichgültig in einen Winkel.

Bis zum Abend saßen die Fulbe zusammen und sprachen über den Tag. Der eine sagte: „Als ich jenen Teil der Burdam zurückwarf..." Der andere sagte: „Als ich dort die Burdam auseinandersprengte..." — der dritte sagte: „Als ich die Hauptmasse der Burdam in die Flucht jagte..." — Viele aber spotteten und fragten Kode Ardo: „Wo ist denn eigentlich dein Mann geblieben?" Kode Ardo sagte: „Laßt mich, mein Vater hätte mich lieber mit einem Affen ver= heiraten sollen als mit einem solchen Feigling! Oh, wie ich mich schäme."

Es ward Nacht. Die Fulbe begaben sich in die Häuser. Kode Ardo konnte nicht schlafen. Sie dachte an ihren feigen Mann und an den tapferen Fremden, der sie gerettet hatte. Um Mitternacht sah sie auf das Lager ihres Mannes, der auf der anderen Seite des Raumes schlief, hinüber. Sie sah, daß ihm das Kleid zur Seite geglitten war, sie sah, daß die Lumpen heruntergefallen waren, sie sah Blut! Sie erhob sich und sah scharf hin. Das Blut tropfte aus einem Verbande von den Schenkeln herab, und der Verband war ein Teil ihres Kleides. Das war der Teil des Kleides, den sie heute sich selbst heruntergerissen hatte, um den tapferen fremden Fulbe zu verbinden. Der Verband lag auf den Schenkeln ihres Mannes, der mit dem Esel zurückgeritten gekommen war. Kode Ardo stand auf, ging zu ihrem Manne hinüber und fragte: „Goroba Dike, wo empfingst du diese Wunde?" Goroba Dike sagte: „Ueberlege es dir." Kode Ardo sagte: „Wer riß sich das Kleid herab und legte es dir als Verband um?" Goroba Dike sagte: „Ueberlege es dir." Kode Ardo fragte: „Wer bist du?" Goroba Dike sagte: „Der Sohn eines Königs." Kode Ardo sagte: „Ich danke dir."

Goroba Dike sagte: „Sage es vorerst nicht weiter! Mache aber Baumbutter warm und lege sie mir auf die Wunde." Kode Ardo holte Baumbutter. Sie machte sie warm. Sie träufelte sie auf die Wunde. Sie band den Verband um. Dann schlich sie hinaus. Sie ging zu ihrer Mutter, setzte sich bei ihr nieder, weinte und sagte: „Mein Mann ist kein Feigling, — er ist kein Flüchtling, — er ist der Mann, der heute die Stadt von den Burdam gerettet hat. Sage es aber niemand." Dann schlich sie zurück.

Am anderen Tage bestieg Goroba Dike wieder seinen Esel und ritt in das Gehöft des Dimadio, in dem er seinen Mabo, seine Kleider und Waffen und sein Pferd zurückgelassen hatte. Er sagte zu seinem Mabo: „Alal, heute ist der Tag gekommen, da wir uns wirklich wie wir sind in Sariam und vor dem stolzen Hamadi Ardo vorstellen können. Rüste also mein Pferd. Rüste das deine." Goroba Dike kleidete sich an und nahm seine Waffen. Er ritt in Sariam ein und sein Mabo folgte ihm. Er stieg auf dem großen Platze ab, wo sich Fulbe versammelt hatten, und dann schlug der Mabo die Pferdepflöcke in die Erde, — sie waren von Silber.

Goroba Dike rief seine Frau herbei. Sie begrüßte ihn und sie lachte. Dann wandte er sich zu den Fulbe und sagte: „Ich bin Goroba Dike und das hier ist meine Frau Kode Ardo. Ich bin der Sohn eines Königs und bin es gewesen, der gestern und vorgestern die Burdam geschlagen hat." König Hamadi Ardo sagte: „Das glaube ich nicht. Wir haben dich nur immer auf dem Esel reiten sehen." Goroba Dike sagte: „So frage die, die mit im Kampfe waren." Die anderen sagten: „Es ist so." Nur die beiden Schwiegersöhne des Königs sagten: „Es ist nicht sicher." Darauf zog Goroba Dike die beiden Ohren aus der Tasche hervor und fragte: „Nun, kennt ihr denn diese Ohren nicht wieder?" Da gingen die beiden still zur Seite.

König Hamadi Ardo aber trat an Goroba Dike heran. Er kniete vor ihm nieder und sagte: „Verzeihe mir. Nimm aber das Königreich aus meinen Händen." Goroba Dike sagte: „König Hamadi Ardo, ich bin nicht weniger als du. Ich bin auch ein Ardosproß. Wenn ich denn nun König bin, so befehle ich als erstes, daß man dem Schmied, der mich mehrmals verhöhnt hat und doch nichts anderes ist als ein Schmied, fünfzig mit dem Knotenstock auf den Hintern gebe!" So geschah es. — —

6. Der falsche Ritter.

Siga-Sa-nke wohnte in dem Dorfe Soïna in Kaarta. Er lebte zur Zeit des Königs Njaga-leng Gara, eines stolzen Massassi, der damals über Käärta herrschte. Zuerst war er mit dem Könige sehr befreundet. Er reiste im Lande um-her, besuchte die einzelnen Dorfoberherren und kam dann gewöhnlich mit der Nachricht zurück: „Der und der ist gar kein treuer Untertan. Gib mir Soldaten, ich will ihn in deinem Namen züchtigen!" Anfangs dachte der König sich nichts Schlimmes dabei und freute sich über den treuen Sinn Siga-Sa-nkes, aber dann fand er, daß jener ein böser und gefährlicher Schmeichler sei, und darauf zog er seine Gnade von ihm.

Siga-Sa-nke zog sich darauf eiligst in sein Dorf Soïna zurück und begann ein unwürdiges und prahlerisches Leben anzunehmen. Seine Stadt war sehr fest. Vor einem der Tore hatte er unter vier Bäumen eine Galla (Plattform) errichten lassen. Auf der standen am Abend zwölf Männer mit Trommeln und schlugen den Takt, während unten das Volk tanzte. Siga-Sa-nke hatte Freundschaft geschlossen mit einem Schmiede Numuke Boji, mit dem trank er, während draußen die Trommeln den Takt rührten, Honigbier, und dazu sangen ihm zwei Frauen. Die eine war Siga=Sa=nkes Frau, die sang: „Siga=Sa=nke schlägt sich mit vielen." Darauf antwortete die zweite, das war seine Schwester: „Siga=Sa=nke gleichet kein Bammana!" Sie sangen zur Gitarre= begleitung.

Siga=Sa=nke trank viel. Er nahm einmal eine Kalebasse, die frisch gefüllt war. Er setzte sie an und trank sie aus. Er beugte sich so weit zurück, daß seine Mütze herunterfiel. Er sagte zu Nu= muke Boji: „Wenn du nichts Schlechtes tust, wirst du nie bekannt werden." — — So lebte er in ständiger Betrunkenheit. Einmal hörte er, daß der Sohn des Königs Njagaleng Gara im Lande umherreiste, da rief er seine Leute und sagte zu ihnen: „Geht dahin, wo der Königs= sohn ist, und schlagt ihn tot." Die Leute gingen hin und töteten ihn.

Soïna war ein großes Dorf mit sieben Toren. Es war ein Ort, der sehr schwer einzunehmen war. Siga=Sa=nke kam sehr selten heraus, näm= lich nur zweimal im Jahre: einmal, wenn die Aecker neu bestellt wurden, zu Anfang der Regen= zeit, um die Bestellung zu besichtigen, und ein= mal, wenn die Ernte reif war, um die Frucht zu besichtigen. Als er nun den Königssohn hatte erschlagen lassen, ließ er eines Tages zwölf Dialli (Barden) kommen und ließ sie auch auf der Galla Platz nehmen, damit sie die Trommler ablösten.

Dann stellte er eines Tages, nachdem der Königs=
sohn ermordet war und die zwölf Dialli neben
den Trommlern spielten, vier große, mit Gold
gefüllte Tabaksbüchsen auf den Boden in die
Mitte des Platzes.

Siga=Sa=nke trank. Er drehte sich um und
sagte: „Wer ist da?" Ein Sklave antwortete:
„Ich bin da!" Siga=Sa=nke sagte: „Komm!"
Der Sklave kam heran. Siga=Sa=nke nahm eine
der Tabaksbüchsen mit Gold und sagte: „Nimm
dies Gold und bringe es dem Könige von Segu
und sage dem Könige Daga, daß ich den König
Njagaleng Gara von Kaárta in einem Monate
angreifen will und daß er sich schon zum Kriege
vorbereite. Sage ihm, daß, wenn er in einem
Monat kommt und mir im Kriege beisteht, daß
ich ihm dann in Zukunft Tribut zahlen will."
Der Bote ging mit dem Gold von dannen.

Siga=Sa=nke trank. Er drehte sich um und
sagte: „Wer ist da?" Ein Sklave sagte: „Ich
bin da!" Siga=Sa=nke sagte: „Komm!" Der
Sklave kam heran. Siga=Sa=nke nahm eine mit
Gold gefüllte Tabaksbüchse, gab sie dem Boten
und sagte: „Nimm das und bringe das zum
Könige Njagaleng Gara. Sag ihm, ich hätte ihm
zwar schweres Unheil zugefügt, aber es täte mir
sehr leid. Er solle mir vergeben. Sag ihm ferner:
In einem Monat wolle der König von Segu
gegen meine Stadt zu Felde ziehen, um mich zu
unterwerfen. Da ich nun früher befreundet mit
dem König von Kaárta gewesen wäre, sei es rich=
tiger, ich zahle an Njagaleng Gara Tribut. Er

solle also eine Kolonne entsenden, die dem Heeres=
haufen von Segu Trotz bieten könne." Der Bote
nahm die Tabaksbüchse voll Gold und ging von
dannen.

Siga=Sa=nke trank. Er drehte sich um und
sagte: „Wer ist da?" Ein Sklave sagte: „Ich
bin da!" Siga=Sa=nke gab ihm die dritte mit
Gold gefüllte Tabaksbüchse und sagte: „Nimm
das und bringe das zum Könige Amadu=Amadu
von Massina. Sage ihm, im folgenden Monat
wollten mich die Leute von Saro (zwischen Massina
und Segu) angreifen und meine Stadt erobern.
Da wäre es mir lieber, dem König Amadu=Amadu
von Massina Abgabe zu zahlen. Er solle also im
kommenden Monat mit einem starken Heerhaufen
hierher kommen, um mich zu schützen." Der Bote
nahm die Tabaksbüchse mit Gold und ging von
dannen.

Siga=Sa=nke trank. Er wandte sich um. Er
sagte: „Wer ist hier?" Ein Sklave sagte: „Ich
bin da!" Siga=Sa=nke sagte: „Komm!" Der
Sklave kam heran. Siga=Sa=nke nahm die vierte
Tabaksdose voll Gold, gab sie ihm und sagte:
„Nimm dies, bring es zum Könige von Saro,
Bina Salogo Traore, und sage, daß der König
von Massina eine' starke Mannschaft vorbereite,
die meine Stadt angreifen und überwinden soll.
Sage ihm, daß er einen starken Heerhaufen rüsten
möchte, um ihn im nächsten Monat mir zur Hilfe
zu senden. Denn ich zöge es vor, dem Könige
Bina Salogo Traore von Saro eine Abgabe zu
zahlen, als ein Vasall des Königs von Massina

zu werden." Der Bote nahm seine Tabaksbüchse voll Gold und ging von dannen.

Am anderen Tage rief Siga=Sa=nke alle seine Mannen zusammen und forderte sie auf, die Mauer zu verstärken und höher zu machen. Er ließ die Frauen zusammenrufen und ihnen sagen, sie sollten für den nächsten Monat viel Hirsebier bereiten.

Als der nächste Monat gekommen war, stieg er abends mit den 12 Dialli und den beiden Frauen auf das Dach eines Hauses und begann ein fröhliches Zechgelage. Er ließ die sieben Tore der Stadt schließen und nahm die Schlüssel an sich. Die Dialli spielten. Die Frauen sangen. Siga=Sa=nke trank.

In dieser Nacht kamen die Ton=jong (Sklavenführer) von Segu an und schrien ihr „Daga! Daga!" Dann trafen die Heerhaufen von Kaárta ein und riefen ihr: „Dese!" „Laba!" „Dunkoro!" (das waren die alten Hauptleute von Kaárta). Sie fielen übereinander her, und die Mannschaften aus Segu und die aus Kaarta begannen in dieser Nacht ein mörderisches Gefecht.

In derselben Nacht kamen die Truppen des Königs Massina vor die Tore der Stadt Soïna. Es trafen aber auch die Mannschaften aus Saro ein, die der König Bina Salogo Traore gesandt hatte, und als sie das „Amadu=Amadu" der Massinaleute hörten, da fielen sie über jene her, und

Burdam oder Tuareg

auch hier hob in dunkler Nacht ein Streiten und Kämpfen an, bei dem kein Leben geschont wurde.

Als aber der andere Tag nahte und die Sonne aufging, da waren auf beiden Seiten alle Tapferen gefallen, und rings um die Stadt lagen die Leichen von Pferden und Kriegern. Als die Sonne aufging, sagte Siga=Sa=nke zu den Trommlern: „Nun hört auf." Er sagte zu den Dialli: „Nun hört auf." Er stieg auf das Dach des höchsten Hauses, sah über all die Toten hin und rief: „Ihr vier Scharen von Kämpfern! Ich habe euch alle vier kommen lassen, ihr seid alle vier gekommen. Ihr habt diese Nacht hindurch kräftig gekämpft. Ihr habt eure besten Männer verloren. Wißt ihr, weshalb ich das tat? Ich tat das, um meine Felder zu düngen. Und meine Felder sind jetzt von gutem Blute und mit den Leichen der Tapferen gedüngt. Meine Ernte wird gut werden." Darauf rief er den Schmied Boje und sagte: „Schlage gegen die Mauern, daß man am Klang höre, ob sie gut oder schlecht sind." Der Schmied Boji schlug dagegen und sagte: „Sie sind gut." Siga=Sa=nke rief den Kämpfern zu: „Ihr habt den Klang gehört. Die Mauern sind gut. Das kommt daher, daß meine Männer alte Hosen anzogen, daß meine Frauen alte Stoffe umhängten, als wir die Mauern bauten. Sie arbeiteten nicht mit neuen Kleidern, sondern in alten, und da griffen sie gut zu. Ich selbst gehe ja jedes Jahr nur zweimal aus der Stadt. Ihr könnt aber selbst die Männer für die ausgezeichnete Arbeit beim Mauerbau bezahlen."

Alle zogen ab. Sira Bo, der Bruder des Königs von Kaarta, der Heerführer der von König Njagaleng Gara gesandten Mannschaft, war der letzte vor den Toren Soïnas. Siga-Sa-nke rief seinen Leuten zu: „Verhöhnt ihn!" Darauf schrien alle Leute Siga-Sa-nkes: „Hoo, Sira Bo! Hoo, Sira Bo! Hoo, Sira Bo!" Sie schrien es drei- mal. Sira Bo rief: „Heute lachst du mich aus, Siga-Sa-nke, aber eines Tages werde ich es sehen, daß du Zähne speiest." Dann sandte Sira Bo an Siga-Sa-nke eine Botschaft und ließ sagen: „Geh' in ein anderes Land und verlaß Soïna. Früher hat meine Mutter dort ihren Garten ge- habt. Dieses Land gehört den Massassis." Dann zog auch er von dannen.

Als die nächste Regenzeit begann, beschloß Siga-Sa-nke, einen großen Acker zwischen Soïna und der Stadt des Königs Njagaleng Gara anzu- legen. Er ließ das Gebüsch und die Bäume an jenem Ort schlagen und beschloß dann selbst hin- zureiten, die Arbeit und den Platz zu besichtigen, denn er hatte wohl die Gewohnheit, zweimal im Jahr die Tore Soïnas zu verlassen. Sira Bo hatte aber zwei Reiter ausgesandt und ihnen ge- sagt: „Geht nach Soïna und achtet darauf, wann Siga-Sa-nke Soïna verläßt. Sobald ihr es er- fahrt, kommt schleunigst zu mir und sagt es mir!" Die beiden Aufpasser hörten nun, daß Siga- Sa-nke beabsichtige, das Feld zwischen Soïna und der Stadt des Königs zu besichtigen, und sie jagten eilig zu Sira Bo und sagten: „Morgen wird Siga-Sa-nke sein Feld besichtigen. Siga-Sa-nke hat dies Feld Kulanieni oder Bolanieni genannt." Sogleich machte sich Sira Bo auf den Weg und umstellte das Land in weitem Umkreise.

Siga-Sa-nke bestieg am anderen Morgen sein Pferd und ritt mit einigen Leuten nach dem Felde Bolanieni. Dort stieg er ab und ging umher. Kaum sah das der versteckte Sira Bo, so rief er seinen Leuten zu: „Schließt den Kreis, — aber tut dem Siga-Sa-nke nichts! Ich will ihn vor mir her treiben." Siga-Sa-nke hörte das. Er sah die Gefahr. Er stürzte auf sein Pferd zu, um aufzuspringen und zu fliehen. Sein Pferd aber hatte sich im Schreck auch losgerissen und lief fort. Siga-Sa-nke packte noch ein Bein des Pferdes, aber der Fuß des schlagenden Tieres traf ihn auf den Mund, so daß ihm oben und unten je zwei Zähne ausbrachen. Er spie sie aus und lief wieder hinter dem Pferde her. Er erreichte es, wollte im Laufen aufspringen, stürzte aber auf der anderen Seite herab. Er fiel mit dem Kopf gegen einen Steinhaufen und schlug sich wieder oben und unten je zwei Zähne aus, die er ausspie. Da rief Sira Bo: „Habe ich dir nicht gesagt, daß ich dich eines Tages Zähne speien lassen würde?"

Siga-Sa-nke gelang es aber doch noch, auf sein Pferd zu kommen, und er jagte nun von dannen. Es gelang ihm auch, dem Kreise zu entschlüpfen, aber Sira Bo war ihm dicht auf den

Ferſen und ſtieß ihn mit dem Flintenkolben in die Seite. Siga-Sa-nke ſchrie: „Heig!“ und heulte. Er rief: „Töte mich nicht!“ Dreimal wiederholte ſich das. Dann hatte er die Tore von Soïna erreicht.

Sira Bo rief: „Du weinſt! Da kannſt du ſehen, daß du ein Unedler biſt. Ich aber bin ein Edler und reinen Blutes! Ich bin ein Maſſaſſi. Du haſt geweint!“ Dann kehrte Sira Bo heim. Siga-Sa-nke war gerettet. Als er in der Stadt angekommen war, fragte er ſeine Leute: „Wo ſind die Trommler?“ Die Leute antworteten: „Du haſt ſie draußen auf dem Bolanieni zurück-gelaſſen.“

Siga-Sa-nke hatte nun mit allen Leuten Streit angefangen. Eines Tages ſagte auch der König der Surakka: „Wir wollen den Siga-Sa-nke angreifen.“ Er machte ſich mit allen ſeinen Leuten auf und kam vor Soïna an. Seine Leute umkreiſten Soïna. Siga-Sa-nke hatte die Tore rechtzeitig geſchloſſen, aber er hatte doch Furcht, es möchte diesmal ein böſes Ende nehmen.

Er rief ſeinen Sohn und ſeinen Bruder und ſagte: „Geht zu König Njagaleng Gara von Kaarta und ſagt, ich hätte ihm Unrecht getan und ihn geſchädigt, aber ich bäte ihn um Ent-ſchuldigung. In Zukunft will ich ſein Höriger ſein. Jetzt ſoll er mir aber gegen die Surraka helfen.“ Die beiden machten ſich auf den Weg und kamen an den Hof des Königs von Kaarta. Sie richteten ihren Auftrag aus. König Njagaleng Gara und sein Volk rief: „Jetzt haben wir zwei aus dieser Gesellschaft. Schlagt sie tot." Damals war aber ein Numu der Richter. Der sagte: „Laßt das, tötet diese Leute nicht. Der König soll mit einem Heerhaufen hinziehen." Darauf gaben der König und das Volk den Gedanken auf. Er sandte die beiden Boten zurück und ließ sagen: „In drei Tagen kommen meine Leute."

Der König Njagaleng Gara war mit seinen Heerhaufen unterwegs. Da sandte ihm auch der König der Surraka eine Botschaft und ließ ihm sagen: „Ueberlaß mir diesen Siga-Sa-nke, ich will ihm den Kopf abschlagen und will ihn mit Gold aufwiegen. Das Gold soll dein sein." Der König von Kaarta war einverstanden. Er wollte nun Siga-Sa-nke in eine Falle locken, denn es war nicht möglich, die Mauern zu zerstören. Siga-Sa-nke kam heraus und verhandelte mit den Boten des Königs Njagaleng Gara. Er entdeckte aber die Absicht, ließ sein Pferd zurück und entkam in die Stadt.

Man sagt: Njagaleng Gara habe nachher doch den Siga-Sa-nke getötet.

7. Sira Maga Njoro's Tod.

Sira Maga Njoro war einer der größten Helden Massinas. Er wurde seinerzeit im Dorfe Keke geboren, und zwar als Sohn des Königs von Massina. Sein Vater war Ardo, und Massina war damals dem Segureiche des Königs Daga tributpflichtig.

An dem Tage, an dem Sira Maga Njoro geboren wurde, ließ König Ardo erforschen, wo überall in seinem Lande am gleichen Tage Knaben geboren seien. Es stellte sich heraus, daß es hundert Knaben waren. Ardo ließ darauf jeder Mutter eines der hundert Knaben zehntausend Kaurimuscheln als Geschenk überweisen und jeder einzelnen sagen: „Sobald dein Sohn nicht mehr die mütterliche Brust nimmt, sende ihn an meinen Platz. Ich will alle hundert Knaben, die am gleichen Tage mit Sira Maga Njoro geboren wurden, gemeinsam mit meinem Sohne erziehen lassen und dafür Sorge tragen, daß es ihnen niemals an etwas fehlen soll. Diese hundert jungen Leute sollen zusammenleben, solange ihr Herr Sira Maga Njoro lebt."

Inzwischen ließ der König Ardo einen großen, stattlichen Hof mit zehn schönen Gebäuden darinnen herrichten. In jedem der zehn Häuser sollten je zehn von den hundert Knaben wohnen. Die hundert Knaben wurden nun von den Müttern nach und nach herbeigebracht und zogen in den Hof ein. Von da an führten sie alle mit Sira Maga Njoro das gleiche Leben. Sie aßen alle gemeinsam die gleichen Speisen. Sie trugen alle gleiche Kleidungen. Als sie genügend herangewachsen waren, wurden alle gemeinsam beschnitten. Dann aber erhielten sie auch zu gleicher Zeit Pferde zum Reiten und Waffen zu Jagd und Kampf, und es wurden gewandte Männer ausgewählt, die ihnen Kunstfertigkeiten lehrten, Spielmänner, die ihnen von den großen Taten der Vergangenheit vorsangen. Sie standen morgens gleichzeitig auf, verbrachten den Tag gemeinsam und suchten auch gleichzeitig das Lager auf, bis die Burschen erwachsen waren.

Damals, als die Burschen noch jung waren, war Massina nicht unabhängig, sondern König Ardo zahlte jährlich Tribut an den Herrscher von Segu. Jedes Jahr kamen einmal von dort Boten, den Ussuru (Tribut) abzuholen; dann sandte Ardo Botschaft im Lande umher und ließ Hammel zusammenbringen, die der Bote von Segu mit sich nahm. Als die hundert Burschen noch sämtlich halbreife Jünglinge waren, kam eines Tages der Bote aus Segu. Er saß in der Halle des Königs. Neben dem König saß ein strammer junger Mann. Auf den mußte der Bote aus

Segu immer von Zeit zu Zeit hinschielen, denn auf der Stirn des Burschen saß eine große Fliege und sog das Blut auf. Die Fliege sog sich immer voller und voller. Der Bursche achtete gar nicht darauf. Sie fiel endlich übersättigt und zu Tode gefüllt mit Blut herab auf das Knie des Jünglings. Dessen Blick fiel zufällig darauf, da schnipste er sie mit dem Finger fort gegen die Wand. An der Wand gab es einen Blutflecken.

Der Bote sah den (unwesentlichen) Vorgang seitwärts schielend mit Interesse an und ging dann fort. Draußen fragte er einen Mann: „Wer ist der Bursche, der da neben König Ardo saß?" Der Mann sagte: „Das ist König Ardos erster Sohn, mit Namen Sira Maga Njoro." — Der Bote kam nach Segu, lieferte die Hammel ab und sprach: „Der König Ardo von Massina hat einen Sohn namens Sira Maga Njoro. Wenn der erwachsen sein wird, wird es nicht so leicht sein, den Ussuru von Massina heimzubringen. Der Bursche hatte eine Blutfliege auf dem Kopfe, die sog sich da voll, bis sie herabfiel. Er bemerkte es gar nicht und faßte sich nicht einmal an die Stirn."

Im anderen Jahre kamen die Boten aus Segu wieder, um den Ussuru einzutreiben. Sie begrüßten Ardo. Einer von ihnen trieb einige Tiere gerade an einer Wiese vorbei, auf der Sira Maga Njoro mit seinen Genossen spielte. Der Königssohn sah den Hammeltreiber und rief:

Ritter mit Barden

„Hallo! Burſche, woher, wohin mit dem Hammel?
Wem gehören die Hammel?“ Der Mann aus
Segu ſagte: „Das ſind einige von den Hammeln,
die der König von Maſſina an den König von
Segu als Tribut ſendet.“ Da rief Sira Maga
Njoro: „Das iſt ein Wort, das ich noch nicht
gehört habe. Was iſt das, Tribut?“ Der Bote
ſagte: „Das heißt, daß Maſſina ſchwächer als
Segu iſt und daß dein Vater deswegen an den
König von Segu eine Abgabe zahlt, damit der
mit ihm in Freundſchaft lebt.“ Sira Maga Njoro
ſagte: „Das iſt ja eine ſchöne Sache! Wozu iſt
denn Sira Maga Njoro da und jetzt ein er=
wachſener Burſch in Maſſina?! Nein, ſolange
ich lebe, wollen wir den Tribut abſchaffen. Gibt
es vielleicht noch mehr Hammeltreiber dieſer Art?“
Die Leute ſagten: „Es ſind ſieben Männer, die
den Tribut nach Segu treiben.“

Sira Maga Njoro ſagte: „So treibt nur die
ſieben tapferen Männer hierher!“ Man brachte
alle ſieben Leute aus Segu herbei. Als er ſah,
daß ſie alle beieinander waren, gab Sira Maga
Njoro den Auftrag, ihnen den Kopf abzuſchlagen.
Man tat es. Damals war Sira Maga Njoro noch
nicht erwachſen, aber ſein Einfluß war doch ſo
bedeutend, daß man ſeinen Befehlen nachkam.

Als König Ardo das hörte, war er gar be=
ſtürzt und ſandte ſogleich einen Boten an Sira
Maga Njoro, der ihm wichtige Worte ſagen ſollte.
Ardo ſandte ſeinen alten Dialli (Barden). Der
alte Dialli kam zu Sira Maga Njoro und ſagte

zu ihm: „Mich sendet dein Vater, daß ich dir zeige, wie die Verhältnisse liegen und wie wenig klug du gehandelt hast. Segu ist heutzutage stark, sehr stark, Massina aber ist schwach, sehr schwach. Segu wird uns alles nehmen können, wenn es will. Wir werden uns nicht wehren können." Sira Maga Njoro hatte drei Wurflanzen in der Hand. Er packte die erste und schleuderte sie in großem Bogen in den Fluß. Er packte die zweite Lanze und schleuderte sie in großem Bogen in den Fluß. Er packte die dritte Lanze und schleuderte sie in großem Bogen in den Fluß. Darauf sagte er: „Sage meinem Vater, wenn Segu da hinein= flösse, würde es an meinen Harpunen hängen bleiben. So wird es sein, so lange ich lebe." Der Dialli ging heim und berichtete das dem Könige Ardo. König Ardo sagte: „Gut, wir werden das ja sehen."

Eines Tages berichteten die Leute Sira Maga Njoro: „Der Bruder deines Vaters will heiraten." Sira Maga Njoro sagte zu seinen Leuten: „Seht zu, ob das Mädchen jung oder alt ist. Der Bruder meines Vaters ist alt. Ihm ziemt kein junges Mädchen. Wenn es jung ist, will ich es ihm fortnehmen." Die Leute gingen hin. Sie sahen das Mädchen an. Dann kamen sie zurück und sagten: „Das Mädchen, das dein Onkel heiraten will, ist jung!" Sira Maga Njoro sagte: „So kommt mit mir." Er machte sich mit seinen Reitern auf und ritt in das Dorf, in dem das Mädchen wohnte. Er nahm es aus dem Dorfe und heiratete es selber.

Als der Bruder König Ardos hörte, was ihm Sira Maga Njoro für einen Streich gespielt hatte, machte er sich sogleich auf den Weg. Er war über alle Maßen zornig und beschloß, sogleich gegen Sira Maga Njoro die höchste Gewalt zu gebrauchen. Er reiste nach Segu zum Oberherrn von Massina und sagte zu König Daga: „Der Sohn meines Vaters Sira Maga Njoro hat mir eine große Schmach angetan und das Mädchen geraubt, das ich heiraten wollte. Nun leihe du mir deine Truppen, damit ich mit deinen und meinen Leuten gegen ihn zu Felde ziehen und ihn töten kann." Der König Daga von Segu sagte: „Du hast wohl Grund zur Beschwerde, aber mir ist es noch viel schlimmer ergangen. Denn dieser Sira Maga Njoro hat die sieben Leute, die ich nach Massina sandte, um den Tribut einzutreiben, einfach totgeschlagen und mir den Tribut Massinas nicht zukommen lassen. Warte nun mit mir bis zum nächsten Jahre, dann wollen wir gemeinsam den Krieg gegen Massina und Sira Maga Njoro beginnen."

Eines Tages saß Sira Maga Njoro mit seinem Dialli und seinen hundert Helden in seinem Hause beisammen. Sira Maga Njoro sagte: „In drei Dingen bin ich allen Männern über: Zum ersten bin ich der schönste Mann in Massina. Zum zweiten bringe ich mein Geld am freigebigsten unter die Leute. Zum dritten bin ich der Unerschrockenste von allen."

Ein Bruder König Ardos ging draußen vor=
über, der hörte die ersten Worte der Unterhaltung
und sagte (zu seinen Begleitern): „Wartet einen
Augenblick. Der Sohn meines Bruders redet
da drinnen große Worte. Die wollen wir mit
anhören." Sie blieben stehen. Sira Maga Njoro
sagte: „Zum ersten bin ich der schönste Mann in
Massina." Der (lauschende) Onkel nickte und
sagte: „Das ist wahr!" Sira Maga Njoro
sagte: „Zum zweiten bringe ich mein Geld
am freigebigsten unter die Leute." Der
(lauschende) Onkel nickte und sagte: „Das
ist auch wahr!" Sira Maga Njoro sagte:
„Zum dritten bin ich der Unerschrockenste von
allen." Darauf schüttelte der (lauschende) Onkel
das Haupt und sagte: „Nein, das letzte war nicht
wahr. Er übertreibt. Ich bin z. B. tapferer als
dieser unerfahrene Knabe. Kommt!" Er ritt von
dannen. — — — Im Hintergrunde hatte der
alte Hörige Sira Maga Njoros, Njidi mit Namen,
dieses Gespräch des Onkels mit angehört. Er
sagte aber seiner Gewohnheit nach kein Wort.

Am anderen Tage gingen die Sklaven mit
Njidi an der Spitze in den Busch, um Holz zu
schlagen. Njidi führte sie sehr weit, so daß sie sich
nicht mehr zurechtfanden. Njidi sagte: „Wartet
hier im Walde, ich will den Weg suchen." Die
Sklaven blieben zurück. Njidi ging aus dem
Busch und auf Kefe zu. Es war schon dunkel,
der Mond schien nicht. Dazu regnete es. Njidi
stieg nahe dem Dorfe auf einen hohen Baum und
schrie.

In dem Orte fuhren die Leute auf: „Wer hat da geschrien?" Andere sagten: „Wo war das?" Andere sagten: „Es muß ein Kriegszug sein, der gegen die Stadt heranzieht." Andere sagten: „Und die Sklaven sind noch nicht zurückgekommen." Andere sagten: „Das wird der Heerhaufen von Segu sein, der über uns herfallen will. Unterwegs hat er unsere Sklaven angetroffen und sie gefangen genommen." Alle Männer holten Waffen und Pferde hervor und ritten mit Sira Maga Njoro und dem Bruder König Ardos an der Spitze zum Stadttor hinaus.

Die Helden ritten dem Schrei nach und kamen unter den großen Baum, auf dem Njidi saß. Sira Maga Njoro hielt auf der einen Seite, der Bruder König Ardos auf der anderen. Njidi schrie wieder über ihnen auf. Da packte den Onkel Sira Maga Njoros große Angst, und er jagte Hals über Kopf nach Kefe zurück. Seine Leute folgten ihm. Inzwischen war Sira Maga Njoro ruhig an seinem Platze geblieben. Er rief nach dem Baume herauf: „Wer ist denn da oben?" Njidi aber schrie noch einmal. Sira Maga Njoro fragte nochmals: „Wer ist denn da oben?" Darauf antwortete es: „Ich bin es, der Sklave Sira Maga Njoros, die anderen Sklaven und ich haben den Weg verloren." Sira Maga Njoro sagte: „So komm' herab und steige hinten auf meinem Pferde auf. Wir wollen zurückreiten."

Als der Onkel am Stadttore von Kefe endlich anhielt, fragte er: „Wo ist Sira Maga

Njoro?" Seine Leute sagten: „Sira Maga
Njoro ist unter dem Baume geblieben. Er hat
sich nicht von der Stelle bewegt." Darauf schämte
sich der Onkel und ritt zurück. Als er zu dem
jungen Helden kam, sagte er: „Mein Pferd ist
durchgegangen, ich verlor die Gewalt über das
Tier, und es jagte mit mir bis nach Keke zurück.
Da erst bekam ich es wieder in meine Gewalt."
Hierauf sagte niemand etwas, aber alle machten
sich auf den Rückweg durch die dunkle Steppe.

Als sie so durch die Steppe ritten, brüllte
in der Nähe etwas, darauf schreckte das Pferd
Sira Maga Njoros auf und stieg. Aber Sira
Maga Njoro packte fest in die Zügel und zwang
es herab. Nach einiger Zeit brüllten ganz nahe
zwei Löwen auf. Darauf stieg das Pferd Sira
Maga Njoros hoch auf und machte einige Sätze
nach vorn. Dann zwang der junge Held es zurück.
Als der Onkel das Durchgehen des Pferdes sah,
sagte er: „Siehst du, ebenso ging es vordem mir
mit meinem Pferde." Sira Maga Njoro aber
sagte: „Aber es kommt nicht gleich bis an die
Stadtmauer von Keke!"

Der alte Sklave Njibi öffnete aber gegen
seine Gewohnheit den Mund und sagte: „Gestern
Abend hörte ich von dort aus, wo ich das Essen
für meinen Herrn bereitete, drei Worte meines
Herrn Sira Maga Njoro und die Worte eines
anderen, der vorüberging. Das Wort des an=
deren ging durch ohne den Kopf seines Herrn
wie das Pferd des Bruders König Ardos. Das
Wort meines Herrn war stolz und stark wie seine

110

Hand, die eben das Pferd Sira Maga Njoros
bändigt."

Da schämte sich der Onkel.

Sira, Maga Njoro sagte: „Wer weiß, ob
ich noch länger als ein Jahr leben werde, denn
ich habe schon zwei Sachen gemacht, die man
mich entgelten lassen wird, — ich habe die Boten
des Herrschers von Segu töten lassen, und ich habe
meinem Onkel eine Frau weggenommen. Ver-
gnügen wir uns also. Spielen wir das Padi
(ein Würfelspiel)!" Sira Maga Njoro spielte
das Padi nicht wie andere mit Stäbchen oder
Holzstücken, sondern mit Gold= und Silberwürfeln.
Sie begannen das Spiel. Er ergriff die Silber-
stücke. Die anderen sagten: „Weshalb nimmst
du als Königssohn nicht das Bessere, das Gold=
stück?" Sira Maga Njoro sagte: „Das Weiße
ist rein, das Gelbe schmutzig. Ich will nur Reines
haben. Mögt ihr das Schmutzige bevorzugen."

Sie begannen dann das Spiel. Sira Maga
Njoro sagte (spielgemäß): „Ich trete ein (in das
Spiel), alles, was ich beiseite lasse, könnt ihr
ohne Abscheu und Schlechtes zu bemerken, essen."
Polor, ein älterer Höriger, der in hohem Ansehen
stand, spielte mit. Er wurde als ein ganz be=
sonderer Mann und Held angesehen, und die Sage
erzählt, daß, wenn im Kampf Sira Maga Njoro
auf der einen Seite einen Mann erschlug, Polor
auf der anderen einen Feind zu Boden warf.
Dieser Polor spielte nach Sira Maga Njoro und

sagte: „Ich denke, wir können alles essen, was uns der Sohn des Königs vorsetzt, außer Kuhmist. Den werden wir herausschmecken."

Am anderen Morgen rief Sira Maga Njoro seinen Koch Njidi und sagte: „Nimm eine Schüssel mit Reis, eine Schüssel mit Kuhmist, einen Hammel. Daraus mache mir eine ausgezeichnete Mahlzeit für meine Helden." Njidi tat, wie ihm befohlen. Er bereitete ein wohlduftendes Gericht. Als dann die anderen zum Essen zusammen waren, sagte er: „Ihr müßt heute ohne mich essen, denn ich fühle mich heute nicht wohl! Ich habe Magenschmerzen." Darauf aßen die anderen das Gericht, das Njidi bereitet hatte, und das ihnen ausgezeichnet mundete. Sie aßen die Kalebasse ganz leer.

Nachher begannen sie wieder das Padi zu spielen. Sira Maga Njoro begann wieder: „Ich trete ein. Alles, was ich bereiten lasse, könnt ihr ohne Abscheu und Schlechtes zu merken, essen." Polor sagte: „Ich denke, wir können alles essen, was uns der Sohn des Königs vorsetzt, außer Kuhmist, den werden wir schon herausschmecken." Sira Maga Njoro sagte: „Ihr habt eben erst Kuhmist gegessen und habt nichts gemerkt. Was nützt da der Spruch." Die anderen lachten und sagten: „Du hast uns angeführt. Du bist auch im Spiel König." Sira Maga Njoro sagte: „Ihr seht aber, daß ich mit Recht die silbernen Würfel nehme, die immer rein sind, und euch die goldenen überlasse."

Vornehmer Fulbe aus Massina

Eines Tages sagte Sira Maga Njoro zu seinem Kameraden (er war mit dem Sklaven so befreundet, daß er ihn so nannte): „Mein Polor, rüste mein Pferd Sopre Kange." Polor fragte: „Wo willst du hin?" Sira Maga Njoro sagte: „Wer weiß, ob ich noch länger als ein Jahr lebe. Da will ich doch wenigstens heiraten. Ich will in das Land Konari gehen, da will ich mir die Tochter des Landesherren (in Konari) Galadio holen." Galadio wohnte im Dorfe Gundaka. Um Gundaka war ein breiter Buschgürtel des stechenden und stachligen Tanonongbaumes angelegt, und nur ein einziger Weg führte durch diese sichere Verteidigungswand nach Gundaka hinein.

Sira Maga Njoro, Polor und die hundert Helden machten sich auf den Weg und ritten in das Land Konari. Vor der Tanonongbuschwehr schlugen sie ihr Nachtquartier am Boden auf. Sira Maga Njoro legte zwölf leichte Wurflanzen auf die Erde und eine Decke darüber. Das war sein Bett. An das Kopfende steckte er eine schwere Lanze. Zwei Dialli nahmen neben ihm am Boden Platz. Sie spielten das Baudi (Heldenlied). Er schnipste mit dem Finger gegen die Gitarre und sagte: „Geht gleich zu Galadio hinein und in die Stadt und sagt ihm einfach: ‚Sira Maga Njoro ist gekommen. Er will deine Tochter heiraten und sie mit nach Keke nehmen.' Saget Galadio ferner: ‚Deine Tochter Fatumata ist das erste Mädchen Massinas. Sira Maga Njoro ist der erste Bursche in Massina. Da gehören sie zu=

sammen, damit Massina stark wird.'" Die Be=
gleiter Sira Maga Njoros sagten: „Sende nicht
solche Botschaft, denn sie ist gegen allen Brauch.
Du mußt den Herrn von Konari beleidigen, und
er wird seine zwölf Ritter, die so stark im Einzel=
gefecht sind, gegen dich aussenden." Sira Maga
Njoro sagte: „Wenn er kommt, kommt er. Ich
will, daß meine Botschaft so ausgerichtet wird."
    Die beiden Dialli machten sich auf den Weg.
Sie ritten den Pfad zwischen den Dornen hin und
auf den Marktplatz. Da saß Galadio, umgeben von
seinen Leuten, und alle in schöne weiße Gewänder
gehüllt, und zwölf Dialli spielten das Baudi.
Es war eine stattliche Versammlung. Die beiden
Spielleute aus Keke sagten ihren Gruß und
fuhren fort: „Wir sind für wichtige Nachricht an
dich gesendet." Der König sagte: „Wenn ihr
etwas Gutes sagen könnt, so freue ich mich und
will ich euch dann meine Freude erkenntlich
zeigen. Wenn es sich aber um eine schlechte Sache
handelt, so werdet ihr in den Tanonongsträuchern
draußen die Hälfte eurer Hoden verlieren." Da
bekamen die Dialli Angst. Sie sagten: „Dann
wollen wir lieber gehen, wenn unser Herr auch
ein tapferer Mann ist." Galadio sagte: „Tut,
was ihr für gut haltet." Darauf kehrten die beiden
Dialli um.
    Die beiden Dialli kamen zu Sira Maga
Njoro zurück. Als sie in der Ferne sichtbar
wurden, sagte ein Begleiter des Königssohnes:
„Siehe, da kommen ja deine beiden Dialli an."
Sira Maga Njoro sagte: „Weshalb kommt ihr

ohne Fatumata?" Die Dialli sagten: „Wenn du sowohl von deinem Vater wie von deiner Mutter ein wenig Bart ererbst, dann hast du schon einen schönen Bart. Galadio hat uns so schlechte Sachen gesagt, daß wir gleich wieder gingen."

Sira Maga Njoro lachte und sagte: „Polor, rüste meinen Sopre Kange! Heute will ich noch alles Vieh Konaris nehmen, und morgen wird mir Fatumata zur Frau gegeben werden. Wenn mir das nicht gelingt, dürft ihr nachher, wenn ihr wollt, mich beschimpfen und sagen: ,Da läuft der Hund fort.'" Darauf machte er sich mit seinen Reitern auf und trieb alsbald alles Vieh Konaris zusammen.

Als Galadio das hörte, ließ er die Tabele (Kriegspauke) schlagen. Das vernahm Sira Maga Njoro, und er sagte zu Polor: „Treibe du nur ganz behaglich das Vieh ein. Die hundert Helden werden dir helfen. Ich will hier warten, denn ich höre, daß man eine Tabele rührt. Du brauchst dich nicht so sehr zu beeilen, und wenn das Vieh unterwegs etwas grasen will, so laß ihm seinen Willen. Ich werde dafür Sorge tragen, daß, so lange ich am Leben bin, zwischen diesem Tanonong kein Reiter vorüberkommt, um euch anzugreifen. Also macht die Sache behaglich." Polor trieb mit den hundert Helden das Vieh von dannen.

Sira Maga Njoro setzte sich zwischen den Dornenhecken auf den Boden, band die Zügel des Pferdes an seinen Fuß, hüllte sich in seine Decke, hielt die dreizehn Lanzen bereit und wartete ab, was nun weiter geschehen würde.

Als die Tabele geschlagen war, kamen auch die zwölf Kambodj (Helden) zum Könige Galadio und fragten ihn: „Was gibt es? Weshalb schlägst du die Tabele?" Galadio sagte: „Sira Maga Njoro ist in das Land gekommen und hat alles Vieh geraubt. Er treibt es von dannen." Die Kambodj sagten: „Das lohnt doch aber nicht. Weshalb läßt du denn da gleich die Tabele schlagen und uns alle zusammenkommen, wenn ein einfacher Viehräuber im Busche ist?" Galadio sagte: „Ihr irrt, wenn ihr Sira Maga Njoro als einen gewöhnlichen Viehräuber erachtet. Er hat seine hundert Helden bei sich." Die Kambodj sagten: „Du kennst uns doch aber und mußt wissen, daß einer von uns hundert Mann auf sich nehmen kann. Also wähle einen von uns aus und sende ihn hinter diesem Sira Maga Njoro her." Galadio sagte: „Ihr scheint von diesem Sira Maga Njoro nichts zu wissen. Es ist der tapferste und unerschrockenste Held Massinas." Die Kambodj sagten: „Gut denn also, — so werden wir nach deinem Wunsche alle zwölf gegen ihn ausziehen." Galadio sagte: „Auch das genügt noch nicht. Ich werde euch auch mit meinen Reitern begleiten." Darauf setzte sich der ganze Zug in Bewegung und kam alsbald an das Tor der Stadt.

Am Stadttor saß ein alter Dialli. Als Galadio vorbeiritt, rief er: „Galadio! Galadio! Galadio!" Er mußte dreimal rufen, ehe der König hörte. Galadio sagte: „Was gibt es?" Der Alte sagte: „Ich muß dir etwas zeigen, was dich erzürnen kann. Aber es ist gut für dich. Du könntest

aber so zornig werden, daß du mich tötest." Ga=
ladio sagte: „Ich töte dich nicht." Der Alte sagte:
„Ich bin nicht sicher!" Galadio sagte: „Ich töte
dich nicht." Der Alte sagte: „Du könntest nachher
doch zornig werden, schwöre!" Galadio sagte:
„Ich schwöre dir bei meinem Namen, daß ich
dir nichts tun werde."

Darauf sagte der alte Dialli: „Wenn jemand
wie dieser Sira Maga Njoro mit seinen hundert
Reitern gegen deine dreihundertdreiunddreißig
Dörfer auszieht, so ist das ein Tapferer, ein Held.
Laß also den Krieg, denn es würde dich zu viele
tapfere Krieger kosten, wenn du diesen einen Mann
würdest töten wollen. Dann rate ich dir: Reite
ihm entgegen und sprich mit ihm über diese Sache
in Frieden. Entbiete ihm den Gruß Eurer ge=
meinsamen Familie. Rufe ihm ‚Diko' entgegen."
Galadio zog weiter und bedachte diese Sache.

Sira Maga Njoro saß an der gleichen Stelle
am Boden und sang das Baudi vor sich hin.
Dann schlug er die Gitarre, die einer seiner
Dialli zurückgelassen hatte. Als der König kam,
sprang Sira Maga Njoro auf. Da bekam Galadio
einen Schreck. Er gedachte der Worte des alten
Dialli und rief: „Diko —" Das hatte Sira Maga
Njoro nicht erwartet. Er hatte sich auf den Kampf
gefreut. Als der König ihn so begrüßte, biß er
sich auf die Lippen, daß das Blut herausspritzte,
erst dann konnte er antworten. Galadio sagte
darauf: „Höre, Sira Maga Njoro! Wir sind
gleicher Familie und sind beide Königskinder.
Weshalb wollen wir uns im Kriege schwächen?

Wir wollen die Familie der Fulbe lieber stark machen, als uns und unsere Leute hinzumorden. Wenn etwas Gutes oder Böses in unserer Familie ist, so wollen wir lieber beides teilen. Wenn du eine Tochter hättest, würde ich dich bitten, sie mir zur Frau zu geben. Wenn du meine Fatumata heiraten willst, so gebe ich sie dir gern. Du bist von meiner Familie und ein Held! So wollen wir handeln, aber wir wollen uns nicht untereinander bekriegen und berauben." Sira Maga Njoro sagte: „Du hast recht, wir wollen diese Art nicht fortsetzen. Ich werde dir dein Vieh wiedergeben und deine Tochter zur Frau nehmen. Das war das Ganze. Du wirst ebenso Wort halten, wie ich es gewohnt bin."

Der König sagte: „Ich will nachsenden und das Vieh holen lassen. Bleib' so lange hier." Sira Maga Njoro sagte: „Es ist besser, ich rufe meine Leute selbst." Der König Galadio sagte: „Nein, es wird besser so sein." Sira Maga Njoro sagte: „Es ist deine Sache. Ich fühle mich recht wohl so." Galadio sandte die zwölf Kambodj und dreihundert Krieger aus, die sollten Polor sagen, daß er das Vieh zurücksende. Galadio nahm die Kambodj beiseite und sagte: „Wenn Polor sich weigert, so tötet ihn und die anderen hundert, aber das Vieh bringt mir jedenfalls zurück!" Die Kambodj und die dreihundert Krieger ritten ab. Die anderen nahmen bei Sira Maga Njoro Platz. Die Dialli spielten das Baudi.

Polor hatte nach einer Weile gesagt: „Ihr hundert Helden, treibt das Vieh nur langsam weiter. Ich werde euch den Rücken decken und werde sehen, daß kein Reiter Galadios an mir vorüberkommt." Kurz nachdem sie den König verlassen hatten, sprengten die Kambodj eilig voraus und ließen die dreihundert Reiter weit hinter sich zurück. Als Polor sich umsah, erkannte er zwölf fremde Reiter am Horizonte und sprengte sogleich vorwärts zu den hundert Helden und sagte: „Unser Held Sira Maga Njoro muß gefallen sein, denn ich sehe feindliche Krieger nahen. Treibt das Vieh ruhig weiter. Ich werde sie nicht an mir vorüberlassen." Dann blieb er wieder zurück. Er sah nun weit hinter den zwölf Kambodj die dreihundert Reiter herannahen. Er stürmte darauf nochmals vor und sagte den hundert Helden: „Treibt euer Vieh nur langsam vorwärts, denn ich habe hinten viel Arbeit. Es kommen mehrere Reiter. Laßt das Vieh an mehreren Gewässern grasen und wartet mich ruhig ab. Sobald ich meine Sache erledigt habe, komme ich."

Darauf sprengte Polor zurück und sagte vor sich hin: „Sira Maga Njoro hat noch nie gelogen. Heute hat er gesagt: ‚Solange ich lebe, kommt kein Reiter an mir vorüber', — also muß er getötet sein. Das sollen mir diese Leute entgelten." Polor stürmte vorwärts. Er sah, daß einer der zwölf Reiter die Hand hochhielt. Aber er gellte seinen Schrei so laut heraus, daß er den Anruf des anderen: „Halt! Polor, eine Botschaft!" nicht hörte. Er legte seine Waffe an und schoß den anderen, den ersten Kambodj, vom

Pferde herab. Er hob seine Flinte wieder auf und schoß den zweiten Kambodj herunter. Darauf machten die anderen Kambodj Kehrt und flohen.

Das aber sahen die dreihundert Reiter, und sie hatten nichts Eiligeres zu tun, als ihre Pferde herumzuwerfen und rückwärts zu eilen. Sie waren voran. Ihnen folgten die zehn Kambodj, und das Ganze hetzte Polor vor sich her. Er schoß noch einmal. Abermals fiel ein Kambodj. Es blieben nur noch neun übrig. Und so schoß er von Zeit zu Zeit auf die Kambodj. Er fehlte nie. Elf Kambodj fielen. Dann waren sie aber bis an jene Stelle gekommen, an der Sira Maga Njoro mit Galadio hielt.

Sira Maja Njoro rief: „Halt, Polor!" Da setzte er das Gewehr ab, und somit rettete dieser Ruf dem letzten Kambodj das Leben. Polor rief: „Oh, Sira Maga Njoro! Nie hast du vordem gelogen! Heute aber hast du die Unwahrheit ge= sagt. Denn vordem sagtest du mir: ‚Ich werde dafür Sorge tragen, daß, solange ich am Leben bin, kein Reitersmann zwischen diesem Tanonong, kein Reitersmann an mir vorüberkommt.' — — Und nun bist du doch am Leben!" Sira Maga Njoro sagte: „Du hast vergessen, daß ich hinzu= setzte: ‚um euch anzugreifen!' — Diese Leute kamen aber nicht, um euch anzugreifen, sondern um euch Nachricht zu bringen." Galadio sagte: „Jetzt sind meine elf Kambodj getötet, und nur einer ist noch am Leben!" Sira Maga Njoro sagte: „Habe ich dir nicht gesagt, es ist besser, ich rufe meine Leute selbst?"

Nachher sandte Sira Maga Njoro die Kühe aus Konari an Galadio zurück, und wenig später heiratete er Fatumata, die Tochter des Königs von Konari.

Inzwischen drängte der eines Weibes durch Sira Maga Njoro beraubte Bruder König Ardos den König Daga von Segu, daß er den Krieg gegen Massina beginne. König Daga sagte ihm: „Ich werde dir zehn Heerhaufen geben, die kannst du mit deinen Leuten zusammen gegen Sira Maga Njoro führen —“ Der Bruder Ardos sagte: „Das genügt nicht. Du kennst nicht diesen Sira Maga Njoro. Das ist ein Held, wie noch keiner in Massina von einer Fulbefrau geboren war.“ König Daga sagte: „So nimm denn mein ganzes Heer und führe es gegen Sira Maga Njoro nach Massina.“ Der Bruder Ardos sagte: „Das ge= nügt nicht. Wenn du nicht dein Heer begleitest, wird nicht genug Glück und Kraft unsere Krieger leiten.“ So sagte er denn endlich Ardos Bruder, alles zu und sagte: „Also werde ich mit dir ziehen und mit meinem Heere deine Leute begleiten. Wenn wir dann nicht obsiegen, muß unsere Sache in den Augen Gottes eine ungerechte sein.“ Sie rüsteten und brachen auf.

Das Gerücht, daß eine gewaltige Kriegsmacht sich auf den Weg gemacht habe und der König Daga selbst seine Mannschaft führe, drang auch nach Keke. Sira Maga Njoro rief seinen jüngeren

Bruder Muffa Arbo und sagte: „Höre, mein Bruder, es gilt hier eine ernste Sache. Reite dem Gerücht entgegen und sieh zu, ob es wahr ist, daß König Daga selbst an der Spitze seines ganzen Heeres gegen mich zu Felde zieht. Sieh zu, daß deine Nachricht eine genaue und vollständige sei." Muffa Arbo nahm einen Sufa als Pferdeburschen mit sich und ritt dem Heere Dagas entgegen, — so schnell die Pferde sie trugen.

Als sie sechs Tage lang gereist waren, kamen sie an den Busch, in dem die Leute der feindlichen Heere Holz schlugen zum Lagerbau, und an deffen Grenze sie Gras schnitten zur Pferdefütterung. Der Sufa Muffa Arbos hörte kaum das Holz= schlagen, als er eilig zu seinem Herrn sagte: „Schnell, kehren wir zurück, denn da sind die Lager. Wir können sagen, daß wir im feindlichen Lager waren." Muffa Arbo sagte: „Ich habe meinem Bruder genauen und vollständigen Be= richt versprochen, und den kann ich erst geben, wenn ich die Heerhaufen recht gesehen habe." — Sie ritten weiter und kamen an das feindliche Lager. Der Sufa sagte: „So, nun haben wir die feindlichen Truppen gesehen. Das genügt. Komm' schnell zurück, denn was hat dein Bruder davon, wenn wir getötet werden! Dann hört er gar nichts!" Muffa Arbo sagte: „Ich habe meinem Bruder versprochen, mich zu überzeugen, ob Daga selbst das Segu=Heer führt. Komm' also mit mir."

Muffa Arbo ritt in das feindliche Lager und in dessen Mitte, dahin, wo man die Wohnung des Königs aufgeschlagen hatte. Daga stand selbst

122

da. Muffa Ardo ftieg von feinem Pferde, ging auf den König zu und fagte (als Gruß): „Glück= lichen Weg!" Der König antwortete: „Glück= lichen Weg! Ich bin der König Daga von Segu, der mit feinen Truppen auf dem Wege ift, dem Helden Sira Maga Njoro den Krieg in das Land zu tragen. Wer aber bift du?" Der andere ant= wortete: „Ich bin Muffa Ardo, der Bruder des Helden Sira Maga Njoro. Ich bin von meinem älteften Bruder ausgefandt, mich zu überzeugen, ob das Heer von Segu nach Maffina unterwegs fei und ob König Daga an der Spitze reite." Daga fagte: „So kannft du deinem Bruder be= richten, daß ich unterwegs fei und er fich rüften möge." Muffa Ardo fagte: „Das werde ich aus= richten."

König Daga fagte: „Du mußt ermüdet fein, denn du haft einen weiten Weg zurückgelegt." Muffa Ardo fagte: „Wahrhaftig! Müde bin ich." König Daga fagte: „So fchlafe dich heute in meinem Lager aus. Ich werde dir eine gute Schlafftatt anweifen." Muffa Ardo fagte: „Das nehme ich an." Kurze Zeit nachher fandte König Daga dem Helden hundert rote Kolanüffe als Erfrifchung. Muffa Ardo nahm fie mit Dank an. Der Sufa des Helden fagte: „Iß fie ja nicht! Sie find ficher vergiftet, und man kann das nicht herausfchmecken." Muffa Ardo zuckte die Achfeln und fteckte fogleich einige in den Mund. Nach einer Weile fandte König Daga Speife und einen fchwarzen Ochfen als Lager= und Wegzehrung. Muffa Ardo nahm ihn mit Dank an. Der Sufa sagte: „Iß um alles willen nichts von diesem Stier. Die schwarze Farbe sagt doch alles!" Mussa Ardo schnitt dem Stier die Kehle durch, ließ sich ein tüchtiges Mahl bereiten, aß, legte sich auf die angewiesene Lagerstätte und schlief ausgezeichnet bis zum anderen Morgen.

Am anderen Morgen ließ der König Daga den Helden Mussa Ardo rufen und sagte ihm: „Mussa Ardo, sage deinem Bruder, daß ich mich über dein Kommen gefreut habe. Eigentlich war es meine Absicht, heut hier ab und schnell nach Keke zu rücken. Nachdem ich dich aber hier gesehen habe, will ich meinen Marsch nach Keke noch um acht Tage verschieben, und ich lasse durch dich Sira Maga Njoro sagen, er möge, wenn seine Lanzen noch nicht gerichtet, sie zusammenschmieden, wenn einige Gewehre noch zerbrochen, sie wiederherstellen, wenn das Mauerwerk der Stadt noch schadhaft, es ausfüllen lassen." Mussa Ardo sagte: „Ich werde das meinem Bruder ausrichten."

Der Held wandte sein Pferd und wollte von dannen reiten. Da fiel sein Blick auf Kaba Mbadji, den Aeltestgeborenen der Kaba, das war ein Häuptling aus der Gegend von Segu, ein Führer des Heerhaufens des Königs, ein sehr schöner, starker und stattlicher Mann. Mussa Ardo sagte: „Wer ist das, ein Freier oder ein Unfreier?" Man sagte: „Es ist ein Freier und ein Held!" Mussa Ardo sagte: „Gut! Kaba Mbadji, wir werden uns vor Keke wiedersehen, wir werden miteinander kämpfen, und du wirst der erste sein, der durch mich in diesem Kriege getötet wird."

Dann ritt Mussa Ardo heim, suchte seinen Bruder Sira Maga Njoro auf und sagte: „Das ganze Heer des Königs von Segu mit dem Daga an der Spitze ist auf dem Wege hierher. Ich bin in das Lager geritten, habe mit dem Könige gesprochen, er hat mich für eine Nacht beherbergt, hat mir Gastgeschenke zuteil werden lassen und läßt dir sagen, er werde an jener Stelle noch acht Tage liegen bleiben, du sollest nur alles gut für den Krieg rüsten."

Dagas Kriegshaufen rückte durch das Land hin. Es waren so viele Mannschaften, daß sie wie ein Tornado den Staub, sowie alles Lebende aufscheuchten und vor sich her trieben, und daß die Antilopen in der Stadt Kefe Schutz suchten. Das Heer von Segu rückte vor und lagerte sich dann dicht vor den Mauern Kefes. Der König nebst dem Bruder König Ardos lagerten um einen Tommibaum, der auf einem Hügel erhalten stand und von wo aus man über das Heer hinsehen konnte. Allerdings hatte der Bruder Ardos König Daga gewarnt und gesagt: „Ein so ausgezeichneter Punkt ist nicht gut für dich und mich, denn wenn Sira Maga Njoro zu den Waffen greift, dann wird er alle diese Kriegshaufen da unten durch= brechen und sich bis zu diesem weithin erkenntlich gemachten Punkte durchschlagen.

Einige Tagelang zog sich der Kampf in ständiger Plänkelei hin. Die Leute aus Keke machten hie und da Ausfälle und fielen über die Sklaven Segus her. Da konnte man schon manche ausgezeichnete Tat sehen, denn jeder Mann aus Keke rechnete sich zu den Helden des tapfersten Mannes im Lande. Wenn dann irgendeine besonders tüchtige Hand aus Kekes Toren heraus unter die Volksmenge Dagas fuhr, so fragte der König stets: „Ist das vielleicht Sira Maga Njoro?" Der Bruder König Ardos aber lachte und sagte: „Wie ganz anders ist es, wenn der Sohn meines Bruders zu den Waffen greift! Du wirst dann nicht erst fragen, sondern du wirst einfach sagen: ‚Das und kein anderer muß Sira Maga Njoro sein‘." — So ging es während zweier Tage.

Am dritten Tage sagte Sira Maga Njoro: „Heute will ich gegen den Feind reiten!" Er kleidete sich in rote Hosen, roten Mantel, setzte eine rote Mütze auf. Er bestieg Sopre Kange. Er sprengte vor das Tor. Er sprengte in die fremde Menge hinein. Alle Welt schrie: „Das ist Sira Maga Njoro!" „Das ist Sira Maga Njoro!" Der Held schleuderte die Feinde zur Rechten und zur Linken zurück. Er sprengte in die dichtesten Haufen, und wo er auftauchte, stieb alles auseinander und schrie: „Das ist Sira Maga Njoro! Das ist Sira Maga Njoro!"

König Daga sah es vom Platze unter dem Tommibaume aus. König Daga sagte: „Ja, das ist Sira Maga Njoro!" Der Held drang weiter

vor. Er kam bis an den Tommibaum. König
Daga und der Bruder des Königs Ardo flüchteten
angsterfüllt von dannen. Sira Maga Njoro aber
kam bis unter den Tamarindenbaum. Er pflückte
einen Zweig ab und sprengte damit wohlbehalten
zurück in die Stadt.

Am anderen Tage legte er wieder seine rote
Gewandung an und ritt aus dem Stadttor. Er
warf wieder die Krieger zur Rechten und zur
Linken auseinander, und sprengte die stärksten
Heerhaufen. Ueberall, wo er hinkam, entstand
Angst und Schrecken, und als er zu dem Tama-
rindenbaum kam, flüchteten König Daga und der
Bruder König Ardos. Sira Maga Njoro pflückte
aber einen Zweig von dem Tamarindenbaume
und kehrte in die Stadt zurück.

König Daga ward nachdenklich. Er sagte zu
seinen Leuten: „Wir verlieren auf diese Weise
Ruhm, Ansehen und Macht. Was kann man
gegen die Gewalt dieses Helden tun?“ Die Leute
sagten: „Wir wollen einen weißen Marabouten
befragen.“ Man rief einen alten Marabouten
herbei und fragte ihn: „Kannst du uns sagen,
wie König Daga dieses Helden Herr werden
kann?“ Der Marabout dachte lange nach.

Nach einiger Zeit sagte der alte Marabout:
„Morgen wird Held Sira Maga Njoro noch einmal vor die Tore Kekes kommen. Er wird mit
den Kriegern des Königs kämpfen. Man soll in
der Nacht einen Pfeil aus Kupfer gießen. Man
soll einem Albino einen Bogen und den Kupferpfeil geben und soll ihn noch in dieser Nacht auf

dem Tamarindenbaume verstecken. Wenn dann
Sira Maga Njoro morgen wieder ausreitet und
gegen den König reitet, dann soll der Albino
den Pfeil von oben her auf ihn herabschießen.
Trifft er, so wird Sira Maga Njoro sterben, trifft
er nicht, stirbt Sira Maga Njoro nicht auf diese
Weise, dann ist nichts zu machen." König
Daga sagte: „So soll es geschehen."

Sogleich gossen sie den kupfernen Pfeil.
Sie gaben einem Albino Bogen und Kupferpfeil
und setzten ihn noch in der Nacht auf den Tama=
rindenbaum.

Am anderen Tage kleidete sich Sira Maga
Njoro wieder in rote Gewänder. Er ließ das
Tor öffnen und ritt auf den Feind zu. Rechts
und links fielen die getroffenen Feinde zu Tode
verwundet oder tot zu Boden. Die tüchtigsten
Scharenführer sanken, die mächtigsten Haufen zer=
stieben unter der Wucht seines Ansturmes. Er
kam bis an den Tamarindenbaum. Der König
Daga und König Ardos Bruder flohen von
dannen. Sira Maga Njoro griff nach einem
Zweige des Tamarindenbaumes. Der Albino
schoß, er traf. Der Held fühlte den Tod. Er
riß den Zweig ab und sprengte zurück nach Kefe.
Man schloß hinter ihm das Tor, — dann sank
er tot zu Boden.

Sira Maga Njoro war gestorben. Seine
Leute rissen an allen Orten die Stadt auf, um
Hügel wie frische Gräber zu bilden. An einem
geheimen Orte aber bestatteten sie Sira Maga
Njoro, — ganz im Geheimen, damit nie jemand

Burgbau im Gurunsiland

merke, wo, wie und ob Sira Maga Njoro ge=
storben sei. Denn man wußte, daß König Daga
die Gräber öffnen lassen würde, um Sira Maga
Njoro zu finden. Drei Tagelang blieben die Leute
in Keke untätig. Dann sagte Mussa Ardo: „Ich
will für meinen Bruder zurückkehren, gebt mir seine
roten Kleider."

Als Sira Maga Njoro in die Stadt Keke
zurückgekehrt war, fragte alle Welt den Albino:
„Hat dein Pfeil getroffen, oder hat er nicht ge=
troffen?" Der Albino sagte mit aller Bestimmt=
heit: „Ich habe gesehen: er hat getroffen." König
Daga schüttelte den Kopf und sagte: „Sira Maga
Njoro hat den Zweig vom Tamarindenbaume ab=
gehauen und ist wohlgemut in die Stadt zurück=
gekehrt." Der Albino sagte: „Wir werden ja
sehen, ob der Held aus der Stadt kommt oder
nicht." Als er am anderen Tage nicht auf dem
Kampfplatze erschien, sagten die Leute: „Er ist
doch wohl gestorben." Als er am zweiten Tage
nicht auf dem Kampfplatze erschien, sagten sie alle:
„Also, ist es sicher, daß er gestorben ist." Als
er am dritten Tage nicht kam, riefen alle: „Sira
Maga Njoro ist gestorben!" „Sira Maga Njoro
ist gestorben!"

Am vierten Tage wurden die Tore der Stadt
geöffnet. Ein Reiter in rotem Gewande kam
herausgeritten, der sprengte auf einen Heerhaufen
zu, tötete die Leute zur Rechten und zur Linken,
warf andere tapfere Helden zurück und von den
Pferden, sprengte zum Tamarindenbaume, so daß
König Daga und der Bruder König Ardos flohen,

und brach einen Zweig der Tamarinde ab. Darauf riefen alle feindlichen Heerhaufen: „Sira Maga Njoro ist nicht gestorben. Sira Maga Njoro lebt noch! Sira Maga Njoro ist nicht gestorben!" Der Held im roten Gewande ritt gelassen in die Stadt zurück. Keiner unter den feindlichen Mannen wußte, daß das nicht Sira Maga Njoro, sondern der Bruder Mussa Ardo gewesen war.

Dasselbe wiederholte Mussa Ardo am anderen und am dritten Tage. Dann hatte sich der Heere von Segu große Furcht bemächtigt. Mussa Ardo sammelte aber nachts alle seine Leute und verließ mit ihnen Keke. Er ging über den Strom und ritt von dannen.

Als König Daga und der Bruder König Ardos merkten, daß die Stadt verlassen war, brachen sie das Tor auf und rückten in die Stadt ein. Im Innern fanden sie viele aufgeworfene Grabhügel, die öffneten sie um zu sehen, ob Sira Maga Njoro bestattet sei oder nicht. Sie fanden aber Sira Maga Njoro nicht, denn er war allzu gut verborgen. Somit erfuhr der König nicht, ob der Held gestorben sei oder nicht.

Während des Krieges mit König Daga von Segu und dem Bruder König Ardos war Polor nicht in Keke gewesen, sondern er war mit fünfunddreißig Reitern in ein anderes Land geritten. Als er nun nach Keke zurückkam, vernahm er

alles, was sich ereignet hatte, und daß Sira Maga
Njoro gestorben sei. Da bedeckte er das Gesicht
mit den Händen und weinte, weinte vor sich hin
einen Tag lang, bis er in derselben Stellung ein=
schlief. Als er erwachte, bestieg er mit seinen
fünfunddreißig Helden die Pferde und ritt von
dannen. Kein Mensch hat je erfahren, wo er
hingeritten ist. Wenn es donnert sagt aber das
Volk: „Hört ihr, das ist Polor, der im Busch
Krieg führt!"

8. Kumba Sira Maga erobert ein Weib.

Kumba Sira Maga war in Mudia im Lande Wagadu zu Hause. Er wollte ein kleines Mädchen heiraten, die hieß Njelle. Damals war in Segu Monsong König. König Monsong war mächtig. Seitdem Njelle klein war, hatte Kumba Sira Maga ihr Geschenke gemacht. Sie wohnte auf dem Lande nahe bei Murdia. Eines Tages aber kam König Monsong mit großer Kriegsmacht in das Land. Und just einen Tag nachdem Kumba Sira Maga dem schönen Mädchen einen Ring geschenkt hatte, fiel König Monsong über dies Land her und nahm außer anderer Beute auch die schöne Njelle mit sich fort. Kumba Sira Maga hörte es alsbald, daß der König Monsong das Mädchen, das seine Frau werden sollte, geraubt hatte.

Kumba Sira Maga wohnte bei dem Bruder seines Vaters, der Fasa hieß. Er sagte zu seinem Onkel Fasa, daß er nach Segu gehen wolle, seine Njelle wiederzuholen. Dreimal verbot ihm Fasa, solche Sache zu wagen. Dann aber reiste Fasa eines Tages selbst in eigener Angelegenheit nach Segu und sagte nochmals zu Kumba Sira Maga:

„Leb' wohl und laß' den Gedanken an Njelle fallen." Er reiste fort. In einiger Entfernung folgte ihm aber heimlich Kumba Sira Maga. Als Fasa in der Nähe Segus war, zeigte sich Kumba Sira Maga. Fasa sagte entsetzt: „Ich fürchte, du wirst Unruhe erregen und Streit anfangen." Der Bursche aber sagte: „Fürchte dich nicht, mein älterer Bruder meines Vaters, ich werde dir keine Schande bereiten."

Als sie in Segu angekommen waren und die Mittagszeit verstrichen war, sagte Kumba Sira Maga zu seinem Onkel: „Ich werde jetzt ein wenig promenieren, die Stadt verlassen und mir die Umgebung ansehen." Kumba Sira Maga ging von dannen und versteckte sich da, wo die Kühe grasten. Als es Abend war, kamen die einzelnen Sklavinnen, um die Kühe ihrer Herrschaft zu melken. Er trat an jede einzelne Sklavin heran und fragte sie: „Wem gehörst du?" „Wem bringst du die Milch?" Jede einzelne sagte es. Er aber kümmerte sich um keine einzige mehr. End=lich kam ein kleines Mädchen, die fragte er wieder, und die antwortete: „Ich bin die Ga=da der Njelle." (Ga=da = kleines Sklavenmädchen.) Darauf gab Kumba Sira Maga dem kleinen Mädchen hundert weiße Kolanüsse und sagte: „Sage deiner Herrin Njelle, daß Kumba Sira Maga, von dem sie bei Murdia den Goldring erhielt, hier ist und sie grüßen läßt." Die Ga=da lief so schnell sie konnte zurück und wiederholte alles ihrer Herrin. Njelle sagte: „Das ist mein Kumba Sira Maga! Geh' noch einmal zu ihm zurück und sage ihm, daß ich von hier nicht fort kann, weil ich von Mauern eingeschlossen bin, daß ich ihn aber sehr schön grüßen lasse." — Die Ga=da sprang zurück und sagte alles dem Helden, der noch vor den Toren der Stadt war. Kumba Sira Maga sagte: „Es ist gut. Sage Njelle, sie solle heute Abend auf das Wasserausfuhr= loch am Mauerfuße wohl acht geben." Die Ga=da lief wieder zurück und sagte alles Njelle wieder. Njelle aber brachte ihr Zimmer in Ordnung und sagte auch, daß das Bett richtig hergerichtet werde.

Als es Abend war, mußte die Ga=da am Wasserausfuhrloch aufpassen. Kumba Sira Maga kam. Er schlüpfte durch das Wasserablaufloch. Die Ga=da sagte: „Bist du es, Kumba Sira Maga?" Der Held sagte: „Ja, ich bin es." Die Ga=da sagte: „Meine Herrin Njelle hat mir einen Schal gegeben, den sollst du um das Ge= sicht schlingen, damit du nicht zu fürchten brauchst, erkannt zu werden." Kumba Sira Maga sagte: „Nein, so etwas mag ein feiger Sklave tun, aber ich tue es nicht. Zeige mir, wo hier im Königs= hofe das Haus deiner Herrin Njelle steht." Die Ga=da führte Kumba Sira Maga dahin. Der Held blieb drei Tage im Hause Njelles.

Im Hofe waren ein Eunuch und eine Frau mit der Aufsicht über die Frauen und Mädchen des Königs betraut. Die mußten von Zeit zu Zeit das Kilaischeng nehmen, d. h. gebrannte Kolanüsse essen und schwören: „Wenn ich dir nicht alles sage, was hier passiert, so sollen mich

die Kolanüsse verbrennen." Zwei Tage lang sagten
die beiden Aufseher dem Könige nichts. Sie
wußten aber, daß jemand im Haus Njelles war,
denn sie hatten Kumba Sira Maga sprechen hören.
Sie besprachen miteinander diese Sache und er=
wogen, wie der Mann wohl in den Hof und in
Njelles Haus hineingekommen war, denn alle
sieben Torhäuser, die den Zutritt bildeten, waren
mit wachthabenden Soldaten besetzt. Am dritten
Tage sollten die beiden wieder das Kilaischeng
nehmen, und da nahmen sie sich ein Herz, be=
sprachen die Sache noch einmal miteinander,
gingen zum Könige und sagten: „Es ist ein Mann
aus Murdia gekommen, der heißt Kumba Sira
Maga! Wir wissen nicht und haben es nicht in
Erfahrung bringen können, wie es geschah, aber
dieser Mann ist in den Königshof eingedrungen
und schläft seit zwei Tagen bei Njelle, die der
König Monsong aus dem Lande bei Murdia mit=
gebracht hat." Der König Monsong sagte: „Ist
dieser Kumba Sira Maga noch da, oder ist er
inzwischen fortgegangen?" Die Aufseher sagten:
„Der Mann ist noch immer im Hause Njelles."

Darauf rief König Monsong alle seine Sol=
daten und Soldatenführer zusammen und sagte:
„Es ist etwas Unerhörtes geschehen. Ein fremder
Mann, namens Kumba Sira Maga, ist aus
Murdia gekommen, ist auf unerhörte Weise in
den Hof gekommen und schläft seit zwei Tagen
im Hause Njelles, die ich aus dem Lande Murdia
mitgebracht habe. Nun sagt mir, was man mit
ihm anfangen soll? Soll man ihn töten, soll

man ihm die Hände abschlagen und ihn köpfen, soll man ihn kochen, oder was soll mit ihm ge= schehen?" Die einen sagten: „Man soll ihn köpfen!" Die anderen sagten: „Man soll ihn rösten." Die dritten sagten: „Und dann soll man nach Murdia gehen und das ganze Land ver= wüsten, damit sein Stamm und seine Familie be= straft werde." Es war da aber ein alter Schmied, mit Namen Numu Tji. Der war der klügste Ratgeber des Königs Monsong; er ward auch zu dieser Beratung herangezogen und sagte: „Es gebe jeder seinen Rat." König Monsong sagte: „Der deine ist mir besonders wertvoll, also sprich!"

Numu Tji sagte: „Da ist das Dorf Djon= kolloni, das ist noch nicht unterworfen vom Könige von Segu. Wir wissen aber, daß von dort jeden Tag ein neuer Herrscher über Segu kommen kann. Denn es sind in Djonkolloni neun Helden, von denen jeder die Kraft und Fähigkeit besitzt, sich zum Herrscher aufzuschwingen. Seit drei Jahren führen wir mit jenen Leuten Krieg, und ein Weiser hat uns gesagt, daß es einem der unseren ent= weder gelingt, den Kopf einer schwarzen Katze, gehüllt in rote Stoffe, in den Brunnen mitten im Dorf zu werfen, oder daß die Agana (Helden) des Dorfes uns besiegen werden. Sende doch nun diesen Kumba Sira Maga, der ein Held zu sein scheint, in die Stadt Djonkolloni. Gelingt es ihm, diese Sache auszuführen, so sind wir von dieser Sorge und Gefahr befreit. Er hat dann seine Schuld gutgemacht. Gelingt es ihm nicht, so kommt er eben dabei ums Leben." Darauf

sagten der König und alle Leute, daß dieser Rat
der beste sei.

Kumba Sira Maga ward gerufen. Er kam
sogleich. König Monsong sagte: „Du hast dich
schwer gegen die Rechte und Gesetze meines Hofes
vergangen. Wenn du nun bereit bist, den
schwarzen Katzenkopf in rotem Stoff in den
Brunnen, der inmitten der Stadt Djonkolloni liegt,
zu werfen, soll dir die Schuld vergeben werden.‟
Der Held sagte: „Gebt mir nur den Katzenkopf
her. Sorgt aber, daß einige Reiter mir nach=
folgen, die alles, wie es sich abspielen wird, mit
ansehen.‟ Der König sagte: „Das soll geschehen!‟
Kumba Sira Maga stieg zu Pferde, er nahm seine
Waffen. Er ritt von dannen. Es folgten ihm
hundert freie Reiter, hundert Diallireiter, hundert
Sklavenreiter. Als der Zug eine Strecke weit
gekommen war, befiel die Sklaven Angst. Sie
blieben zurück. Wieder ein Stück weiter hielten
auch die Freien an. Als aber Djonkolloni in
Sicht kam, hielten auch die Dialli an, stiegen ab
und sahen zu, wie Kumba Sira Maga in die
Stadt hineinritt.

Der Held kam durch das Stadttor. Er kam
unbehelligt durch das Lager der Krieger, und
niemand hielt ihn an, weil jeder ihn für einen
Boten hielt. Er kam bis an den Brunnen. Er
zog den Katzenkopf heraus und schrie: „Halloh,
ihr Leute von Djonkolloni! König Monsong von
Segu sendet mich. Hier halte ich das in der
Hand, was euere Stadt zerstört. Seht, seht!‟
Damit warf er den in rote Stoffe gehüllten

schwarzen Katzenkopf in den Brunnen hinab. Sogleich begannen alle Weiber und Kinder zu
schreien: „Das Unglück über die Stadt bricht herein. Ist kein Mann mehr in Djonkolloni, der den
Mann packen und töten kann?" — Kumba Sira
Maga verließ gelassen den Platz, passierte das
Tor und machte vor der Stadt unter einem
mächtigen Nerebaume Halt, um abzuwarten, was
sich nun weiter ereignen würde.

In der Stadt rüsteten sich allsogleich die neun
Helden einer nach dem anderen, — sie kamen
herausgeritten, um mit dem Helden Kumba Sira
Maga zu kämpfen. Da kam zuerst der Anführer
Killindi-Kallondo. Der sah immer nur, wenn er
mit einem um den Kopf geschlungenen Strick die
allzutief herabhängenden Augenbrauen hochzog.
Kumba Sira Maga schoß ihn, als er heran-
sprengte, ins Herz und schnitt ihm dann mit einem
Schwertstreiche das Haupt ab. Sein Pferd band
er an den Baum. — Als zweiter kam Turani
Kabato, der hatte eine so enorme Rute, daß er
sie immer hochbinden mußte, wenn er in den
Krieg zog. Mit dem ging es ebenso wie mit
Killindi Kollondo. Dann sprengte Niamaku
heran, dann Niamaku Njelle, denn seine Mutter
hieß Njelle, dann Siga di Baba, dann Ngolo
Korroba, dann Ngoloni Djenni, dann Monson
Dierra, dann Keffa Sulle (der Mannstöter). Und
einem erging es wie den anderen. Kumba Sira
Maga schlug jedem einzelnen den Kopf ab und
band sein Pferd an den Baum. Als das ganze
Werk vollendet war, band er alle neun Häupter

zusammen und nahm sie zu sich auf sein Pferd. Er nahm die erstrittenen neun Rosse an die Leine und kehrte nach Segu zurück.

Als das Gefecht vor den Toren von Djonkolloni begonnen hatte, waren zuerst die hundert Dialli zurückgekehrt und hatten im Vorbeireiten die hundert Freien und die hundert Hörigen mitgenommen, so daß Kumba Sira Maga den Weg ganz menschenleer und verlassen fand. In der Stadt Segu hatten die Dreihundert verkündet, daß Kumba Sira Maga in Djonkolloni zerschossen, zerhackt und zerstückelt worden war. Der siegreiche Held kam nun an, aber er ritt nicht zum König Monsong, sondern zu Numu Tji, der den Rat gegeben hatte, Kumba Sira Maga gegen die Stadt mit den neun Helden zu senden.

Numu Tji führte Kumba Sira Maga und die Häupter der neun Helden zu König Monsong und sagte: „Nun sieh, ob mein Rat nicht gut gewesen ist. Du wolltest eines Weibes wegen diesen Mann töten lassen und eine Provinz wie Murdia zerstören. Nun hat der eine Mann dir aber neun Häupter und neun Provinzen erobert." Der König sagte: „Du hast recht gehabt, und dein Rat war wertvoll! Ruft die Frau Njelle." Njelle ward herbeigerufen. Der König stattete sie reich mit Kauris aus und gab sie dann dem Helden Kumba Sira Maga. Er sagte: „Hier hast du einiges von dem, was du als tapferer Mann verdienst. Im Vergleich mit dir muß sogar ich wie ein Weib erscheinen." — — —

9. Der Kampf mit dem Bida-Drachen.

Koloko hatte noch zu Lagarré (dem Neugründer der ehrwürdigen Stadt Wagadu) gesagt: „Wenn du nach Wagadu kommst, wirst du da die große Schlange Bida sehen. Bida erhielt von deinem Großvater jedes Jahr zehn junge Mädchen. Dafür ließ es die Schlange jedes Jahr dreimal regnen. Es regnete Gold!" Lagarré sagte: „Muß ich das auch geben?" Koloko sagte: „Bida wird mit dir rechten. Sie wird von dir zehn junge Mädchen verlangen. Schlage ihr das ab. Sage ihr, du wolltest ihr ein Mädchen geben, und gib' es ihr dann auch."

Lagarré kam nach Wagadu. Vor dem Tore der Stadt lag Bida in sieben großen Windungen. Lagarré fragte: „Wohin gehst du?" Bida sagte: „Wer ist dein Vater?" Lagarré sagte: „Mein Vater ist Dinga." Bida fragte: „Wer ist der Vater deines Vaters?" Lagarré sagte: „Ich kenne ihn nicht." Bida sagte: „Ich kenne dich nicht, aber ich kenne Dinga. Ich kenne Dinga nicht, aber ich kenne Kiridjo. Ich kenne Kiridjo nicht, aber ich kenne Kiridjomanni. Ich kenne Kiridjomanni nicht, aber ich kenne Wagana Sako. Dein

Großvater gab mir jedes Jahr zehn Mädchen. Ich gab dafür drei Goldregen. Willst du das auch tun?" Lagarré sagte: „Nein." Bida fragte: „Willst du mir neun Mädchen jedes Jahr geben?" Lagarré sagte: „Nein." Bida fragte: „Willst du mir acht Mädchen jedes Jahr geben?" Lagarré sagte: „Nein." Bida fragte: „Willst du mir sieben Mädchen jedes Jahr geben?" Lagarré sagte: „Nein." Bida fragte: „Willst du mir sechs Mädchen jedes Jahr geben?" Lagarré sagte: „Nein." Bida fragte: „Willst du mir fünf Mädchen jedes Jahr geben?" Lagarré sagte: „Nein!" Bida fragte: „Willst du mir vier Mädchen jedes Jahr geben?" Lagarré sagte: „Nein!" Bida fragte: „Willst du mir drei Mädchen jedes Jahr geben?" Lagarré sagte: „Nein!" Bida fragte: „Willst du mir zwei Mädchen jedes Jahr geben?" Lagarré sagte: „Nein!" Bida fragte: „Willst du mir ein Mädchen jedes Jahr geben?" Lagarré sagte: „Ja, ich will dir jedes Jahr ein Mädchen geben, wenn du über Wagadu jedes Jahr dreimal das Gold regnen lassen willst."

Bida sagte: „Dann bin ich auch damit zu= frieden und werde dreimal im Jahr Gold über Wagadu regnen lassen."

Es waren in Wagadu (nun) vier angesehene Männer: Wagana Sako, Dajabe Sifé, Da= mangile (der Ahnherr der Djaora=Familie, aus der die Familie der Vornehmen, der Soni-nke stammt) und Mamadi Sefe Dekoté (Sefe Dekoté heißt: er spricht selten).

Wagana Sako war ein Mann, der außerordentlich eifersüchtig war. Deshalb hatte er eine mächtige Mauer um sein Gehöft gebaut, in der keine einzige Tür angebracht war. Man konnte nur auf eine Weise in das Gehöft kommen, nämlich indem man mit dem Pferde Samba Ngarranja über die Mauer setzte. Samba Ngarranja war das einzige Pferd, mit dem man über die Mauer diesen Sprung ausführen konnte, und Wagana Sako bewachte dieses Pferd ebenso eifersüchtig wie seine Frau. Er erlaubte nicht, daß der Hengst jemals eine Stute decke, denn er fürchtete, daß dann ein Fohlen geboren werden könnte, das Samba Ngarranja an Sprungkraft gleichkommen und etwa über die türlose Mauer setzen würde.

Mamadi Sefe Dekoté kaufte sich eine Stute. Die verschloß er sorgfältig in einem Hause vor den Augen Wagana Sakos. Mamadi Sefe Dekoté, der der Onkel Wagana Sakos war, stahl diesem eines Tages den Hengst Samba Ngarranja und ließ die neugekaufte Stute decken. Dann brachte er ebenso heimlich Samba Ngarranja zurück. Mamadis Stute brachte nun ein ebenso gutes Pferd hervor wie Samba Ngarranja, und mit diesem konnte er unbedingt den Sprung über die Mauer wagen. Es wurde drei Jahre alt, da war es stark und kräftig genug zum Satze.

142

Danach zogen die Wagaduleute in den Krieg. In der Nacht kehrte Mamadi Sefe Dekoté heimlich mit seinem dreijährigen Hengste nach Wagadu zurück. Er sprang in mächtigem Satze über die Mauer und band sein Pferd an. Dann ging er zur Frau Wagana Sakos hinein. Er sprach mit ihr, er legte sich neben sie und sein Haupt in ihren Schoß. — — Wagana Sako kehrte aber nach einiger Zeit auch aus dem Heereslager zurück, um in der gleichen Nacht seine Frau zu besuchen. Er setzte mit Samba Ngarranja über die Mauer. Wie war er aber erstaunt, daß schon ein anderes Pferd im Hofe angebunden war. Er brachte das eigene an eine andere Seite und betrachtete dann das fremde Pferd. Dann hörte er im Hause seiner Frau sprechen. Er stellte also seine Waffen an dem Hause nieder und lauschte. Drin sprachen Mamadi Sefe Dekoté und die Frau Wagana Sakos wenig. Oben lief aber eine Maus im Dachwerk umher. Unten war eine Katze. Die Maus sah die Katze und fiel vor Schreck herab. Die Katze sprang auf sie. Mamadi Sefe Dekoté faßte die Frau Wagana Sakos am Arme und sagte: „Sieh da gut hin! Sieh scharf hin!" Die Frau sagte: „Ja, ich sehe es." Mamadi Sefe Dekoté sagte: „Sieh das an! Wie die Maus vor dieser Katze, so haben wir Furcht vor deinem Manne." — Wagana Sako hörte das draußen. Als er es hörte, mußte er gehen, denn jener unbekannte Mann hatte gesagt, daß er Furcht habe vor Wagana Sako. (Danach, wie mir die umsitzenden Soni=nke erklärten, soll es damals nicht als ritterlich gegolten haben, mit jemand Händel auszufechten, der sagt, er habe Furcht vor ihm.) So nahm denn Wagana Sako seine Waffen, bestieg sein Pferd und setzte über die Mauer. Dann kehrte er in das Heerlager zurück. Später verließ auch Mamadi Sefe Dekoté das Gehöft und traf im Morgengrauen bei den anderen ein.

Am anderen Tage wußte Wagana Sako nicht, wer nachts bei seiner Frau gewesen war. Mamadi Sefe Dekoté ahnte aber nicht, daß Wagana Sako vor der Tür des Hauses seiner Frau gehockt und den heimlichen Besuch sowie das Zwiegespräch belauscht hatte. So konnten die beiden kein schlechtes Wort wechseln, und der Tag verlief ohne jeden Streit. Am Abend aber ergriff ein Epensänger seine Niame und sang. (Niame = Gitarre.) Nachher schnipste Wagana Sako an der Saite der Niame und sagte: „Vorige Nacht habe ich ein Wort gehört (es ist das Wort von der Furcht gemeint!), hätte ich das nicht vernommen, so wäre Wagadu zerstört worden." Mamadi Sefe Dekoté schnellte auch an einer Saite der Niame und sagte: „Wenn jemand gehört hätte, was gestern Nacht gesprochen wurde, so würde Wagadu zerbrochen werden. Es hat aber niemand gehört."

Da sagten die Wagaduleute: „Wir wollen nach Wagadu zurückkehren. Denn wenn sich im Anfang eines Krieges zwei Leute streiten, so nimmt es kein gutes Ende!" So kehrten denn alle nach Wagadu zurück.

Die Leute von Wagadu sagten: „Die erste Tochter, die wieder in Wagadu geboren wird, soll Bida gegeben werden." Das erste Mädchen war Sia Jatta Bari. Sia Jatta Bari war wunderschön, sie war das schönste Mädchen im Soni=nke=Lande. Sie war so schön, daß die Soni=nke und andere Völker heute noch von einem sehr schönen Mädchen als höchsten Lobspruch zu sagen pflegen: „Sie ist so schön wie Sia Jatta Bari." Sia Jatta Bari war für Bida bestimmt.

Sia Jatta Bari hatte aber schon einen Lieb= haber, der war Mamadi Sefe Dekoté. Alle Leute in Wagadu sagten: „Wir wissen nicht, ob wir je wieder in Wagadu ein so schönes Mädchen haben werden!" Deshalb war Mamadi Sefe Dekoté sehr stolz auf seine Geliebte. Eines Nachts suchte Sia Jatta Bari nach dem Tamtam ihren Ge= liebten auf, um bei ihm zu schlafen, ohne sich von ihm beschlafen zu lassen. Sia Jatta Bari sagte: „Jede Freundschaft muß auf dieser Erde einmal ihr Ende nehmen." Mamadi Sefe Dekoté sagte: „Warum sagst du das?" Sia Jatta Bari sagte: „Es gibt keine Freundschaft, die für immer währen kann, und ich bin daran, der Schlange Bida überliefert zu werden." Mamadi Sefe De= koté sagte: „Wenn das geschehen sollte, würde Wagadu zerbrochen werden, denn ich würde es nicht dulden." Sia Jatta Bari sagte: „Mach' keine Sache; es ist so bestimmt und es ist alte Sitte, in die sich jeder fügen muß. Ich werde die Frau der Sa (Schlange) Bida werden müssen, daran ist nichts zu ändern."

Am anderen Morgen schärfte Mamadi Sefe Dekoté sein Schwert, so scharf wie möglich. Er legte ein Hirsekorn auf die Erde und spaltete es dann mit einem Streiche, um zu sehen, ob das Schwert scharf genug sei. Darauf steckte er es wieder in die Scheide. Die Leute kleideten Sia Jatta Bari festlich zum Hochzeitstage, legten ihr Schmuck und schöne Kleider an und bildeten dann einen langen Zug, um sie zu der Schlange Bida zu begleiten. Bida wohnte in einem großen und tiefen Kede (Brunnen) zur Seite des Dorfes. Dorthin wendete sich der festliche Zug. Mamadi Sefe Dekoté hatte sein Schwert umgeschnallt, sich auf sein schönes Pferd geschwungen und ritt im Geleite mit.

Bida pflegte, wenn sie ihr Opfer in Empfang nahm, immer dreimal den Kopf aus der Brunnen= grube emporzustrecken und dann erst sein Opfer zu greifen. Als der Zug neben dem Baume Platz nahm, hockte Mamadi ganz dicht am Rande nieder. Darauf streckte Bida ihren Kopf zum ersten Male zum Brunnen heraus. Die Leute von Wa= gadu sagten zu Sia und Mamadi: „Es ist Zeit, Abschied zu nehmen. Nehmt Abschied." Bida steckte den Kopf zum zweiten Male aus dem Brunnen herbor, und die Leute von Wagadu riefen: „Nehmt schnell Abschied voneinander, tut es schnell." Bida reckte zum dritten Male das Haupt aus dem Brunnen, — da zog Mamadi Sefe Dekoté das Schwert und trennte mit einem Schlage das Haupt der Schlange vom Körper. Das Haupt flog weit in die Luft empor. Ehe es wieder zur Erde kam, sprach es: „Sieben Jahre, sieben Monate und sieben Tage mag Wagadu ohne Goldregen bleiben!" Das Haupt fiel dann weit im Süden zu Boden, und aus ihm stammt das Gold, das man dort findet."

Die Leute von Wagadu hörten den Fluch der Schlange. Sie schrien wild auf Mamadi ein. Mamadi aber nahm Sia hinter sich auf sein Pferd und sprengte von dannen in der Richtung auf Sama = Markala (eine Stadt nördlich von Segu am Niger), in der seine Mutter lebte. Mamadi Sefe Dekoté hatte ein gutes Pferd. Es stammte von Samba Ngarranja ab. Nur ein Pferd in Wagadu konnte es einholen, — das war Samba Ngarranja selbst. Die Wagaduleute forderten also Wagana Sako auf, hinter Mamadi Sefe Dekoté herzusetzen und ihn, wenn irgend mög= lich, einzuholen und totzustechen. Wagana Sako sprang auf sein Pferd und setzte hinter Mamadi, seinem Onkel, her.

Wagana Sako holte seinen Oheim, dessen Pferd zwei Menschen trug, bald ein. Er ergriff seine Lanze und rannte sie fest in die Erde. Dann sagte er zu Mamadi: „Flieh' so schnell du kannst, mein Oheim, denn wenn die Wagaduleute dich einholen, so werden sie dich sicher töten. Ich will dich nicht töten, weil ich dein Neffe bin. Flieh' so schnell nach Sama zu deiner Mutter." Alsdann sprang Wagana vom Pferde und zog an seiner Lanze. Nach einiger Zeit kamen die anderen Leute von Wagadu an. Er sagte zu ihnen: „Helft mir den Speer aus der Erde ziehen. Ich habe ihn nach Mamadi Sefe Dekoté geworfen, ihn aber gefehlt, und dabei ist der Speer so tief in die Erde gefahren, daß ich ihn nur schwer wieder herausbekomme." Die Leute halfen ihm, den Speer wieder herauszziehen und dann sandten sie ihn wieder hinter Mamadi Sefe Dekoté her. Wagana war bald wieder nahe bei Mamadi ange= langt und stieß abermals seinen Speer in die Erde, indem er abermals rief: „Fliehe schnell zu deiner Mutter nach Sama!" Abermals wartete er die Leute von Wagadu ab, um mit ihrer Hilfe den Speer aus der Erde zu ziehen, und wieder= holte dasselbe Spiel noch ein drittes Mal. Dann war Mamadi in Sama angekommen.

Die Mutter Mamadis kam aus der Stadt den heranstürmenden Reitern entgegen. Sie rief Wagana Sako zu: „Kehre um und laß' meinen Sohn in Ruhe zu mir kommen!" Wagana sagte: „Frage deinen Sohn, ob ich ihn nicht gerettet habe, so daß er zu dir kommen kann, und ob er es mir nicht verdankt, wenn er noch am Leben ist." Mamadi Sefe Dekoté sagte: „Ich habe die Bida getötet, um dieses Mädchen, das ich heiraten will, zu retten. Ich schlug der Schlange den Kopf ab. Ehe der zur Erde fiel, sagte der Kopf: ‚Sieben Jahre lang mag Wagadu ohne Goldregen bleiben.' — Darauf waren die Leute von Wagadu zornig und sandten Wagana Sako auf Samba Agarranjä hinter mir her, um mich töten zu lassen, er aber hat mich gerettet. Nun bin ich mit Sia hier an= gekommen."

148

In Wagadu hatte Mamadi Sefe Dekoté jeden Morgen, wenn sie ging, der Sia Mutu kalla tamu an Gold (zirka tausend Franken) gegeben. Drei Monate lang hatte sie das jeden Tag erhalten. Trotzdem hatte sich Sia vom Mamadi nicht beschlafen lassen. Hier in Sama nun, wo es keine Goldschlange gab, die den Reichtum über das Land brachte, hörten diese Gaben auf. Sia war Mamadis überdrüssig; sie wollte sich seiner entledigen. Sie sagte deshalb eines Morgens: „Ich habe Kopfschmerzen. Gegen diese Kopfschmerzen kann nur eines helfen; schneide dir einen kleinen Zeh an einem deiner Füße ab, ich will mir mit dem Blute die Stirn waschen." Mamadi liebte Sia außerordentlich. Er schnitt sich den kleinen Zeh ab. Sia sagte nach einiger Zeit: „Das hat noch nicht geholfen. Der Kopfschmerz will nicht aufhören. Schneide dir noch den kleinen Finger ab. Wenn ich mir mit dem Blute dann die Stirn einreibe, so wird das nützen." Mamadi war sehr verliebt in Sia. Er tat es also. Dann aber sandte Sia an ihren Liebhaber eine Botschaft und ließ ihm sagen: „Ich liebe nur Menschen mit zehn Fingern und zehn Zehen. Ich liebe nicht Menschen mit neun Fingern und neun Zehen." Diese Botschaft empfing Mamadi.

Als Mamadi diese Nachricht empfing, ward er über alle Maßen zornig, er ward vor Zorn krank und ward so krank, daß er davon fast starb. Er ließ eine alte Frau kommen. Die alte Frau kam und fragte: „Was hast du, mein Mamadi Sefe Dakoté?" Mamadi sagte: „Ich bin vor

Wut erkrankt, weil mich Sia Jatta Bari so schlecht behandelt hat. Für Sia habe ich die Schlange Bida getötet. Für Sia habe ich den Fluch auf Wagadu geladen. Für Sia bin ich aus Wagadu geflohen. Für Sia habe ich jeden Morgen viel Gold gegeben. Für Sia habe ich meine Zehe abgeschnitten. Für Sia habe ich meinen kleinen Finger gegeben. Jetzt läßt mir Sia sagen: ‚Ich liebe nur Menschen mit zehn Fingern und zehn Zehen! Ich liebe nicht Menschen mit neun Fingern und neun Zehen.‘ Darüber bin ich erkrankt vor Zorn.“ Die alte Frau sagte: „Das ist nicht schwer. Gib mir deine Schnupftabaksdose.“ Mamadi dachte, die Alte wolle nach Art der alten Leute schnupfen. Er reichte ihr die Dose. Sie nahm sie in die Hand und sagte: „Damit du siehst, daß das nicht schwierig ist, blicke in die Dose. Eben war noch Tabak drin, jetzt, wo ich sie in die Hand nehme, ist es Gold. Das deine ist nicht einmal so schwierig. Es ist leichter, Sia mit Liebe, als die Dose mit Gold zu füllen. — Sage: wenn ich dir einen Kartékuchen (Butter vom Butterbaume) gebe, könntest du es einrichten, daß Sia die Butter auf den Kopf streicht?“ Mamadi sagte: „Ja, das kann ich.“ Darauf bereitete die alte Frau einen Kartékuchen mit Borri (Zaubermittel) und übergab die Zaubermaterie Mamadi.

In Sama war eine Frau, die verstand es ausgezeichnet, die Haare zu ordnen. Diese Frau hieß Kumbadamba. Mamadi ließ die Frau zu sich kommen und fragte sie: „Ich bin bereit, dir

Mutu kalla tamu an Gold zu geben, wenn du Sia diese Butter beim Haarordnen in die Haare bringst. Willst du das übernehmen?" Kumbadamba sagte: „Das ist nicht schwierig. Das will ich übernehmen." Mamadi übergab ihr die Zauberbutter und überließ ihr das Weitere.

Eines Tages ließ Sia Kumbadamba zu sich kommen und sagte zu ihr: „Ordne mir das Haar." Sie sagte zu ihrem kleinen Sklaven: „Bring' Karté aus dem Hause!" (Zum Haarordnen gehört diese Baumbutter.) Kumbadamba sagte: „Das ist nicht nötig, — ich habe gerade viel Karté bei mir." Darauf begann sie die Arbeit. Als sie die eine Seite geordnet und eingerieben hatte, sprang Sia auf und sagte: „Mamadi ruft mich." Sie lief zu ihm hin und sagte: „Hast du mich gerufen, mein großer Bruder (Ausdruck höchster Zärtlichkeit)?" Mamadi hatte nicht gerufen, das Zaubermittel wirkte schon. Mamadi sagte: „Nein, ich habe dich nicht gerufen, denn ich habe nur neun Finger und neun Zehen, und ich weiß, du liebst nur Menschen mit zehn Fingern und zehn Zehen." Darauf kehrte Sia zurück und ließ sich von Kumbadamba weiter die Haare ordnen. Als die die zweite Seite geordnet und eingerieben hatte, sprang Sia abermals hastig auf und sagte: „Laß mich! Mamadi ruft mich." Sia lief schnell zu Mamadi Sefe Dakoté hin und sagte: „Hast du mich gerufen, mein großer Bruder?" Mamadi hatte nicht gerufen, das Zaubermittel wirkte auf der zweiten Seite. Mamadi sagte: „Nein, ich habe dich nicht gerufen,

denn ich habe ja nur neun Finger und neun
Zehen, und ich weiß, du liebst nur Menschen mit
zehn Fingern und zehn Zehen." Darauf kehrte
Sia zurück und ließ Kumbadamba die Hand an
die Beendigung der Arbeit legen. Sie glättete
alles und verwendete genugsam von der Borri=
karté, so daß Sia endlich ungeduldig aufsprang
und rief: „Nun laß mich endlich, Mamadi ruft."
Eilig rannte sie zu Mamadi Sefe Dakoté hin
und fragte: „Hast du mich gerufen, mein großer
Bruder?" Mamadi sagte: „Ja, ich habe dich ge=
rufen. Ich wollte dir sagen: Komme diese Nacht
in mein Haus." Sie sagte: „Ich werde diese
Nacht zur Hochzeit kommen." Bis dahin hatte
es Mamadi Sefe Dakoté nicht erreicht, daß sich
Sia von ihm beschlafen ließ.

Mamadi ließ in seinem Hofe ein Haus und
darin ein Bett ordnen. Er hatte Blali, einen
jungen Sklaven, dem er alles anvertrauen
konnte, und dem er die Sorge für sein gutes
Pferd übergeben hatte. Er rief Blali und sagte:
„Gib mir dein altes Kleid, ich will es anziehen.
Reinige und wasche es also ordentlich. Darauf
wasche dich selbst und lege dich heute Nacht in
meine Hütte auf mein Bett. Um Mitternacht
wird eine Frau, Sia, zu dir kommen. Sprich
mit ihr aber kein Wort. Sia soll denken, ich sei
an ihrer Seite, und sie ist gewöhnt, daß ich nicht
spreche. Davon habe ich meinen Namen Sefe
Dakoté. Sprich also nicht mit ihr. Beschlafe sie
aber. Du mußt sie beschlafen. Hast du es bis
zum Morgen nicht getan, so lasse ich dich einfach

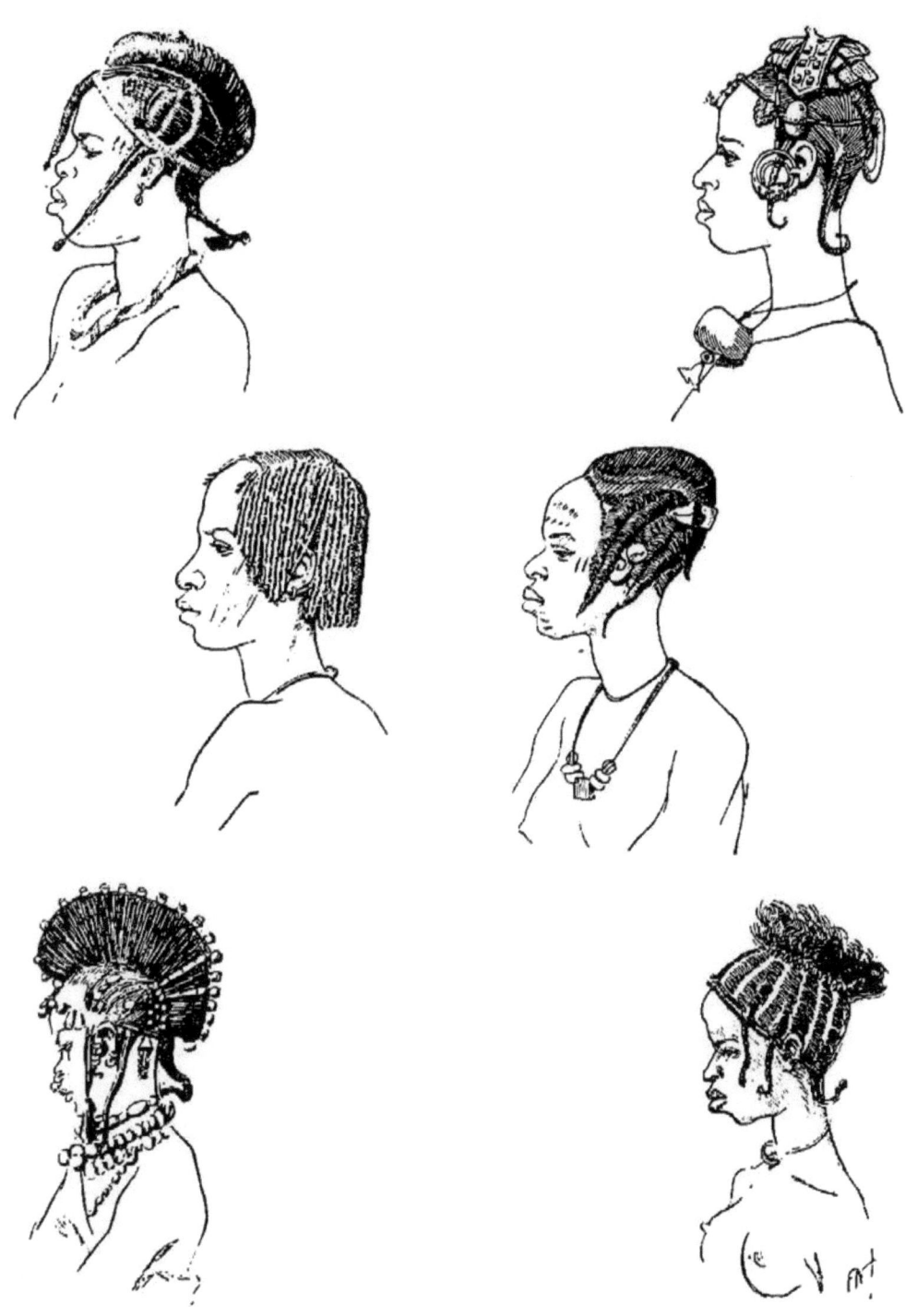

Frauenhaartrachten aus dem westlichen Sudan

totschlagen. Du hast mich verstanden?" Blali sagte: „Ich werde es tun."

In der Nacht kam Sia. Mamadi hatte seine Schuhe vor dem Bette stehen lassen, damit Sia sicher sei, daß er da sei und sie ihn gleich daran erkenne. Sia kam, erkannte die Schuhe und legte sich zu dem Pferdeknecht. Sie sagte: „Gute Nacht!" Blali schnalzte zur Antwort nur mit dem Gaumen, um sich nicht zu verraten. Sia sagte: „Mein großer Bruder, ich weiß, daß du nie viel sprichst, heute aber sprich mit mir. Ich bitte dich, mir heute zu antworten." Blali beschlief darauf Sia. — Am anderen Morgen trat Mamadi Sefe Dakoté in den Kleidern Blalis in die Hüttentür und rief: „Blali!" Blali antwortete: „Nam!" (Herr!) — Mamadi sagte: „Weshalb hast du heute morgen nicht mein Pferd besorgt und statt dessen bei dem Frauenzimmer Sia geschlafen?" Blali sagte: „Wenn ich heute morgen meine Arbeit nicht verrichtet habe, so mußt du das damit entschuldigen, daß ich die Frau beschlafen konnte, von der ganz Wagadu sagte, sie sei die schönste im Lande. Ist das nicht verzeihlich?"

Sia hörte das und begann auf dem Bette am ganzen Leibe zu zittern. Zitternd sprach sie: „Mein großer Bruder, du zahlst gut!" Sia blieb vor Scham den ganzen Tag über im Hause. Sie wagte sich nicht heraus. In der Nacht aber schlich sie hinüber in ihr eigenes Haus und starb daselbst vor Scham. — Das war das Gericht Mamadi Sefe Dakotés über Sia Jatta Bari.

10. Die kluge Hatumata.

Nach der Zeit gab es in Wagadu eine Frau, die war wunderbar schön. Sie war noch schöner als Sia Jatta Bari und hieß Hatumata Djaora, denn sie war aus der Familie der Djaora. Sie war die schönste Frau im ganzen Lande, und ihr Vater sagte: „Ich will nicht, daß du je einen Mann heiratest, den du nicht selbst erwählt hast, — ich werde dir keinen Mann aufdrängen. Dein Wille ist frei!" Hatumata sagte: „Wenn ein Mann reich ist, wenn er viele Pferde und Herden hat, so werde ich ihn deswegen nicht heiraten, denn ich liebe nicht die reichen, ich liebe nur die klugen Männer." Der Vater richtete für Hatumata ein großes Gehöft ein, darin lebte sie mit ihrer Mutter. Das Gehöft hatte drei Torhäuser. In jedem Torhause waren einige Gefangene und ein Hund als Wächter.

Es kamen nun viele Leute, um Hatumata zu werben, da sie so schön war. Wer einen Ochsen hatte, der bot diesen Ochsen, wer zwei Ochsen hatte, der bot zwei Ochsen, wer zehn Ochsen hatte, der bot zehn Ochsen, wer zwanzig

Ochsen hatte, der bot zwanzig Ochsen. Hatumata antwortete aber: „Ich heirate nicht nach Ochsen, sondern ich heirate nach dem Kopfe, nach der Klugheit eines Mannes." Der Vater hatte einen alten Hörigen, der hieß Alanj. Bei dem mußten alle Leute absteigen, die sich um Hatumata bewarben. Es kamen viele Leute. Es kamen auch Leute von Segu. Der Vater Hatumatas sagte: „Wohnt bei Alanj, meine Tochter wird euch Essen senden." Hatumata sandte mit dem Essen einen kleinen Hörigen. Sie sagte zu dem Hörigen: „Achte genau darauf, wie die Leute das essen, was ich sende. Achte darauf, was sie sprechen. Nachher trage die leeren Kalebassen fort und bringe sie mir." Hatumata sandte als Essen eine Schüssel mit Brei und legte darauf ein Stück Knochen mit wenig Fleisch und vier rote Kolanüsse. Der kleine Hörige ging hinüber und brachte das Essen hin. Er setzte sich zur Seite nieder. Die Fremden griffen, ohne etwas zu sagen, in die Schüssel und aßen alles auf. Der kleine Hörige kam dann herbei, ergriff die leeren Kalebassen und brachte sie seiner Herrin. Hatumata fragte: „Wie ist es abgelaufen?" Der kleine Hörige sagte: „Sie haben, ohne ein Wort zu sagen, alles aufgegessen." Hatumata sagte: „Bestelle den Leuten, sie sollen sogleich wieder abreisen, — mit solchen Leuten habe ich gar nichts zu tun." Der Knabe bestellte das. Die Leute gingen von dannen. So verlief es mit sehr vielen Leuten. Hatumata antwortete jedesmal: „Solche Leute heirate ich nicht."

Im Lande Wagadu war ein Mann, der hieß Kide Djaora, stammte also aus gleichem Stamme wie Hatumata. Kide sagte: „Wenn Hatumata sagt, sie heiratet nicht nach Ochsen, sondern nach Kopf und Klugheit, dann will ich einmal versuchen, ob es mir gelingt, sie zum Weibe zu erhalten, dann wird das wohl kaum einem anderen besser gelingen als mir." Er machte sich mit einem alten und einem jungen Begleiter auf den Weg und langte in der Haupt= stadt an. Er kam zu dem Vater Hatumatas. Er sagte: „Ich möchte deine Tochter heiraten!" Der Vater sagte: „Geh' und schlafe bei meinem alten Hörigen Alanj. Meine Tochter wird dir das Essen senden." Die drei Leute stiegen also eben= falls bei Alanj ab.

Hatumata stellte inzwischen den Brei her, legte vier rote Kolanüsse und einen Knochen mit wenig Fleisch darauf und sagte zu dem kleinen Hörigen: „Bringe das zu Kide und seinen Be= gleitern. Merke sehr wohl auf, wie sie das essen, und berichte mir, wenn du die Kolanüsse zurück= bringst, ganz genau." Der kleine Sklave brachte das Essen in das Haus Alanjs zu den drei Gästen und merkte dann genau auf, was sich er= eignen würde. Kide sah auf die Schüssel. Er nahm den Knochen mit dem wenigen Fleisch, legte ihn beiseite und sagte: „Vielleicht gibt es da, wo die Kalebassen wieder hingehen, jemand, der danach Hunger hat." Dann nahm er die vier roten Kolanüsse beiseite und begann den Brei mit den Kameraden zu essen. Endlich legte er die roten Kolanüsse wieder in die Kalebasse und ließ sie durch den kleinen Hörigen zu Hatumata zurücktragen. Hatumata nahm die Kalebasse mit den vier roten Kolanüssen und fragte: „Wie ist es gegangen?" Der Hörige sagte: „Kide hat den Knochen mit dem wenigen Fleisch zur Seite gelegt und gesagt: ‚Vielleicht gibt es da, wo die Kalebassen wieder hingehen, jemand, der danach Hunger hat.' Dann legte er die Kola beiseite, aß mit den Kameraden den Brei und legte die roten Kolanüsse wieder in die Kalebasse." Hatumata sagte: „Kide kann bis morgen bleiben. Das sind andere Leute!" Der kleine Hörige ging zu den drei Männern hin und sagte: „Ihr könnt bis morgen bleiben."

Am anderen Tage sandte Hatumata eine Schüssel mit Brei, auf dem zwei rote Kolanüsse, zwei weiße Kolanüsse und ein Knochen mit wenig Fleisch lagen. Kide betrachtete das Gericht. Er legte den Knochen mit dem Fleisch beiseite und sagte: „Vielleicht gibt es da, wo die Kalebassen wieder hinkommen, noch jemand, der danach Hunger hat." Alsdann legte er auch die roten Kolanüsse beiseite und aß den Rest der Schüssel mit den beiden weißen Kolanüssen auf. Zuletzt legte er die roten Kolanüsse wieder in die Kalebasse und sandte die leeren Schüsseln an Hatumata zurück. Hatumata nahm die Kalebassen mit den zwei roten Kolanüssen und fragte: „Wie ist es gegangen?" Der Hörige sagte: „Kide hat den Knochen mit dem Fleische beiseite gelegt und gesagt: ‚Vielleicht gibt es da, wo die Kalebassen hingehen, noch jemand, der danach Hunger hat.' Alsdann legte er die roten Kolanüsse beiseite, aß mit den Kameraden die weißen und den Brei auf und schickte die leeren Kalebassen mit den beiden roten Kolanüssen wieder zurück." Hatumata sagte: „Kide kann bis morgen bleiben. Das ist ein anderer Mann."

Am dritten Tage sandte Hatumata ein Gericht von Brei, darauf hatte sie gelegt: vier weiße Kolanüsse, einen Knochen mit wenig Fleisch daran, einen Strohhalm, einen Baumwollsamen, einen Tommonokern. Außerdem war der Korbdeckel so daraufgelegt, daß die Hälfte des Inhaltes bedeckt war. Als Hatumata die Speise fortgesandt hatte, sagte sie zu ihren Leuten: „Macht mein Zimmer und mein Bett recht in Ordnung, denn heute kann sich vielleicht etwas ereignen."

Inzwischen kamen die Schüsseln mit den Speisen zu Kide. Kide nahm den Knochen herunter, legte ihn beiseite und sagte: „Vielleicht gibt es da, wo die Kalebassen wieder hingehen, noch jemand, der danach Hunger hat." Dann nahm er Strohhalm, Baumwollsamen und Tommonokern weg, steckte sie in die Tasche und sagte: „Heute wollen wir alle (vier weißen) Kolanüsse und den Brei essen." Er aß alles auf und gab die gänzlich leeren Kalebassen dem Knaben zurück. Der kleine Hörige brachte sie zu Hatumata. Hatumata fragte: „Wie ist es abgelaufen?" Der kleine Hörige sagte: „Kide hat den Knochen genommen und beiseite gelegt, dazu sagte er: ‚Viel-

leicht gibt es da, wo die Kalebassen wieder hin=
gehen, noch jemand, der danach Hunger hat.'
Dann hat er Strohhalm, Baumwollsamen und
Tommonokern in die Tasche gesteckt und gesagt:
,Heute wollen wir alles aufessen, den Brei und
die Kolanüsse.' Sie haben alles gegessen und mir
die leeren Schüsseln wiedergegeben." Hatumata
sagte: „Das ist der rechte Mann, richtet mein
Schlafzimmer und mein Bett gut her." Alsdann
ging Hatumata zu den Hörigen, die an den Toren
Wache hielten, gab ihnen einen Hammel und
sagte: „Diese Nacht braucht ihr nicht zu wachen.
Nehmt diesen Hammel, eßt ihn und macht euch
irgendwo anders eine vergnügte Nacht." Dann
sagte sie zu ihrem Hörigen: „Bringe mir einen
weißen, großen Baumwollsamen." Der Knabe
brachte ihn. Als es Abend war, legte sie den
Baumwollsamen vor die Türe und legte statt der
Holztür eine Strohmatte vor die Türöffnung, die
aber den Eingang nur zur Hälfte schloß.

Gegen Mitternacht erhob sich Kide im Hause
Alanjs, weckte seine beiden Kameraden und sagte:
„Wacht auf!" Die beiden Kameraden erhoben
sich. Der Alte sagte: „Was gibt es?" Kide sagte:
„Heute Nacht noch will ich hingehen und mich
verheiraten." Der Alte fragte: „Welche Frau
willst du heiraten?" Kide sagte: „Ich will Hatu=
mata Djaora heiraten." Der Alte sagte: „Was
sind das alles für Sachen! Alle anderen Leute
dürfen nur einen Tag bleiben, du bist aber schon
drei Tage hier. Nun sagst du auch noch, daß
du Hatumata in dieser Nacht heiraten willst."

Kide sagte: „Hatumata gefällt mir eben." Der Alte fragte: „Sollen wir anderen wachen?" Kide sagte: „Nein, das braucht ihr nicht." Der Alte sagte: „Dann will ich mir einen anderen Platz suchen. Die Sache scheint mir doch recht gewagt zu sein." Der Alte verließ darauf das Haus Alanjs, ging zu einem anderen Bekannten und sagte: „Kide will heute Hatumata beschlafen. Ich komme zu dir, damit du mir nachher bestätigen kannst, daß ich nichts mit diesen Sachen zu tun hatte, wenn ich auch mit Kide gekommen bin." Der Alte blieb da.

Kide machte sich auf den Weg. Im ersten Torhaus waren keine Wächter als ein Hund. Der Hund wollte ihn anfallen, da warf er einen der drei Knochen hin. Der Hund war zufrieden. Im zweiten Torwege waren wieder keine Wächter, aber ein Hund. Der Hund wollte ihn anfallen, da warf er einen Knochen hin. Der Hund war zufrieden. Im dritten Torhause waren abermals keine Wächter, aber ein Hund. Der Hund wollte ihn anfallen. Er warf den dritten Knochen hin. Hinter dem Torweg teilte sich der Weg, der eine führte nach rechts, der andere nach links. Kide sah scharf hin. Auf dem linken Wege lagen Tommonokerne. Er zog den Kern, den er von der dritten Schüssel genommen hatte, aus der Tasche, legte ihn vergleichend neben den Haufen von Tommonokernen und wählte diesen linken Weg. Danach betrat er einen Platz, an dem lagen vier Häuser, mit vier Türen in einer Linie. Er bemerkte, daß drei der Häuser mit Holztüren,

das vierte aber mit einer Rohrmatte halb geschlossen war. Vor der Strohtür lag ein weiß-
leuchtender Baumwollfaden. Kide nahm den
Baumwollsamen und das Strohstückchen, welche
beiden Sachen er von der Speise Hatumatas genommen hatte, aus der Tasche, legte den Baumwollsamen vergleichend neben den weißen Flecken
am Boden, das Strohstück neben die Tür.

Danach trat er in die halbgeöffnete Tür. In
diesem Augenblicke streckte sich Hatumata derart,
daß der vorgehängte Stoff in den Schnüren riß
und herniederfiel. Kide trat zu ihr. Hatumata
sagte: „Was willst du hier?" Kide sagte: „Du
gefällst mir." Hatumata fragte: „Wo kommst du
her?" Kide sagte: „Du sandtest mir am ersten
Tage ein Gericht mit vier roten Kolanüssen.
Man fügt sonst nicht zum Brei Kolanüsse. Es
mußte mir um so mehr auffallen, als alle vier
rot waren und als daneben ein Knochen mit allzu
wenig Fleisch für einen Menschen lag. Ich schloß
daraus, daß ich nicht zu dir kommen dürfe, weil
du die Regel habest; denn alle vier Kolanüsse
waren von der roten Art. Der Knochen mußte
aber bestimmt sein für einen Hund, der in deinem
Torwege lag. Am zweiten Tage sandtest du mir
zwei rote, zwei weiße Kolanüsse, — also war deine
Regel schon nahe dem Ende. Dann war ein
zweiter Knochen, der mir anzeigte, daß ein zweiter
Torweg mit einem zweiten Hunde als Wächter
zu durchschreiten war. Am dritten Tage erhielt
ich vier weiße Kolanüsse, und wußte, daß deine
Krankheit beendet war. Ich fand außerdem den

Deckel über der Speise nur halb geschlossen und mußte annehmen, daß du deine Tür nur halb geschlossen hättest und mich in der Nacht erwartetest. Aus dem Knochen schloß ich, daß ich noch einen Torweg durchschreiten müsse, in dem abermals ein Hund läge.

Der Strohhalm, Tommonokern und Baumwollsamen mußten mir irgendwelche Angaben über den Weg zu bieten haben, und somit steckte ich sie in die Tasche. Nachts machte ich mich auf den Weg. Wie ich angenommen hatte, lagen drei Häuser hintereinander, in deren jedem ein Hund zu beruhigen war. Ich gab die drei Knochen und war nicht in Versuchung, den richtigen Weg nach rechts und links zu verlassen. Nach den drei Torhäusern teilte sich der Weg. Ich fand aber sogleich die rechte Straße, denn links lagen die Tommonokerne. Weiterhin kam ich an einen Platz, an dem vier Häuser mit vier Türen waren. Ich konnte nicht fehlgehen, denn die Häuser waren mit Holztüren verschlossen, nur eine mit einer Strohmatte. Hier mußtest du wohnen und auf mich warten, denn einmal hattest du mir einen Strohhalm gesandt, zum zweiten einen Baumwollfaden, wie auch ein solcher durch die Nacht von deiner Tür her leuchtete, und endlich war die Strohtür nur halb geschlossen, gleichwie die Speise heute nur zur Hälfte bedeckt war. Also sagte ich mir, daß ich eintreten dürfe. Daß ich alles recht verstanden habe, erkannte ich daran, daß, als ich eintrat, du dich so lang strecktest, daß die Schnüre deines Vorhanges rissen und er herabfiel, so daß du jetzt in deiner Schönheit mich begrüßest."

Da sagte Hatumata Djaora: „Komm!"

In dieser Nacht beschlief Kide Hatumata. Am anderen Morgen brach er auf und sagte zu seinem Weibe: „Ich will in mein Dorf zurück= kehren und meinem Vater erzählen, daß ich ge= heiratet habe; dann komme ich, wenn sonst nichts geschieht, wieder!" Er nahm Abschied und machte sich auf den Weg.

Die wohlhabenden Leute von Wagadu waren darüber wütend, daß Kide, der nicht einmal aus der Hauptstadt war, Hatumata Djaora erlangt hatte, und beschlossen, sich hierfür zu rächen. Sie hörten, daß sich Kide aufmachte, um heimzu= kehren und seinem Vater die Nachricht von seiner Heirat zu bringen, und so machten sich denn sieben bewaffnete Leute auf den Weg, um ihn irgendwo abzufangen und zu töten. Sie versteckten sich im Busch.

Nach einiger Zeit kam Kide. Die sieben Mörder umringten ihn und sagten: „Wir wollen dich töten. Wie kannst du es wagen, die Frau zu nehmen, die wir alle nicht zu erreichen ver= mochten? Wir werden dich töten!" Kide sah wohl, daß er sterben müsse, er sagte jedoch: „Ich will euch sagen, wie ihr das Gold erhalten könnt, das ich bei Hatumata zurückließ." Die Mörder sagten: „Rede!" Kide sagte: „Sagt zu meinem Weibe Hatumata, ich hätte euch gesandt, damit sie euch das Gold gebe, das unter ihrem Bette liegt, und von meinem Kopfe bis zu meinen Füßen reichte. Wenn sie dann euch nicht glauben sollte und euch um weitere Erkennungszeichen angeht, so sagt: ‚Vom Morgen bis zum Abende sei der Kamerad bei mir mit den langen Hosen, vom Abend bis zum Morgen sei der alte Kamerad mit dem vorgestreckten Kopfe bei mir, und ich erwarte den Kamerad ohne Füße und Hände.‘ Wenn ihr das Hatumata sagt, so wird sie meine Absicht genau erkennen und wird dafür sorgen, daß ihr das Gold erhaltet, das ich euch schulde.“ Die Mörder sagten: „Wir wissen nun, wie wir dein Gold erhalten werden. Du aber mußt nun doch sterben!“ Darauf töteten ihn die sieben Leute.

Alsbald kehrten die sieben Mörder in die Stadt zurück und gingen zu Hatumata. Sie kamen an das Gehöft Hatumatas. Sie sagten: „Wir haben eine Nachricht Kide Djaoras an Hatumata Djaora zu bestellen.“ Der Bote ging hinein und rief sie dann in den Hof. Hatumata erwartete sie und fragte: „Was läßt mir mein Mann sagen?“ Die sieben Mörder antworteten: „Dein Mann läßt dir sagen, du sollest uns sein Gold geben, das er unter deinem Bette gelassen habe, und das von seinem Kopfe bis zu seinen Füßen reichte.“ Hatumata sagte: „Wartet, ich will meinen Vater rufen, damit er Zeuge dafür ist, daß ich nichts Unrechtes tue, indem ich die Botschaft aus= führe.“ Die sieben Mörder warteten. Der Vater Hatumatas ward gerufen, er kam mit seinen Sklaven in den Hof.

Hatumata sagte: „Nun wiederholt die ganze Botschaft, die mein Mann euch aufgetragen hat." Die sieben Mörder wiederholten Kides Rede und sagten: „Dein Mann hat uns gesagt: ,Sagt zu meinem Weibe Hatumata, ich hätte euch gesandt, damit sie euch das Gold gebe, das unter ihrem Bett liegt und von meinem Kopfe bis zu meinen Füßen reicht. Wenn sie euch dann nicht glauben sollte und euch um weitere Erkennungszeichen angeht, so sagt: vom Morgen bis zum Abend sei der Kamerad mit den langen Hosen bei mir, vom Abend bis zum Morgen sei der alte Kamerad mit dem vorgestreckten Halse bei mir, und ich erwarte den Kameraden ohne Hände und Füße. Wenn ihr das Hatumata sagt, so wird sie meine Absicht genau erkennen und sicher dafür sorgen, daß ihr das Gold erhaltet, das ich euch schulde.' Das hat dein Mann uns gesagt. Nun gib uns das Gold."

Hatumata sagte: „Mein Vater, du hast alles gehört. Du kennst diese Männer. Es sind Leute, die sich um meinen Besitz beworben haben, aber abgewiesen wurden. Sie konnten also mit Kide, den sie beneiden mußten, nichts Gutes vorhaben und können ihm auch schwerlich einen Dienst erwiesen haben, den er mit vielem Golde lohnen müßte. Kide hat kein Gold zurückgelassen. Die Bestellung, die er mir aus dem Busch durch die Leute hat zukommen lassen, hat einen anderen Sinn. Das Gold, das von seinem Kopfe bis zu seinen Füßen reicht, ist das Blut, das dem Ueberfallenen vom Kopf bis zu den Füßen überströmt. Der Kamerad, der vom Morgen bis zum Abend bei ihm ist, der Kamerad mit den langen Hosen, ist der Geier, dessen Federn bis auf die Klauen herabreichen. Er hackt an seinem Leibe tagsüber. Der Kamerad, der vom Abend bis zum Morgen bei ihm weilt, der alte Kamerad mit dem vorgestreckten Kopfe, das ist der Schakal, der nachtsüber an ihm zerrt. Der Kamerad, auf den er wartet, der Kamerad ohne Hände und Füße, das sind die Würmer, die den Leichnam auf= suchen werden, um ihn zu vernichten. Die Ab= sicht Kides ist vollkommen klar; wenn er sagt, daß diese sieben Mörder das Gold erhalten sollen, das Kide ihnen schuldet, so heißt das, daß ich ihr Blut ebenso vergießen soll, wie sie dasjenige Kides vergossen haben. Das ist das Gold, das ich ihnen geben werde. Vorher wollen wir aber auf dem Wege nach dem Dorfe von Kides Vater die Tat feststellen, Kides Leichnam suchen und ihn bestatten. Denn es war ein kluger Mann, der eine ehrliche Bestattung erfahren muß."

Die Hörigen des Vaters Hatumatas fesselten die sieben Mörder. Man suchte und fand den Leichnam Kides. Man bestattete Kide und ließ über seinem Grabhügel das Blut der sieben Mörder fließen.

Seitdem das geschehen ist, sollte niemand danach trachten, eine reiche Heirat zu machen, sondern jeder danach sehen, eine kluge Frau oder einen klugen Mann zu ehelichen. — — —

II. Reineke u. Cie. im Busch.

Was das Volk sich erzählt.

(Zur Einführung.)

Dieses muß unbedingt als feststehende Tat=
sache im Auge behalten werden: wo das eine Volk
das andere beherrscht, werden die Vertreter des
ersteren immer bereit sein, die Unterworfenen von
oben herab anzusehen, sie allzu gering einzu=
schätzen, sich über die Schwierigkeiten, die Eigen=
tümlichkeiten des anderen zu durchschauen,
hinwegtäuschen. Solange nicht eine Rassen=
mischung eintritt, solange nicht familiäre Be=
ziehungen angeknüpft werden, solange nicht die
Frauen des eingeborenen, unterworfenen Volkes
den Herren der Herrschenden auf das Lager folgen,
solange wird ganz entschieden eine Kluft zwischen
beiden herrschen; sie werden sich beide nicht ohne
weiteres verstehen können, und das Traurige an
der Sache ist, daß das Herrenvolk sich über die
Unkenntnis und die Schwäche seiner Beurteilung
des anderen gar nicht klar wird. So habe ich denn
während aller meiner Reisen in Nord= und West=
Afrika selten Europäer gefunden, welche den
unterworfenen Eingeborenen und ihrer Kultur ein

tieferes Verständnis entgegengebracht hätten. Man herrscht, — das ist bequem! Der andere hat zu dienen, und er dient; weshalb soll man sich da viel quälen mit den niederen Geschöpfen! So ist es denn kein Wunder, daß die Europäer im allgemeinen gar nicht wissen, welche feinen Gebilde diese Seelen der Unterworfenen darstellen, mit welcher Intimität diese „Primitiven“ die Welt und die Menschen und das Leben auf dieser Erde betrachten, welche Regungen in ihren Seelen vorgehen, und welche Beziehungen auch diese Völker zu der göttlichen Kunst haben. So manches Mal, wenn ich auf einer Station ankam und den Leiter derselben fragte, wie es denn nun mit der Dichtkunst der Eingeborenen stehe, mit ihren Märchen und Sagen, wie oft habe ich dann ein höhnisches Lächeln und wegwerfende Bemerkungen als Antwort erhalten; wie oft ist mir dann gesagt worden: „Ach, die Gesellschaft hat nichts derartiges!“

Und doch bin ich heut' zu der Ueberzeugung gekommen, daß es in Afrika wohl kein Volk gibt, das nicht seine Dichtkunst, seine Volkskunst besäße, und wenn ich bei manchen Stämmen auch nichts auftreiben konnte, wenn ich bei manchem Volke die Antwort erhielt: sie, gerade sie hätten dergleichen nicht, so kann ich das nur entweder auf die Ungeschicklichkeit meines Fragens, oder auf die Faulheit meiner Dolmetscher, oder auf die Verschüchterung des Volkes im allgemeinen zurückführen.

Die Afrikaner sind Dichter wie alle anderen Völker.

Ich spreche jetzt nicht von jenen Barden=
gesängen, die von einer Zunft bewahrt und hoch=
gehalten und weiterentwickelt werden; ich spreche
jetzt von dem, was das Volk selbst besitzt, was
das Volk sich erzählt; von jener Kunst, mit der
die Eingeborenen, die braunen, die schwarzen und
die roten sich die Stunden der Ruhe verschönen.
Hunderte und aber Hunderte solcher Erzählungen
konnte ich im Laufe der Zeit einheimsen; und
wenn ich von diesen dann und wann im Freundes=
kreise das eine oder andere zum besten gab, dann
wurde ich gefragt: „Wie machen Sie es, daß Sie
zu solchen Erzählungen kommen?"

Um das zu verstehen, muß man den Zauber
des Lagerfeuers, — nicht des europäischen, sondern
das der Eingeborenen kennen gelernt haben.

Die Natur hat Afrika ein schweres Joch auf=
erlegt: das ist die erdrückende, quälende, er=
müdende Hitze des Tages, — und wer da glaubt,
daß die Völker dieser roten Scholle immer nur
tatenlos und frei von der Arbeit dahinvegetieren,
daß die tropische Ueppigkeit ihnen alle Nahrung
und Kleidung in den Mund wachsen läßt, der
irrt sich. Der Afrikaner muß arbeiten im Schweiße
seines Angesichts wie jedes Volk dieser Erde,
und gerade die brennende Kraft der tropischen
Sonne macht solche Arbeit nicht leichter.

Die Natur hat Afrika ein großes Gnaden=
geschenk gegeben: das ist die kühle Frische des
Abends. Keine Ruhe, kein Frieden, keine Er=
quickung kann uns Europäer in Europa mehr
erfrischen, als den von der Tagesglut und der

Tagesarbeit im Muskel= und Knochenwerk er=
schlafften Neger seine kühle Abendstunde. Wenn
am Tage allzu drückende Glut und Arbeit
den Körper und den Geist angreifen, so regt die
Abendkühle den ruhenden Körper und un=
betätigten Geist doppelt an. Des Abends wird
der Neger lebendig. Und wenn nach dem
Sonnenuntergange allenthalben die Feuer auf=
flammen, vor den Hütten oder in den Häusern
oder im Lager, wenn die Frauen den Brei ge=
bracht und die Männergesellschaft ihn genossen
hat, wenn der Sternenhimmel dann über der
Steppe und über dem Walde erstrahlt, wenn dann
der Humpen mit Palmwein oder Bier in der
Runde kreist, dann beginnt das Blut warm durch
die Adern zu kreisen, und je kühler es draußen
ist, desto lebendiger wird es in den Köpfen der
dunklen Burschen.

Dann beginnt der eine oder der andere sein
Märchen zu erzählen.

Der Stumpfsinn des Tages und der Witz
des Abends gehören zum Neger als zwei sich
ergänzende Faktoren; und leider, leider sehen die
meisten Europäer von beiden immer nur den
ersteren und hören selten vom letzteren. Und doch
ist das, was in diesen Stunden erzählt und be=
lacht, in rhythmischem Wiedersange wiederholt, be=
klatscht und bejauchzt wird, wahrlich nicht die
schlechteste Poesie, die diese Erde hervorgebracht
hat. Sicherlich: es ist kein Goethe und kein Dante
unter diesen braunen Leuten bislang geboren
worden. Aber wenn wir bedenken, daß diese

Menschen noch nicht im Zeitalter der Dichter an=
gelangt sind, sondern daß sie alle noch in jener
Periode der Kultur leben, in der die Volks=
dichtung die Stoffe formt und weitergibt, die als
lebende Kunst hier ebenso Geltung hat, wie bei
uns im Mittelalter, — wenn wir bedenken, daß
diese Märchen einem Milieu entspringen, das den
Spinnstuben gar ähnlich ist, wenn wir bedenken,
daß hier Stoffe lebendig sind, die dort die Völker
und die Erwachsenen erzählen, wie sie hier das
Kinderherz erfreuen, und wie sie bei uns in Europa
noch aus Tausenden von Muttermündern den
Sprossen alle Tage erklingen, dann können wir
doch nicht anders urteilen als: diese Völker stehen
uns nicht sehr weit nach.

In den ersten Teilen erzählte ich von Rittern
und edlen Damen und Barden. Das sind die
Kultur= und Kunstschöpfungen einer höheren Art,
einer edleren Kulturperiode, in denen eine Sänger=
zunft schon Recht und Macht und Dichtkunst übte.
In dem, was die schwarzen und braunen Völker
Afrikas sich sonst erzählen, ist von solchen Dingen
nicht die Rede. Der Recke und Held ist noch
nicht erstanden. Noch feiert das Volk seine
Triumphe in der Glorifizierung des Listigen, des
Geschickten. Nicht im starken Kampfe messen sich
die Kräfte, sondern in geschmeidiger Ueberlegen=
heit zeigt sich die Geschicklichkeit des Listigen.

Am besten erkennt man das aus den Tier=
epen. Es gibt wohl kein Volk in Afrika, das nicht
seinen Reineke Fuchs besäße, wenn auch die dia=
lektische Form eines Mittelalters noch nicht ge=

funden ist, und wenn auch kein Goethe solche Form zu klassischer Größe entwickelte, wenn auch kein Aesop allzu pedantische Moralschätze hinein= versenkte. Das ist etwas sehr Merkwürdiges! Der Reineke Fuchs ist nicht ein Besitztum jener höheren Kulturformen, aus der unsere Völker entstanden, — es ist ein Besitztum älterer Zeit, hervorgegangen aus dem Kulturzustande weit vergangener, weit hinter uns liegender Jahrtausende. Die Afrikaner haben ihren Teil davon erhalten, und wenn sie auch sicher nicht den Reineke Fuchs selber her= vorgebracht haben, so wird ihnen doch niemand das ehrende Urteil vorenthalten können, daß sie solche Epen, solche Tiergeschichten mit vollem innerlichen Wert erhalten und in ihrer Form weiterentwickelt haben. Witz und List dieser saty= rischen Beobachtungen des Allzugierigen, die Preisung des klug Ueberlegenen, sind in so vielen Hunderten und aber Hunderten von Beispielen er= halten und strömen aus so vielen Gegenden dem Forscher entgegen, daß man nicht anders sagen kann, als die Afrikaner haben dieses Senfkorn mit vollstem Verständnis, mit größter Liebe und Sorgfalt gepflanzt und wieder und immer wieder gesät und geerntet. Wir wissen heute, daß die Reineke Fuchs=Legende alt mythologischen Stoff darstellt. Solcher Sinn ging den dunkelhäutigen Völkern Afrikas verloren, wenn es auch dereinst nicht schwer sein wird, gerade aus diesem Erd= teile die wertvollsten Erkenntnisse, den Ursprung betreffend, einzuheimsen. Aber der Reineke Fuchs des Negers wird für die Weltgeschichte

der Dichtkunst, der Volkskunst nicht seinen Haupt=
wert in den bedeutungsvollen kosmogonischen Ge=
halt solcher Herrschaft erkennen, sondern wird den
afrikanischen Reineke Fuchs als die Zusammen=
fassung einer ungemeinen Tiefe des Witzes an
erster Stelle buchen.

Solches ist der Sinn und die Art und der
Wert der Tierepen, die an den Lagerfeuern Afrikas
alltäglich und allabendlich vorgetragen und im
rhythmischen Rundsang von der lauschenden
Hörerschaft miterlebt werden.

Bei uns in Deutschland ist Reineke der Fuchs
und sein unermüdlicher Partner der Gierschlung
Wolf. In Afrika wechseln die Gestalten von
Volk zu Volk. Bei den nordöstlichen Völkern
tritt an Stelle des Fuchses der Schakal, bei nord=
westlichen Stämmen der Hase, dann das Ka=
ninchen. Bei Westafrikanern bald die Spinne,
bald die Schildkröte; weiter im Süden, im Kongo=
gebiet, bald eine kleine Zwergantilope, bald ein
kleines Nagetier. Und ebenso wie beim Reineke
ist es mit dem Gierschlung. Die Tiere sind in
diesen Epen durchaus mit menschlichen Eigentüm=
lichkeiten ausgerüstet. Sie rauchen die Pfeife, sie
bereiten den Brei, sie furchen den Acker, sie wan=
dern mit Tragkörben; Büffel steigen auf die
Bäume, Vögel kriechen unter die Erde, Spinnen
klettern bis zum Himmel empor. Es sind eben
die Tiere nichts anderes als Vertreter mensch=
licher Eigentümlichkeiten und menschlicher Ge=
stalten. Keine andere Gruppe der Volkserzählung
ist so verbreitet in Afrika wie diese Tierepen.

Keine andere bringt den Völkercharakter dieser Menschen besser zum Verständnis; in keiner anderen spiegeln sich die Gedanken, die Wünsche, die Hoffnungen der dunklen Menschen besser wieder als in ihnen.

Und so mag denn die folgende Zusammenfassung der inhaltlich witzigsten Stücke aus unserer umfangreichen Manuskriptsammlung an dieser Stelle Aufnahme finden. Mag der Leser nun selbst die Afrikaner reden hören und mir gestatten, mich zu entfernen.

Am Lagerfeuer

1. Aus Senegambien.

Reineke im Kuhbauch. Reineke (Sonsanni, das Kaninchen) hatte eine neue Weise ausfindig gemacht, zu einem guten, fetten Fleische zu gelangen. Auf den Wiesen an einem Bache nahe dem Dorfe der Fulbe weideten deren Kühe. Reineke kroch in deren After hinein und schnitt sich überall von dem besten und fettesten Fleische ab. Er packte es zusammen und ging auf demselben Wege wieder heraus und brachte so herrliche Speise heim. Dabei hütete er sich wohl, vom Herzen, den Nieren oder der Leber etwas zu verletzen. Er unternahm diese Wanderungen oft, und so kam es, daß er, seine Frau und seine Kinder rund und fett wurden, — derart, daß es den anderen Tieren auffiel.

Die Frau Gierschlungs (Surukku, des Schakals), der dicht bei dem Gehöft Reinekes lebte, beschloß eines Tages festzustellen, welches wohl die Speise war, die die Familie Reinekes zurzeit genoß. Sie ging eines Abends gegen die Essenszeit hinüber und bat Frau Reineke um etwas Feuer. Sie schnüffelte dabei umher und merkte, daß aus dem Topfe über dem Feuer allerdings ein sehr feiner Duft aufstieg. Sie nahm den Brand, den ihr die Frau Reinekes gab, mit, pißte aber, als sie ein Stück weit gegangen war, darauf, so daß er ausging und sie nochmals um= kehren und das zweitemal um Feuer bitten mußte. Das wiederholte sie mehrere Male, bis endlich Reineke heimkam und seine Frau ihm das Essen vorsetzte. Nun blieb sie ein wenig stehen, unter= hielt sich mit ihm und veranlaßte ihn so, ihr eine Handvoll Essen zu reichen. Mit dem Essen und dem Feuer kehrte sie zu ihrem eigenen Manne zurück und sagte zu ihm: „Das ist von dem aus= gezeichneten Essen, das Reineke alle Tage hat, und von dem er und seine Angehörigen dick und fett werden. Sieh, daß du erfährst, wie man es erhält.''

Gierschlung aß davon, fand es ausgezeichnet und ging sogleich herüber zu Reineke und fragte: „Sage mir, wo man das erhält, damit ich auch davon bekomme.'' Reineke sagte: „Das ist zu schwierig.'' Gierschlung sagte: „So wollen wir gemeinsam hingehen.'' Reineke sagte: „Gut, wir wollen morgen früh hingehen, wollen aufbrechen, wenn die Hähne krähen.'' Gierschlung sagte: „Es ist gut so!'' Gierschlung ging nach Haus und schlug seine Hühner, so daß sie krähten. Er kam wieder angelaufen, weckte Reineke und sagte: „Komm, die Hähne krähen!'' Reineke sagte: „Ach, es ist noch nicht Morgen. Warte, bis die Sonne den Himmel rot färbt.'' Gierschlung ging fort, schichtete das Holz auf, das in seinem Hause war, und brannte es an, so daß es ein großes

Feuer gab. Dann kam er zu Reineke zurück, weckte ihn und sagte: „Komm, der Himmel ist rot gefärbt." Reineke sagte: „Ach, es ist noch nicht Morgen, warte, bis es Tag ist! Ich werde eine Nadel in den Strohhaufen dort werfen. Suche sie. Wenn du sie gefunden hast, können wir gehen." Gierschlung suchte die Nadel, und da sie im Stroh sehr schwer zu finden war, fand er sie nicht eher, als bis es Tageslicht war. Als er die Nadel gefunden hatte, brachte er sie Reineke, und der sagte: „Es ist gut, wir können nun gehen."

Reineke ging mit Gierschlung auf die Wiese am Bache, auf der die Kühe der Julbe weideten, und sagte zu seinem Begleiter: „Wir wollen nun in eine Kuh gehen. Wir gehen durch den After hinein und schneiden aus dem Innern so viel gutes und fettes Fleisch heraus, als wir haben wollen. Nur darf man nicht an Herz, Leber und Nieren schneiden, sonst stirbt die Kuh und wir können nicht wieder heraus." Gierschlung sagte: „Gut, so wollen wir es machen." Sie krochen hinein. Kaum waren sie aber im Innern, als Gierschlung sogleich und geschwind Herz, Leber und Nieren abschnitt, so daß die Kuh sogleich umfiel und tot war. Gierschlung kroch in seiner Angst sogleich in den Magen der Kuh, Reineke aber schlüpfte eilig in den Blinddarm.

Nach einiger Zeit kamen die Leute und fanden die tote Kuh. Sie zogen das Fell ab und begannen sie zu zerlegen. Als sie den Wanst auf=

geschnitten und den Inhalt herausgezogen hatten, trennten sie zunächst den Blinddarm ab und warfen ihn über den Bach hinweg. (Sie essen den Blinddarm nicht!) Reineke schlüpfte schnell heraus und rief: „Oh, ihr habt mich mit Unrat beworfen, während ich hier ruhig lag. Ihr habt meine Kleider von oben bis unten beschmutzt." Die Leute sagten: „Wir bitten dich um Entschuldigung, der Schmutz kam aus dem Blinddarm einer Kuh, den wir hinausgeworfen hatten." Reineke sagte: „Mit der Entschuldigung ist es nicht getan." Die Leute sagten: „Komm herüber, wir wollen dir von dem Fleische abgeben." Reineke wusch sich im Bach, kam herüber und setzte sich zu den Leuten.

Reineke sagte: „Daß ihr gute Leute seid und mir Fleisch abgebt, dafür will ich euch auch sagen, was es hier gibt. Wie ich da drüben lag, sah ich, wie Gierschlung in die Kuh hineinkroch und wie sie nach einiger Zeit umfiel. Sicher hat er sich im Magen versteckt. Bindet ihn fest zu und schlagt ordentlich darauf, bis er tot ist." Die Leute taten so. Als sie gründlich daraufgeschlagen hatten, sagte Reineke: „Wartet, ich will sehen, ob er tot ist." Er schnitt ein Stück gutes Fell ab, hielt es an den Magen und sagte: „Gierschlung, lebst du noch?" Gierschlung schnüffelte. Reineke sagte: „Schlagt weiter!" Es wiederholte sich mehrere Male, bis endlich Gierschlung ausgelebt hatte und nicht mehr schnüffelte. Dann öffnete man den Magen und fand Gierschlung. Die Leute sagten: „Du hast recht gehabt." Darauf gaben sie ihm einige große Stücke Fleisch und den Kopf der Kuh. —

Reineke nahm den Kopf und legte ihn auf einen Sumpf, so daß die abgeschnittene Seite auf der Erde im Morast war und Augen und Hörner gen Himmel sahen. Ein Eichhörnchen ging vorüber. Reineke sagte zu ihm: „Komm' in meinen Sack und bewege dich darin, so daß ich sagen kann, das wäre mein großes Zaubermittel; ich werde dich gründlich bezahlen." Nkere, das Eichhörnchen, war es zufrieden. Es schlüpfte in den Sack. Reineke setzte sich dann neben den Kuhkopf.

Es kamen einige Diula (Wanderkaufleute) des Weges. Reineke sagte zu ihnen: „Die Kuh des Königs ist in den Sumpf gefallen. Wollt ihr sie herausziehen?" Die Diula sagten: „Sehr gern!" Sie packten an und hoben den Kopf heraus. Reineke sagte: „Ach, jetzt habt ihr den Kopf der Kuh des Königs abgerissen. Ach, was wird der König sagen!" Die Diula befiel ein gewaltiger Schrecken. Sie sagten: „Was ist da zu machen?" Reineke sagte: „Das ist eine schwierige Sache, aber ich habe in diesem Sack ein ausgezeichnetes Zaubermittel. Wenn ihr mich bezahlt, will ich die Sache in Ordnung bringen." Die Diula sagten: „Wir wollen dir viel Salz geben." Reineke sagte: „So gebt das Salz!" Die Diula gaben Reineke eine halbe Last Salz und zogen weiter.

Nkere kam heraus und sagte: „Nun zahle mich. Teile das Salz mit mir." Reineke gab Nkere nur wenig ab. Nkere sagte: „Gib mehr."

Reineke sagte: „Man wird das schon nachher be=
zahlen." Nkere sagte: „Es ist gut, dann gehe ich
zu den Diula und erzähle ihnen, wie du dich
betragen hast." Nkere lief fort und hinter den
Diula her. Reineke rief laut: „Ihr Diula, eben
läuft mein Nkere fort, schlagt mir mein Nkere
tot." Die Diula ergriffen Knüttel und warfen
damit nach Nkere. Sie trafen Nkere. Nkere war
tot. Ein Diula brachte Reineke Nkere. Reineke
sagte: „Danke sehr." Die Diula gingen weiter.

Reineke nahm sein Fleisch, das Salz, das
Nkere und ging damit nach Haus. — — —

| Reineke vergiftet die Tiere. | Reineke (Sonsanni, das Kaninchen) versteckte seine Mutter und sandte eine Nachricht an die Tiere, welche |

lautete: „Meine Mutter ist gestorben!" Gleichzeitig
bereitete er ein starkes Gift und schüttete es
darauf in die Hälfte seines Dolo (Bier). Nach
einiger Zeit kamen die ersten Trauernden, die
Tumina (Antilopen). Die Tumina sangen und
weinten: „Unsere gute Mutter ist gestorben, unsere
gute Mutter ist gestorben!" Reineke sagte: „Ja,
meine Mutter ist gestorben, meine gute Mutter
ist gestorben! Und es ist hübsch von euch, daß
ihr zum Begräbnis gekommen seid. Nun unter=
brecht aber ein wenig eure Klagen und trinkt ein
wenig von meinem Dolo (Hirsebier)." Eine Anti=
lope nach der anderen trank. Reineke führte sie

in seine Hütte, und da starben sie dann infolge des Giftes. Also starben die Antilopen und füllten die erste Hütte mit gutem Fleische.

Darauf kamen die Simba (Elefanten). Er machte es mit ihnen genau so, — dann traf die Gesellschaft der Djarra (Löwen) ein. Er machte es mit ihnen genau ebenso. Alle Tiere kamen, und alle Tiere starben also in der Hütte Reinekes.

Endlich kamen auch die Sonsanni (Kaninchen), die Verwandten Reinekes, sangen und weinten: „Unsere gute Mutter ist gestorben, unsere gute Mutter ist gestorben!" Reineke sagte zu ihnen: „Weint nicht, sondern trinkt von meinem guten Dolo." Die Sonsanni sagten: „Wir sind Verwandte der Toten, wir wollen nicht trinken, sondern wir wollen klagen." Darauf sagte Reineke: „Ach, meine Mutter ist noch gar nicht gestorben, ich habe das alles nur gesagt, um für uns alle Fleisch zu erlangen. Ich werde euch das Fleisch zeigen." Die Sonsanni sahen darauf die Hütte mit Fleisch. Die Mutter Reinekes kam aus dem Versteck. Alle wurden vergnügt, tranken von dem Dolo, das nicht vergiftet war, und bereiteten sich Speise.

Damals blieb von allen Tieren nur wenig übrig. Vorher hatte es sehr viele gegeben, und es würde heute noch ebensoviele geben, wenn die Sonsanni nicht so viele aufgegessen hätten.

Der geschundene Gier-schlung beim Beschneidungsfest.

Reineke rief alle Leute zusammen, daß sie zu ihm kämen und mit ihm im Dorfe seiner Schwiegereltern das Beschneidungsfest feierten. Alle Leute kamen zu Pferde. Reineke hatte kein Pferd. Er sagte: „Reitet nur voraus, ich will mein Pferd holen und komme dann nachgeritten." Die anderen ritten zusammen voraus. Reineke lief in den Wald und rief allen Tieren zu: „Wer will mein Pferd sein? Man wird dem Pferde Kuskus und Fleisch geben! Wer will mein Pferd sein?" Gierschlung hatte gerade nichts zu essen. Er hörte die Rufe Reinekes und kam herbei. Er sagte: „Wir sind von Mutterseite verwandt. Meine Mutter war eine Konkudama, deine Mutter war Sandama. Sandama und Konkudama waren Schwestern. Wir sind also verschwägert, und deshalb will ich dir als Pferd dienen. Du mußt mir aber ordentlich zu essen geben!" Reineke sagte: „Ich weiß, daß wir verwandt sind, und deshalb bin ich damit sehr zufrieden. Du sollst viel zu essen haben, Kukus und Fleisch." Gierschlung sagte: „Schön, aber du darfst mich nicht mit den Sporen treten, denn dann mußt du mich bezahlen." Reineke sagte: „Abgemacht, aber du mußt schnell laufen, denn die anderen sind schon gestern abgeritten und sind also schon voraus." Gierschlung sagte: „Habe keine Sorge, ich werde alle überholen." Reineke setzte sich auf Gier-schlung, und der lief mit großer Geschwindigkeit von dannen, so daß sie bald bei den anderen an-

Szene aus dem Beschneidungsfest der Malinke

kamen. Alle Leute sagten: „Du hast ein schönes, dunkelbraunes Pferd. Oh, Reineke hat ein schönes Pferd erhalten."

Reineke und die anderen trafen zu Pferde im Dorfe der Schwiegermutter ein. Alle banden ihre Pferde an kurze Pflöcke, Reineke aber band sein Pferd sehr fest an einen starken Baum. Nachher brachten die anderen ihre Pferde zum Fluß, damit sie tränken. Reineke sagte: „Mein Pferd ist aus der Sahara, daher trinkt es wenig, bringt ihm eine Kalebasse voll Wasser." Die Kinder setzten Gierschlung eine Schale mit Wasser hin. Nach= her ließen die anderen Leute ihre Pferde auf der Weide frei laufen, damit sie fräßen. Reineke sagte: „Mein Pferd ist aus der Sahara. Es ist nicht gewöhnt, viel zu essen. Gebt ihm ein wenig trockenes Stroh." Man warf Gierschlung Stroh hin. Er stierte es knurrend an und sagte zu Reineke: „Du hast mir versprochen, Fleisch und Kuskus bereiten zu lassen, und nun bekomme ich Heu!!" Reineke sagte: „Warte und überstürze dich nicht. Die Leute haben die Speisen noch nicht bereitet. Warte bis nachher." Dann aßen die Leute. Nachher kratzte Reineke das Essen zu= sammen und setzte es Gierschlung hin. Gier= schlung sagte: „So bin ich es eher zufrieden."

Am anderen Morgen fand das Wettrennen statt. Reineke sagte zu Gierschlung: „Sei heute ein gutes Pferd, damit ich das Wettrennen ge= winne. Nachher sollst du auch viel Fleisch und reichlich Zahlung erhalten." Gierschlung sagte: „Ich will es gern tun, nur gib mir nicht die

Sporen. Laß die anderen weit voranreiten, wir werden sie dennoch einholen." Reineke sagte: „Es ist gut so." Die anderen ritten weit vor. Reineke stieg dann langsam auf seinen Gierschlung. Er jagte hinterher. Gierschlung rannte mit Geheul dahin. Die anderen Pferde sprangen entsetzt beiseite. Reineke kam weit vor den anderen am Ziele an. Die Spielleute sangen: „Reineke ist ein großer Reiter. Reineke hat das beste Pferd!" Die Leute wiederholten den Wettstreit dreimal, dreimal gewann Reineke die Wette. Alle Leute lobten Reineke und sein Pferd.

Nachher band Reineke seinen Gierschlung wieder an den Baum, und abends gab er ihm wieder den Rest der Speisen zu essen. Am anderen Tage war das Beschneidungsfest. Einige Stunden, nachdem die Sonne aufgegangen war, kamen die Leute mit Schreien und unter Abschießen der Flinten ins Dorf zurück. Reineke nahm einen Knüttel auf die Schultern und hielt ihn, als wäre er ein Gewehr. Er ging bei Gierschlung vorbei und sagte: „Sie wollen jetzt über dich und mich herfallen, um uns zu erschießen, weil ich gestern mit dir das Rennen dreimal gewann." Gierschlung sagte: „Binde mich los, wir wollen schnell fliehen." Reineke sagte: „Ach, ich habe keine Furcht. Ich schieße erst zwanzig tot. Ein Mann wie ich läuft nicht fort." Dabei ging er mit seinem Knüttel stolz auf und ab. Gierschlung sagte: „Wenn du so dumm sein willst, so bleib! Ich will fort." Reineke band ihn nicht ab. Da riß und zerrte Gierschlung in furchtbarer Angst so lange an Strick und Baum, bis der gefesselte Fuß abriß. Dann rannte er auf drei Beinen schnell davon.

Reineke blieb aber noch im Dorfe und aß und trank gut. Man sprach viel davon, daß er der beste Reiter sei. Er hatte aber Gierschlung nicht zu bezahlen brauchen.

Der geprellte Gierschlung. Ein kleiner Bakoroni (Ziegenbock), Ulu (Hund) und Gierschlung (der Schakal) gingen gemeinsam in den Sumpf, um zu fischen. Sie erlangten drei Fische, und zwar einen großen und zwei kleine. Danach sagte Gierschlung: „Ich werde jetzt teilen." Er schob einen kleinen Fisch Bakoroni hin und einen kleinen Ulu. Den großen zog er auf seine Seite. Ulu sagte: „Du kannst nicht teilen. Ich werde das machen." Er schob einen kleinen Fisch Bakoroni und den anderen Gierschlung hin. Den großen aber zog er auf seine Seite. Bakoroni sagte: „Du kannst nicht teilen. Ich werde das machen." Er schob einen kleinen Fisch Gierschlung und den anderen Ulu hin. Den großen aber zog er auf seine Seite. Ulu sagte: „Ich werde noch einmal teilen." Damit ergriff er den großen Fisch, ließ die beiden kleinen liegen und lief, so schnell er konnte, mit der Beute von dannen.

Gierschlung machte sich sogleich auf und jagte hinter Ulu her. Ulu sprang in das Dorf. Gier=

schlung folgte ihm. Ulu sprang in die Haustür, da kam auch Gierschlung an und packte ihn im letzten Moment an der Ferse. Ulu rief laut: „Laß das Holz meines Vaters!" Darauf dachte Gier= schlung, er habe nur einen Holzpfahl erwischt, und ließ deshalb den Fuß Ulus frei. Ulu war ge= rettet und konnte das Haus verschließen.

Gierschlung kehrte zum Platze des Fisch= fanges zurück. Inzwischen hatte Bakoroni die anderen beiden Fische genommen und sich in ein Loch im Sumpfe versteckt. Nur die Hörner ragten heraus. Im Sumpfloche wollte er weiter fischen auf eigene Hand. Gierschlung fand weder Fische noch Bakoroni. Als er aber suchend über den Sumpf ging, stieß er seine Füße an den Hörnern Bakoronis. Gierschlung sagte: „Was ist das? Man soll mich nicht anrühren!" Er kam zurück und stieß wiederum die Füße an den Hörnern Bakoronis. Gierschlung sagte wieder: „Man soll mich nicht anrühren!" Er kam mehrmals über die Stelle und stieß sich an den Hörnern des Bakoroni die Füße. Er sah näher und erkannte Bakoroni. Gierschlung sagte: „So habe ich dich! Du hast mir meine Fische gestohlen." Er zog Bakoroni heraus. Er sagte zu Bakoroni: „Ich werde dich essen."

Bakoroni sagte: „Sieh, ich bin vom Wasser ganz naß. Wir wollen erst ein Feuer machen, damit ich trockne, dann kannst du mich essen." Gierschlung sagte: „Ja, so ist es gut." Bakoroni sagte: „Ich werde auf den Baum dort steigen und trockene Aeste herunterwerfen. Gierschlung sagte: „Ja, so ist es gut!"

Bakoroni stieg auf den Baum. Nach einiger Zeit schrie er laut auf, und dann sagte er nach dem Himmel hin: „Ich werde es machen, wie du mir sagst." Gierschlung trat an den Baum und sagte: „Was gibt es denn?" Bakoroni entgegnete: „Ach, es ist nichts Besonderes. Eben hat mich Gott gerufen und hat mir gesagt, ich solle ihm neun Felle des Löwen, neun Felle des Fuchses und neun Felle vom Gierschlung geben. Er sagte, ich brauche diese Tiere nur scharf anzusehen und dabei an meinen Bart zu fassen. Darauf habe ich geantwortet: Ich werde es machen, wie du mir sagst." Da bekam Gierschlung Angst. Er fragte: „Hast du es bei mir schon so gemacht?" Bakoroni sagte: „Noch nicht." Darauf lief Gierschlung schnell von dannen. Bakoroni stieg aber vom Baume und ging nach Hause. Auf diese Weise hatte Gierschlung nichts erhalten. — —

Bakoroni wallfahrtet. Bakoroni, das Böcklein, beschloß eine Wallfahrt nach Mekka. Er nahm eine Schüssel voll Honig auf den Kopf und machte sich auf den Weg. Er war noch nicht so sehr weit gekommen, als ein heftiger Tornado niederging. Er sah sich nach einem geeigneten Schutzdache um. Im Busch nebenan lag ein alter, umgestürzter Sira (Baobab=Baum), in dessen Fußende eine große Höhle war. Bakoroni ging hin und schlüpfte in die Höhle im Baoba=Baume. Als er sich aber darin umsah, gewahrte er, daß vorn schon der Gierschlung (Schakal), wenig da= hinter der Panther (Uarani = nkalla) und im Hintergrunde der Löwe (Uarraba) lagen.

In großer Angst setzte Bakoroni sogleich die Schüssel mit Honig hin. Gierschlung sagte: „Ich habe gehört, du wollest nach Mekka pilgern." Ba= koroni sagte: „Da hast du recht gehört. Ich bin auf dem Wege dahin." Gierschlung sagte: „Du hast im Dorfe Sebe (Zaubermittel, aus geschrie= benen Koransprüchen bestehend) gemacht. Das wird uns nun sehr fehlen. Vor der Abreise solltest du wenigstens noch eine Sebe für Uarraba (den Löwen) herstellen." Uarraba sagte: „Gierschlung hat recht, das solltest du tun." Bakoroni sagte: „Sehr gern will ich das tun. Es fehlt mir eine Sache. Tinte ist da, aber Haut, um das Sebe dareinzuwickeln, fehlt mir." Uarraba sagte: „Was für eine Haut brauchst du dazu?" Bakoroni sagte: „Eine Gierschlung=Haut ist die beste." Uarraba sagte: „Eine trockene oder eine frische?" Bakoroni sagte: „Eine frische ist am besten." Bakoroni sagte: „Unser Freund Gierschlung gibt sicher ein wenig Haut!" Damit zog er Gierschlung ein Stück Fell vom Bein. Gierschlung sagte: „Gut, nimm das. Es ist für Uarraba."

Bakoroni tauchte die Gierschlung=Haut in seinen Honig und sagte zu Uarraba: „Nun schließe die Augen und öffne den Mund." Uarraba tat es. Bakoroni warf das in Honig getauchte Haut= stück in den Mund Uarrabas und sagte: „Das fchluď'!" Uarraba verſchluckte es. Bakoroni ſagte: „Nun kannſt du die Augen wieder öffnen." Uarraba öffnete die Augen und ſagte: „Ich fühle, wie heilſam das iſt. Kannſt du das nicht zwei= mal machen?" Bakoroni ſagte: „Gewiß kann ich das zweimal machen, ja ſogar dreimal, — vor= ausgeſetzt, daß genug Gierſchlunghaut vorhanden iſt." Gierſchlung ſagte: „Sicherlich geht es noch mehrmals, aber ich werde dabei ſterben, wenn ich mein ganzes Fell hergeben ſoll." Uarraba ſagte: „Wenn du das noch einmal ſagſt, werde ich dir den Herrn zeigen, und dann wird es noch viel ſchneller mit dir zum Sterben gehen." So zog denn Bakoroni abermals ein Stück Fell dem Gierſchlung ab, tauchte es wiederum in den Honig, und alles ſpielte ſich ab wie das erſtemal.

Uarraba ſagte: „Ich fühle wiederum, wie heilſam das iſt. Könnteſt du es nicht noch einmal verſuchen?" Bakoroni ſagte: „Gewiß, ich kann damit bis zum Abend fortfahren." Da bekam Gierſchlung einen Schreck, er ſprang auf, aus der Höhle und von dannen. Uarraba ſetzte ſogleich hinter ihm her, um ihn einzufangen. —

Als Bakoroni mit Uarani=nkalla (dem Panther) allein war in der Höhle, ſagte er: „Höre, Uarani=nkalla, ich nehme an, daß wir ſehr gute Freunde ſind, ſonſt würde ich dem Uarraba ver= raten haben, daß deine Haut viel geeigneter für die Sebe iſt als die des Gierſchlungs. Ich denke alſo, wir ſind Freunde. Oder iſt es nicht ſo?" Da bekam auch Uarani=nkalla Angſt — er ſprang eilig von dannen, und nun war Bakoroni in der

Höhle allein und konnte gemächlich das Ende des Gewitters abwarten, um dann seinen Weg fortzusetzen.

Gierschlung traf eine anderes Mal Bakoroni auf dem Wege und packte ihn. Gierschlung sagte: „Ich lasse dich nicht lebendig von hier fortkommen, wenn du mir nicht drei Worte sagst, die wahr sind.“ Bakoroni sagte: „Wenn ich in mein Dorf zurückkomme und erzähle den Ziegen, der Schakal hätte eine Ziege gepackt gehabt und wieder laufen gelassen, so werden sie das nicht glauben.“

Gierschlung sagte: „Dieses Wort ist wahr, nun sage ein zweites.“ Bakoroni sagte: „Wenn du in dein Dorf zurückkommst und erzählst dem Schakal, ein Schakal hätte eine Ziege gepackt und sie wieder laufen gelassen, weil sie ihm die wahren Worte sagen konnte, so werden sie das nicht glauben.“

Gierschlung sagte: „Dieses Wort ist auch wahr, nun sage noch ein drittes.“ Bakoroni sagte: „Mein großer Gierschlung, du mußt dich schon vollkommen sattgegessen haben, sonst würdest du nicht so scherzen, sondern mich schon lange gefressen haben.“ Gierschlung sagte: „Ja, das ist auch wahr.“

Gierschlung ließ Bakoroni laufen.

2. Aus dem fernen Sudan.

Reineke und Gierschlung sammeln Honig. Reineke (Somba, das Kanin=chen) und Gierschlung (Katere, der Schakal) hatten den Auftrag, für den König Sibo (Honig) zu sammeln und in dessen Hof zu tragen. Sie gingen in den Busch. Jeder füllte seinen Topf. Als sie aber mit der Sammelarbeit fertig waren, konnte Gierschlung es sich nicht versagen, den Honig zu versuchen, und er fand ihn so vorzüglich, daß er ihn noch einmal und noch einmal versuchte, und daß zuletzt in seinem Topfe nur noch eine Handvoll Honig übrig war. Da nahm Gierschlung auch diesen Honig aus dem Topfe, füllte ihn ganz mit seinen Ex=krementen an und strich den Honig darüber, so daß man meinen konnte, der ganze Topf sei voll schönen Honigs.

Beide, Reineke und Gierschlung, nahmen ihre Töpfe mit Honig und trugen sie zum Könige. Der König wog die beiden Töpfe in der Hand, fand, daß derjenige Gierschlungs schwerer sei und gab ihn, weil er glaubte, es müsse wohl mehr darin sein, seiner Lieblingsfrau. Den leichten Topf Reinekes gab er seiner zweiten Frau. Die zweite

Frau fand, daß ihr Topf von unten bis oben voll ausgezeichneten Honigs war. Als die erste Frau aber mit der Hand hineinfuhr, fühlte sie, daß der Hauptinhalt wohl nicht in Honig bestehe. Sie zog die Hand heraus, ließ sie in diesem Zustande, ging zum König und demonstrierte ihm die Sache vor Augen und Nase. Der König sagte: „Warte, dem will ich aber auch mitspielen."

Die beiden Frauen machten nun für die Honigbringer Speise. Die zweite Frau, die den ausgezeichneten Honig Reinekes erhalten hatte, bereitete eine ausgezeichnete Speise aus feinem Mehl mit Salz, Fleisch und Kräutersauce. Die Frau, die den verunreinigten Honig Gierschlungs empfangen hatte, bereitete einen Flaten aus dem groben Mehl des roten Sorgums ohne Salz und Fleisch, und nur gekocht in schmutzigem Wasser. Die Speise für Gierschlung stellte man oben auf eine Plattform, die für Reineke auf die Erde.

Man brachte Gierschlung und Reineke an die Stelle, wies Gierschlung seine schlechte Speise oben, Reineke seine gute Speise unten an. Gierschlung sah seinen Flaten, versuchte ihn und fand, daß er ganz geschmacklos war. Er blickte herab und sah, daß in der Speise Reinekes Fleisch enthalten und darüber gute Sauce gegossen war. Da ließ er, wie zufällig, ein abgebrochenes Bällchen seines Flatens herab in die feine Speise Reinekes fallen und sagte: „Reineke, mir fiel von meiner Speise herab. Reiche es mir doch wieder herauf!" Reineke tat es. Gierschlung versuchte seine Speise, die nun mit der feinen Sauce Rei-

nekes überzogen war, und fand, daß das aus=
gezeichnet munde. Da konnte er es nicht unter=
lassen, noch ein Bällchen seiner Speise herunter=
fallen zu lassen. Es fiel, gut geworfen, wieder
in Reinekes Speise. Gierschlung sagte: „Reineke,
mir fiel von meiner Speise herab, — reiche es mir
doch wieder herauf.“ Reineke tat es, aber er
sagte: „Damit ist es nun genug! Behalte deine
Speise da oben! Ich habe keine Lust, mich in
einem fort stören zu lassen.“ Darauf mußte Gier=
schlung seine schlechte Speise zu Ende essen und
zusehen, wie Reineke da unten sein ausgezeich=
netes Gericht verzehrte.

Am anderen Morgen sagte der König: „Nun
werde ich euch für euren Honig bezahlen.“ Es
stand da die große Herde des Königs. Man hatte
eine dicke Schnur um den Hals einer Ziege und
eine dünne um den Hals eines jungen Stieres
gelegt. Die beiden Schnüre reichten bis zum
Platze, auf dem der König stand. Man konnte
aber nicht sehen, um welches Tier jede Schnur
gebunden war. Der König sagte zu Gierschlung
und Reineke: „Jeder kann sich nun an einer Schnur
aus der Herde der Rinder und Ziegen ein Stück
Vieh herausziehen.“ Gierschlung sagte: „Ich bin
stärker, ich will an der dicken Schnur ziehen.“
Gierschlung zog an der dicken Schnur. Er zog
die Ziege heraus. Reineke zog nun an der dünnen
Schnur. Er zog den jungen Stier heraus. Gier=
schlung beschwerte sich beim Könige und sagte:
„Das ist nicht gut verteilt. Das ist schlecht geteilt.“
Der König sagte: „Ich habe nicht gewählt, ihr

konntet ziehen, wie ihr wolltet. Aber meinethalben, zieht morgen noch einmal. Mag das nicht gelten, was heute geschah." Gierschlung war es zufrieden. Gierschlung gab seine Ziege, Reineke gab seinen jungen Stier zurück.

Am anderen Morgen ließ der König die dicke Schnur um den Hals des jungen Stieres, die dünne um den der Ziege legen. Aber man konnte vom Platze aus wieder nicht sehen, um welchen Tierhals die Schnur gelegt war. Der König sagte zu Gierschlung und Reineke: „Nun zieht euch jeder sein Stück Vieh heraus." Gierschlung sagte: „Ich hatte gestern Unglück, darum muß ich heute zuerst ziehen." Dann zog er an der dünnen Schnur, weil er meinte, sie sei wieder um den Hals des jungen Stieres geschlungen. Er zog die Ziege heraus. Darauf zog Reineke an der dicken Schnur. Er zog den jungen Stier heraus — wie am Tage vorher. Gierschlung sagte: „Das ist schlecht geteilt." Der König sagte: „Ihr habt selbst gezogen. Nun geht!"

Die beiden machten sich nun auf den Heimweg. Gierschlung führte seine Ziege, Reineke sein junges Rind hinter sich her. Als sie ein Stück weit gegangen waren, sagte Gierschlung: „Ach, meine Ziege ist an einem Fuße krank; sie kann nicht recht laufen. Ich werde das Bein einfach abschneiden." Reineke sagte: „Dann wird sie noch weniger laufen können." Gierschlung aber riß seiner Ziege ein Bein aus. Darauf sagte er: „Meine Ziege ist zu krank. Ich will ihr auch das zweite Bein ausreißen." Er riß ihr auch das zweite Bein aus. Danach begann er die ganze Ziege zu fressen, und es blieb nichts übrig als die Leber. Er hatte die ganze Ziege allein aufgegessen.

Nun nahm er das letzte Stücklein, die Leber, reichte sie Reineke hin und sagte: „Hier schenke ich dir etwas. Laß es dir recht gut schmecken." Reineke sagte: „Ich danke dir." Reineke dachte bei sich: „Es wird nachher womöglich Unfrieden geben. Ich will das lieber noch nicht essen, damit ich es nötigenfalls zurückgeben kann." Er steckte die Leber hinter sein Ohr. — Nach einiger Zeit sagte Gierschlung: „Ich habe dir meine Ziegen= leber gegeben, vergiß das nicht." Reineke zog die Ziegenleber hinter dem Ohr hervor und sagte: „Nein, ich vergesse es nicht, ich habe sie noch." Gierschlung sagte: „Iß sie nur. Das ist ja nur Scherz, daß ich noch einmal davon sprach." Rei= neke steckte die Leber hinter sein Ohr. — Nach einiger Zeit sagte Gierschlung: „Du hast da einen schönen jungen Stier. Uebrigens: Habe ich dir nicht vorher die Leber von meiner Ziege gegeben?" Reineke zog die Leber hinter seinem Ohr vor und sagte: „Gewiß hast du mir eine Ziegenleber ge= geben. Hier ist sie. Wenn du Hunger hast, nimm sie ruhig wieder zurück. Ich habe keinen Appetit." Gierschlung sagte: „Wie kannst du nur so etwas sagen! Ich scherze doch nur. Iß nun aber die Ziegenleber, sonst wird es dir noch schlecht werden." Darauf steckte Reineke die Ziegenleber wieder hinter das Ohr.

Inzwischen überlegte Reineke: „Das wird eine schwierige Sache, denn nachts kann Gier=

schlung mir meinen Ochsen mit Gewalt fort=
nehmen. Wie mache ich es? Ich möchte ihn doch
beiseite bringen." Reineke sagte laut zu Gier=
schlung: „Ich will dir etwas sagen, Gierschlung:
Ich bin es auch müde, meinen Stier immer hinter
mir her zu ziehen. Ich will ihn schlachten. Lauf'
du inzwischen zurück und hole Feuer, damit wir
uns ein gutes Essen kochen können. Gierschlung
sagte: „Das tue ich von Herzen gern." Damit
rannte er von dannen.

Inzwischen tötete Reineke den jungen Stier,
häutete ihn ab und zerlegte ihn. Er schnitt nun
den Schwanz ab und füllte alle guten Fleischstücke
in die Haut. Die Haut mit dem Fleisch steckte
er in ein Loch des Baoba=Baumes, unter dem
er geschlachtet hatte. Den Schwanz steckte er mit
dem blutigen Ende in die Erde, so daß die Quaste
in die Luft sah. Als Gierschlung in einiger Ent=
fernung zu sehen war, rief er: „Gierschlung, Gier=
schlung, mach' schnell, komm' schnell! Die Erde
frißt unseren jungen Stier. Sie hat ihn schon
bis zum Schwanze im Maul." Gierschlung stürzte
schnell herbei. Gierschlung sah das Schwanzende
aus der Erde herausragen. Er packte sofort an,
um mit aller Kraft das Tier der Erde zu ent=
reißen. Er zog aber nur den Schwanz heraus.
Das Ende blutete.

Reineke sagte: „Du hast ihm nur den Schwanz
ausgerissen. Das Tier selbst bekommen wir nicht
mehr, wenn du nicht schnell nachgräbst." Gier=
schlung aß aber zunächst den Schwanz, kaute die
Knochen gut ab und begann zu graben. Er fand

nichts. Reineke sagte: „Indem du den Schwanz aßest, hast du zu viel Zeit verloren." Gierschlung sagte: „Jedenfalls werden wir es da nicht mehr herausbekommen."

Nach einiger Zeit sagte Reineke: „Ich habe nur Scherz gemacht, Gierschlung, — wie du vorhin mit der Ziegenleber. Die Erde hat nicht den jungen Stier gefressen, sondern er ist da im Loch des Baoba=Baumes." Gierschlung sah hinauf. Er sah Blutspuren. Er sagte: „Ja, das scheint mir zu sein. Aber wie soll ich da hinaufkommen? Ich kann nicht klettern." Reineke sagte: „Ich werde dich hinaufschieben und von unten her dich stützen." Gierschlung sagte: „Ja, du darfst mich aber nicht fallen lassen." Reineke sagte: „Wir wollen es einmal versuchen."

Reineke schob nun Gierschlung den Baum hinauf. Er stützte von unten. Im Augenblick aber, da Gierschlung schon fast oben am Loche war und jedenfalls weit über der Erde, ließ Reineke wie versehentlich los. Gierschlung stürzte herab, mit dem Hinterende zuerst, schlug mit diesem Teile gegen den Boden und blieb wie tot liegen. — Gierschlung starb nicht. Er raffte sich nach einiger Zeit auf und kroch krank, wie er war, mühsam durch den Busch von dannen. Er erholte sich von dem Sturze. Aber bis heute sieht man an dem schwankenden Gange die Folgen des Sturzes.

Reineke aber hatte seinen jungen Stier für sich allein.

Reineke und Gier-schlung auf dem Raubzuge. Kinkirsi (ein kleiner Geist) machte sich ein großes, großes Haus. Das füllte er von oben bis unten mit trockenem Fleische an. Reineke (Somba) fand das. Er wußte hinein zu gelangen, entdeckte den Inhalt und trug ein wenig von dem trockenen Fleische ins Freie. Er kehrte zurück und holte noch mehr. Das tat er mehrmals. Als er eine Last voll hatte, ging er damit nach Hause. Am anderen Tage machte er es ganz ebenso. Demnach gab es im Hause Reinekes sehr viel zu essen.

Gegenüber von Reineke hatte Gierschlung sein Haus. Eines Tages ging Frau Gierschlung das Feuer aus. Sie ging also hinüber zu Frau Reineke, um sich einen neuen Brand zu holen. Als sie hinüberkam, sah sie einen großen Topf auf dem Feuer stehen, daraus stieg ein feiner Duft empor. Die Frau Gierschlung sah, daß das etwas Gutes war. Sie sah, daß Reineke und seine Leute in Bälde essen wollten. Sie ging ein Stück fort und löschte den Brand aus. Sie kehrte um und sagte: „Mein Feuer ist wieder ausgegangen, gebt mir einen anderen Brand." Sie zündete aufs neue an und ging von bannen. In einiger Entfernung löschte sie den Brand aufs neue, kehrte zurück und sagte: „Mein Feuer ist wieder ausgegangen. Gebt mir einen anderen Brand." Sie zündete also aufs neue an und ging von bannen. In einiger Entfernung löschte sie den Brand wieder aus. Sie kehrte zurück und

Speichertürme der Somno

sagte: „Mein Feuer ist schon wieder ausgegangen. Gebt mir einen anderen Brand."

Nun sah Reineke wohl, daß es der Frau Gierschlung nur darauf ankomme, zu erfahren und herauszubekommen, was in dem Topfe wohl enthalten sei. Deshalb rief er sie heran und sagte zu ihr: „Hier, versuche ein wenig." Er gab ihr von dem getrockneten Fleische ab. Frau Gierschlung aß davon. Doch ein wenig steckte sie zu sich und nahm es mit dem Brand zusammen heim.

Daheim lag ihr Mann, Katere, der Gierschlung, schläfrig auf der Erde und brummte, als sie kam: „Du bist lange fortgeblieben." Frau Gierschlung sagte: „Gewiß bin ich lange fortgeblieben. Dafür bringe ich aber auch eine gute Nachricht mit. Der Reineke da drüben, der ist noch ein guter Ehemann. Der bringt für seine Familie noch Fleisch zur Stelle. Ich habe einen faulen Mann! Ja, bei Reinekes gibt es Fleisch!" Gierschlung sagte: „Das ist nicht wahr!" Frau Gierschlung sagte: „Sie haben mir davon abgegeben. Hier ist noch ein Stück." Sie gab ihrem Manne das, was sie beiseite getan hatte. Der aß es und sagte: „Ja, das ist getrocknetes Fleisch." Sobald Gierschlung das verschlungen hatte, lief er hinüber zu Reineke. Gierschlung sagte zu Reineke: „Du hast ja Fleisch!" Reineke sagte: „Ja, ich habe wohl Fleisch, aber es gehört nicht mir. Ich habe es gestohlen." Gierschlung sagte: „Das ist ganz ausgezeichnet. Da holen wir gemeinsam. Wann können wir dahin gehen?" Reineke sagte: „Gut, ich will es dir zeigen." Gierschlung sagte:

„Wann können wir dahin gehen?“ Reineke sagte:
„Wir werden morgen, wenn der Tag weiß ist
(d. h. wenn die Sonne aufgegangen ist), dorthin
gehen.“ Gierschlung sagte: „Gut!“

Gierschlung ging wieder. Er ging aber nicht
zu Bett, sondern holte einen weißen Stoff her=
vor. Den breitete er weit aus, lief dann zu Rei=
neke zurück und sagte, indem er ihn weckte: „Die
Sonne ist schon aufgegangen. Der Tag ist schon
ganz weiß. Schau dort hin. Wir wollen nun
hingehen und von dem getrockneten Fleische holen.“
Reineke blickte auf und sagte: „Das ist doch wohl
noch nicht der weiße Tag. Da scheint mir jemand
einen weißen Stoff aufgehängt zu haben. Geh’
nur wieder auf dein Lager. Wir gehen nicht,
ehe nicht der Tag weiß ist.“ Gierschlung zog
wieder fort und warf sich auf sein Lager.

Als es so weit war, kam Gierschlung wieder
zu Reineke. Gierschlung hatte seinen Sohn mit=
gebracht. Gierschlung sagte: „Nun wollen wir
gehen.“ Reineke sagte: „Gehen wir.“ Sie gingen.
Reineke war allein. Gierschlung hatte seinen
Sohn mitgebracht, damit er derart noch mehr
schleppen könnte. Als sie nun an den großen
Speicher Kinkirsis gekommen waren, in dem das
getrocknete Fleisch aufgespeichert lag, sagte Rei=
neke: „Du siehst, der Speicher ist geschlossen.
Wenn man nun will, daß der Speicher sich öffne,
muß man rufen: „Kurie, Kurie! (Das soll heißen:
Tue dich auf!) Das darf man nicht vergessen.
Paß auf!“ Reineke schrie laut: „Kurie, Kurie!“
Darauf öffnete sich der Speicher. Reineke und

Gierschlung stiegen hinein. Der Sohn Gier=
schlungs blieb draußen.

Reineke steckte sich einiges in seinen Sack und
sagte: „Gierschlung, ich gehe jetzt." Gierschlung
sagte: „Ich will erst noch von dieser ausgezeich=
neten Sache genießen. Nachher packe ich auch auf
und werde mich mit meinem Sohne von dannen
machen." Reineke sagte: „Wie du willst." Dann
sprang Reineke zum Speicher hinaus und rief:
„Kurkib, Kurkib!" (Das soll heißen: Schließe dich,
deck dich zu!) Als er das rief, tat sich hinter ihm
sogleich der Speicher zu und Reineke lief von
dannen in das Dorf.

Gierschlung fraß noch ein wenig im Dunkeln.
Dann wollte er auch hinaus und sagte zu sich:
„Reineke hat mir ja das Wort gesagt, das man
nennen muß, wenn der Speicher aufgehen soll.
Wie war doch das Wort?" Es fiel Gierschlung
nicht ein. Darauf rief er seinem draußen war=
tenden Sohn zu: „Lauf' doch in das Dorf und
frage Reineke, wie das Wort hieß, mit dem der
Speicher zu öffnen ist." Gierschlungs Sohn sagte:
„Gut!" Er lief ins Dorf zu Reineke und sagte:
„Mein Vater läßt dich fragen, Reineke, wie heißt
doch das Wort, auf welches hin sich der Speicher
öffnet? Mein Vater hat es vergessen." Reineke
sagte: „Dein Vater soll nur sagen: Kurkib, Kur=
kib!" Der Sohn Gierschlungs lief wieder zurück.
„Du sollst nur sagen: Kurkib, Kurkib!" Darauf
rief Gierschlung: „Kurkib, Kurkib!" Der Speicher
schloß sich noch mehr. Gierschlung rief: „Kurkib,

Kurkib!" Der Speicherverschluß ward fester und fester.

Nach einiger Zeit kam Kinkirsi. Er trat an den Speicher und rief: „Kurie, Kurie!" Darauf öffnete sich der Speicher. Kinkirsi sah hinein. Im Innern erblickte er Gierschlung. Kinkirsi sagte: „Nun finde ich doch endlich den Dieb, der mir mein gutes Fleisch stiehlt." Gierschlung sagte: „Ich bin kein Dieb, ich bin nur so hier." Kinkirsi sagte: „Was machst du denn hier?" Gierschlung sagte: „Das ist nur Reinekes Schuld. Reineke hat mich hierher geführt." Kinkirsi sagte: „Wer ist denn dieser Reineke?" Gierschlung sagte: „Er ist fortgelaufen." Kinkirsi sagte: „Solange ich den Reineke nicht finde, werde ich mich an dich halten."

Dann schlug Kinkirsi Gierschlung tot.

Reineke foppt den König. Eines Tages machte Uego-naba (der Buschkönig, der Löwe) allgemein bekannt: „Kein Tier soll in Zukunft Siba (eine Art wilder Weintraube) essen. Ich will dieses Recht nur ganz allein für mich haben." Reineke hörte das auch und sagte bei sich: „Die anderen können ja zuletzt machen, was sie wollen, ich kümmere mich natürlich nicht darum. Ich werde die Siba nun gerade erst recht verzehren."

Eines Tages zog Reineke im Walde die Lianen und Zweige weit herunter und ließ sie dann frei zurück in die Luft schießen, so daß es

ein starkes Sausen und Brausen gab. Der Uego=
naba hörte das. Er kam eilig angelaufen, und
als er Reineke sah, fragte er ihn: „Was ist das?"
Reineke warf sich eilig nieder und sagte: „Welches
Glück für mich, daß der Uego=naba kommt. Du
allein kannst mir das Leben retten. Du hörtest
soeben schon den ersten Windstoß. Gleich wird
der große Sturm heranbrausen, der wird die Tiere
fortwehen. Auch der Elefant wird wie ein Blatt
von dannen geblasen werden. Nun tue mir die
Gnade an und binde mich an einen Baum recht
fest an." Als Uego=naba das hörte, sagte er:
„So geht das nicht. Erst muß ich, der Uego=naba,
festgebunden werden. Sogleich mußt du, Reineke,
mich an einem Baume festbinden." Reineke sagte:
„Wie du befiehlst." Darauf band Reineke den
starken Uego=naba fest, und als das geschehen
war, ging Reineke umher und aß alle Siba auf.
Um den König des Busches kümmerte er sich
nicht mehr, den ließ er angebunden.

Lange Zeit lag der Uego=naba am Boden,
ohne sich rühren zu können. Endlich kamen die
kleinen weißen Ameisen und begannen die Lianen=
stränge, mit denen der König festgebunden war,
zu benagen. So ward er denn wieder frei.

Nach einiger Zeit ließ der Uego=naba ver=
künden, daß er an einem bestimmten Tage ein
großes Fest und allerhand Opfer veranstalten
wollte. Es sollten sich alle Tiere zur Begehung
der Zeremonie einfinden. Auch Reineke, der das
hörte, begab sich sogleich zu Kango (Pelikan) und
sagte: „Ich habe eine wichtige Neuigkeit gehört.

Leih mir doch dein Kleid, daß ich es ein wenig anlege." Kango gab Reineke sein Kleid. Darauf lief Reineke zu Buruogo (Kronenkranich) und sagte: „Leih mir doch deine hübsche Kopfkappe. Ich habe eine wichtige Neuigkeit gehört, und da möchte ich hingehen und, um gut gekleidet zu sein, dies Stück von dir haben." Darauf lieh Buruogo seine Kappe dem Reineke.

Als der Tag des Festes gekommen war, legte Reineke das Federkleid Kangos an und setzte die Kronenkappe Buruogos auf. Niemand konnte ihn so erkennen, und so begab er sich an den Hof des Königs. Er sagte: „Guten Tag!" Der König sagte: „Was ist das?" Reineke sagte: „Ich wage es, zu deinem Geburtstage zu kommen, weil du alle Tiere eingeladen hast." Uego=naba sagte: „Wer bist du?" Reineke sagte: „Ich bin nur der Sohn des Termiten." Uego=naba sagte: „Das ist gut. Dein Vater hat mich seinerzeit befreit, als der schlimme Reineke mich gebunden hat. Nun will ich dich gerne und ausgezeichnet auf= nehmen."

Darauf ließ Uego=naba für Reineke eine Lagerstätte im Hause seiner ersten Frau bereiten. Auch ließ er gute Getränke bringen, und endlich ließ er einen Ochsen schlachten und die treff= lichsten Speisen bereiten. Reineke wurde danach untergebracht und legte sich auf sein Lager, nach= dem er ordentlich gegessen hatte. Reineke schlief fest und lange. Endlich sagte sich die erste Frau des Königs: „Der Gast, der Sohn des kleinen Termiten, schläft sehr lange. Er wird doch nicht

etwa krank sein? Ich werde einmal nachsehen."
Die Frau trat in das Haus. Reineke war im
Schlafe die Kronenkappe des Buruogo herab=
gefallen. Die Frau des Königs sah ihn mit ent=
blößtem Kopfe daliegen. Sie betrachtete den Kopf
des schlafenden Reineke und sagte: „Es ist ja
sehr auffallend, was für lange Ohren der Sohn
des kleinen Termiten hat. Er hat Ohren wie
Reineke. Ich muß das doch einmal dem Könige
sagen." Die Frau ging.

Die erste Frau ging zu Uego=naba und sagte:
„Der Gast, den du bei mir untergebracht hast, ist
nicht der Sohn des Termiten, das ist Reineke."
Der König sagte: „Das glaube ich nicht." Die
erste Frau sagte: „Du brauchst nur die Ohren
zu sehen. Seine Kappe ist heruntergefallen, so
kann man es ganz deutlich erkennen." Der König
sagte: „Ich kann es nicht glauben. Ich will noch
jemand hinsenden, der sich die Sache ansieht."
Der König sandte noch eine Botschaft. Der Bote
kam zurück und sagte: „Ich habe ihn im Hause
deiner Frau schlafend gefunden. Man erkennt
ihn an den Ohren. Das Tier sieht dem Reineke
sehr ähnlich."

Uego=naba sagte: „Dann müssen wir alle
helfen, diesen Reineke, der mich zweimal hinter=
gangen hat, zu töten." Der König rief alle seine
Sklaven und sagte: „Nehmt Stöcke, geht hinein,
schlagt Reineke tot." Dann stellte der König rund
um das Haus viele Hunde auf, damit, wenn
Reineke doch aus dem Hause entkomme, die Hunde
über ihn herfallen und ihn totbeißen sollten. Die

Sklaven gingen hinein. Sie schlugen nach Rei=
neke. Reineke aber sah sich vor, nahm seinen
Rucksack und sprang hoch und weit über die
Sklaven fort.

Draußen wollten die Hunde über ihn her=
fallen. Reineke setzte von dannen. Als der erste
Hund ihn fast erreicht hatte, warf Reineke ihm
einen Knochen hin aus dem Sack. Sogleich packte
der Hund danach, schleppte ihn beiseite und nagte
an dem Knochen herum. Ein Hund nach dem
anderen fiel so beiseite, zuletzt war nur noch ein
ganz alter bissiger Hund da, der wollte bis dahin
keinen Knochen nehmen, sondern hatte es darauf
abgesehen, Reineke zu ergreifen. Reineke hatte
aber in seinem Sack noch einen Knochen mit
einem großen Stück Fleisch daran. Diesen Knochen
hielt Reineke lange Zeit hinter sich, so daß der
große Hund ganz gierig danach wurde. Endlich
schnappte der große Hund danach und schleppte
ihn beiseite.

Eine Zeitlang war nun Reineke seine Ver=
folger los. Als er aber ganz dicht am rettenden
Walde war, setzte der alte Hund wieder hinter
ihm her, und in dem Augenblick, da er in das
Buschwerk springen wollte, packte der Hund ihn
am Hinterfuß. Reineke lachte nun laut auf und
sagte: „Du beißt in ein Stück Holz, wo mein
Fuß daneben ist?!“ Darauf ließ der Hund den
Fuß los und biß in einen Ast. Reineke aber
entwich lachend in das Dickicht. —

Reineke kommt um seinen Lohn. Der Panther hatte einige Junge bekommen. Er ging in den Busch, um einige Kräuter zu suchen. Während er abwesend war, kam Norogo, der Hahn, der damals noch kein Haustier war, und der pickte allen Kindern des Panthers die Augen aus. Dann lief Norogo fort. Als Abaga, der Panther, zurückkam, fand er seine Kinder tot. Aber er konnte suchen, wie er wollte, er fand nicht den, der seine Kinder so zugerichtet hatte.

Abaga lief umher. Abaga traf Reineke. Abaga sagte: „Du könntest mir helfen! Während ich fort war, hat jemand meinen kleinen Kindern die Augen ausgehackt. Weißt du nicht, wie ich den Kerl, der das tat, erwischen kann?" Reineke sagte: „Ach, das ist wohl nicht so sehr schwer. Laß nur verkündigen, daß du ein großes Opferfest veranstalten willst, und daß alle Tiere dabei an deiner Haustür vorüberziehen sollen. Dann wirst du den Sünder schon erwischen. Sage nur, daß alle, von der größten Antilope bis zum kleinsten Norogo, eingeladen und zum Feste beordert werden. Du selbst setze dich an die Haustür und paß genau auf, was geschieht und wer kommt." Abaga sagte: „Das ist gut. Ich bin zufrieden, daß du mir helfen willst. Sorge du nur, daß alle kommen, von der größten Antilope bis zum kleinsten Norogo." Reineke sagte: „Es ist gut, ich werde das erledigen."

Reineke verkündete im Lande, daß alle Tiere, von der größten Antilope bis zum kleinsten Norogo, beim Abaga zusammenzukommen und bei

diesem großen Opferfeste an seiner Haustüre vor-
überzuziehen hätten. Norogo hörte das. Es wurde
ihm bänglich zumute. Er sagte: „Wie entziehe
ich mich der Sache? Es wird herauskommen!"
Er überlegte. Er sagte sich endlich: „Ich werde
mit Reineke sprechen und ihn um seine Hilfe
bitten." Norogo ging zu Reineke und sagte:
„Reineke, ich muß dir sagen, daß ich es gewesen
bin, der den Kindern des Leoparden die Augen
ausgepickt hat. Nun sind wir alle zum Feste geladen. Willst du mir helfen, daß das nicht her-
auskommt?" Reineke sagte: „Ja, ich will dir
helfen, wenn du mir zahlst." Norogo sagte: „Ich
will dir zahlen."

Abaga fragte nach einigen Tagen Reineke:
„Hast du alles angeordnet? Werden wir erfahren, wer meinen Kindern die Augen ausgepickt
hat?" Reineke sagte: „Ich habe alles angeordnet.
Paß nur auf Norogo und seine Familie auf, die
werden hinter mir sein. Du kannst dich darauf
verlassen. In der Familie ist der Sünder."
Abaga sagte: „Es ist gut." Am Festtage sagte
Nogoro zu Reineke: „Du hast doch nicht vergessen, was du mir versprochen hast?" Reineke
sagte: „Ich werde dir helfen. Schlüpfe nur in
einen Korb, daß ich dich unbeachtet auf dem
Rücken vorbeitragen kann." Norogo sagte: „Das
werde ich tun."

Der Festtag kam. Erst zogen die größten
Antilopen an Abagas Tür vorbei. Abaga saß
vor der Tür. Die größte Antilope sagte: „Guten
Tag!" Die größten Antilopen sagten: „Wir

wünschen, daß dir dein Fest gelinge." Abaga
sagte: „Es geht ja gut. Wo ist denn aber No=
rogo?" Die größte Antilope sagte: „Er wird
weiter hinten sein." Dann gingen sie vorüber.
Abaga fragte alle Tiere, wo Nogoro sei. Sie
sagten alle, er sei hinten.

Reineke kam nun der Tür Abagas näher.
Er trug Norogo in einem Korbe auf dem Rücken.
Norogo sagte: „Du hast doch nicht vergessen, was
du mir versprochen hast? Ich will dir alles
schenken, was du willst, und wenn es ein Elefant
ist. Aber hilf mir!" Reineke sagte: „Es ist gut."
Norogo sagte: „Wenn Abaga mir nichts tut, will
ich dir alles schenken." Reineke sagte: „Es ist
gut." Reineke kam an Abagas Haustür. Er
grüßte Abaga. Abaga sagte: „Wo ist denn No=
rogo? Du hast mir gesagt, er würde direkt hinter
dir sein." Reineke sagte: „Er wird wohl dicht
hinter mir sein. Halte dich aber zunächst an jene
Antilope mit den schönen Hörnern, — das ist der
Vater Norogos. Wenn du den tötest, tötest du
den Dieb." Die Antilope war nämlich Reineke
seit langer Zeit etwas schuldig. Aber Reineke
konnte sie mahnen, so viel er wollte, er erhielt
die Schuld nicht zurückgezahlt. Abaga sagte:
„Gut!"

Die Antilope mit den großen Hörnern kam
vorüber. Sie sagte: „Guten Tag! Verläuft dir
das Fest angenehm?" Abaga sagte: „Es verläuft
recht angenehm. Sage mir, wo ist denn dein Sohn
Norogo?" Die Antilope sagte: „Was geht mich
Norogo an? Das ist nicht mein Sohn, und ich

weiß nicht, wo er ist." Abaga sagte: „Siehst du,
du lügst! Da haben wir den Dieb!" Er sprang
auf die Antilope mit den schönen Hörnern zu
und tötete sie.

Als Reineke Norogo vorbeigetragen hatte,
sagte Norogo: „Nun laß mich aus dem Korb,
geh' nach Hause. Ich will auch nach Hause gehen
und das Geschenk für dich vorbereiten." Reineke
ließ Norogo heraus. Norogo lief von dannen in
den Busch, in sein Dorf und ließ nichts mehr
von sich hören. Reineke hatte das Nachsehen.

Seitdem traut man den Hühnern nicht mehr
und trägt sie in Körben.

Njaka (d. i. eine kleine Antilope;
Reineke und Njakas Tochter. alle Negerstämme im Westen und
auch die Mossi bezeichnen sie als
besonders klug und auch zauberkräftig) hatte eine
kleine Tochter, die war sehr hübsch, und viele
hätten sie gern geheiratet. Njaka aber machte be=
kannt: „Ich gebe dem meine Tochter zur Frau,
der mir die Milch des Pádere (wilder Büffel),
die Haut des Abaga (Leoparden) und den Zahn
des Uobogo (Elefanten) bringt." — Auch Rei=
neke hörte das, und er dachte bei sich: „Das ist
doch gar nicht so schwer! Das werde ich schon
zusammenbringen."

Zunächst mischte sich Reineke einen feinen
Brei aus wildem Grassamen mit Salz. Es gab

eine ausgezeichnete Speise. Die füllte er in seinen Quersack. Er ging in den Busch, dahin, wo er den Pádere wußte. Pádere sagte: „Wohin gehst du?" Reineke sagte: „Ich will mich ein wenig zurückziehen, um von einem Medikament zu essen, das gut zu schmecken scheint." Pádere sagte: „Zeig' her, — ich will ein wenig davon versuchen." Reineke gab ihm ein wenig. Pádere versuchte es und sagte: „Das ist ja ganz ausgezeichnet! Wo hast du das her?" Reineke sagte: „Ich fand das in jenem Baobab. Allerdings kann ich mit meinen kleinen Zähnchen nur wenig abwetzen. Du aber, mit deinen mächtigen Hörnern, brauchst nur gründ= lich einmal da hineinzufahren, um ein weites Loch in die dünne Baumwand zu schlagen, und dann kannst du der Baumhöhle entnehmen, soviel du willst, denn der Baum ist innen ganz angefüllt mit dieser Nahrung." Pádere sagte: „Gut, wo ist der Baum?" Reineke sagte: „Sieh, ganz dicht, dort drüben."

Pádere senkte den Kopf, er rannte mit aller Gewalt auf den Baum zu, er wollte die dünne Wand zerstoßen, aber er rannte nur seine Hörner fest. Er wollte sie zurückziehen, aber er war so fest dagegen gestürmt, daß er nicht wieder vom Baume abkommen konnte. Als er nun so fest saß, sagte Reineke: „Du erlaubst mir wohl?" Er kam mit einer kleinen Kalebasse heran und be= gann den Pádere, der sich nicht zu wehren ver= mochte, zu melken. Als seine kleine Kalebasse gefüllt war, lief er damit zu Njaka und sagte: „Hier ist zunächst einmal die Milch des Pádere."

Dann begab sich Reineke zu Abaga und fragte: „Willst du mich vielleicht begleiten? Ich möchte baden gehen." Abaga sagte: „Ich will schnell meine Sachen ein wenig ordnen, dann komme ich mit dir." Abaga ging in sein Haus, Reineke ging in sein Haus. Reineke stopfte seinen Rucksack fest voll roten Pfeffer, Abaga traf in seinem Hause noch einige Anordnungen. Dann trafen sich die beiden auf dem Wege zum Bade. Sie gingen gemeinsam zum Wasser hinab. Am Ufer warf Reineke seinen Sack aufs Ufer und sagte: „Wollen wir uns nicht unserer guten Kleider entledigen?" Abaga sagte: „Gewiß lege ich mein gutes Kleid ab." Er tat es. Er warf seinen fleckigen schönen Ueberzug neben Reinekes Sack. Dann stiegen beide ins Wasser und nahmen ihr Bad.

Als sie eine Zeitlang herumgeschwommen waren, sagte Reineke: „Ach, ich habe ganz ver= gessen, etwas beiseite zu legen. Nun habe ich es mit ins Wasser genommen. Ich will schnell ans Ufer gehen, es ins Trockene zu legen. Gleich bin ich wieder zurück." Reineke sprang ans Ufer. Er öffnete seinen Sack und rieb so schnell wie möglich Abagas Kleid mit rotem Pfeffer ein. Als das geschehen war, ging er zurück in das Wasser.

Sie schwammen noch eine Weile umher, dann stiegen sie ans Ufer. Abaga wollte sein Kleid an= legen. Er bewegte sich ein wenig darin (in seinem Fell). Er zog das Kleid wieder aus und sagte: „Pfui, das juckt ja ganz abscheulich." Er zog sein Kleid aus. Reineke hatte inzwischen seinen Sack genommen. Er roch daran und sagte: „Pfui, das ist ja ganz abscheulich. Es ist etwas über meinen Sack gekommen, während wir badeten." Abaga trat heran und sagte: „Es ist dasselbe, was in mein Kleid gekommen ist." Reineke sagte: „So kann ich meinen neuen Sack nicht mehr nach Hause nehmen." Abaga sagte: „Ich kann auch mein Kleid nicht anziehen." Reineke sagte: „Ich muß meinen Sack erst gründlich waschen." Abaga sagte: „Mein Kleid muß auch erst gewaschen werden." Reineke sagte: „Laß es hier, ich will es gleich mitwaschen." Abaga sagte: „Es ist gut." Reineke sagte: „Du bekommst es dann morgen." Abaga ging. Reineke nahm das schöne Kleid Abagas, trug es zu Njaka und sagte: „Hier ist wunschgemäß zum zweiten das Fell des Abaga."

Reineke begab sich dahin, wo das große Rudel der größten Uobogo (Elefanten) war. Reineke setzte sich neben den größten Uobogo und blickte unaufhörlich mit weitgeöffneten Augen gen Himmel. Von Zeit zu Zeit schüttelte er wie vor Verwunderung den Kopf und sagte: „Nein, ist das schön." Der größte Uobogo guckte auch in der Richtung, nach der Reineke schaute, und sagte: „Guten Tag, mein Reineke. Was gibt es denn da?" Reineke tat so, als ob er erstaunt zu= sammenführe und jetzt erst den Uobogo sähe. Er sagte: „Verzeihe mir, mein Uobogo, daß ich dich nicht beachtet und dir nicht guten Tag sagte. Aber ich war davon so ganz eingenommen." Der Uobogo sagte: „Wovon warst du eingenommen?" Rei=

neke fah den großen Uobogo erstaunt an und sagte: „Ja, siehst du denn nicht das Herrliche da oben am Himmel?" Der größte Uobogo sah empor und sagte: „Nein, ich sehe nichts." Reineke sagte: „Was, du siehst nichts?" Uobogo fragte die anderen Uobogos: „Seht ihr etwas?" Sie sagten: „Nein, wir sehen nichts."

Reineke sagte: „Nein, der große Uobogo sieht das Herrliche da oben am Himmel nicht!" Alle Uobogo sahen zum Himmel empor. Der größte Uobogo sagte: „Ich sehe es nicht, ich möchte es aber sehr gern sehen!" Die anderen Uobogo sahen ständig empor und sagten: „Ja, wir möchten auch wohl recht gern wissen, was das Herrliche da oben am Himmel ist!" Reineke sagte: „Daß ihr das nicht seht, das kommt wohl daher, daß ihr im Verhältnis zu eurer Größe eigentlich kleine Augen habt, während ich als kleines Tier mit recht großen Augen versehen bin. Aber ihr seid so große, so wunderbar große Tiere, daß die Sache gar nicht so schwer ist. Es muß nur einer immer auf den Rücken des anderen steigen. Wenn dann der ganz große Uobogo zu oberst auf den Rücken des letzten steigt, so kann er das Herrliche da oben nicht nur sehen, sondern er kann es sogar ergreifen." Die Uobogo sagten: „Das ist richtig." Der größte Uobogo sagte: „Ich will auf euch alle heraufsteigen. Ihr müßt aber ganz fest stehen, damit ich nicht falle." Die Uobogo sagten: „Wir werden ganz fest stehen."

Danach stieg ein Uobogo immer auf den Rücken des anderen. Es entstand eine ganz, ganz

hohe Säule. Zu oberst stieg der ganz große Uobogo.
Als er oben war, hielt Reineke unter den Hinter=
fuß des untersten Uobogo schnell einen Feuer=
brand. Das schmerzte den derart, daß er nicht
anders konnte, als einen Schritt nach vorn zu
machen. Dadurch kam die Reihe der Uobogo
aber ins Wanken, der größte Uobogo, der zu
oberst stand, fiel herab und brach sich einen Zahn
ab. Alle Uobogo fielen scheltend über den Uobogo,
der zu unterst gestanden hatte, her. Der sagte:
„Verzeiht mir! Aber ich trat mir einen scharfen
Dorn in den Fuß, und ihr waret so schwer auf
mir." —

Während sie schalten, brachte Reineke schnell
den abgebrochenen Zahn beiseite und versteckte ihn
im Busch. Der große Uobogo suchte zornig seinen
Zahn. Im Zweige des Baumes nebenan saß ein
kleines Vögelchen, das hatte alles mit angesehen
und rief dem großen Uobogo zu: „Du suchst deinen
Zahn an der falschen Stelle! Du mußt deinen
Zahn da drüben suchen. Reineke hat ihn ge=
stohlen und versteckt." Der größte Uobogo hatte
nicht recht verstanden. Er fragte: „Was ist los?"
Reineke sagte: „Dieser freche kleine Vogel wagt
es, auch noch über dein Unglück zu lachen." Als
Uobogo das hörte, ward seine Wut grenzenlos.
Er jagte mit seinen Genossen hinter dem kleinen
Vogel her, um den vermeintlichen Spötter zu ver=
nichten. Während die Uobogo von dannen jag=
ten, nahm Reineke seinen Zahn, trug ihn zu
Njaka und sagte: „Hier ist zum Dritten der Uo=
bogo=Zahn."

Njaka sagte: „Es ist wahr. Du hast mir die Milch des Pádere, das Fell des Abaga und den Zahn des Uobogo gebracht." Reineke sagte: „Nun gib mir deine Tochter." Njaka sagte: „Nein, mein Reineke, meine Tochter kann ich dir nicht geben, du bist, wie du mir gezeigt hast, ganz ungewöhnlich klug. Ich bin ein ganz ungewöhnlich kluges Tier. Wenn unsere Familien sich nun zusammentun und aus unsern beiden Stämmen ein Kind geboren wird, so wird es so klug wie Uende (Gott), und das wäre nicht gut. Deshalb kann ich dir meine Tochter nicht geben."

Reineke erzieht die Töchter der großen Tiere. Reineke (Somba) ging zu Uobogo (dem Elefanten) und sagte: „Gib' mir deine kleine Tochter, ich bin bereit, sie groß zu ziehen." Uobogo war es zufrieden, Reineke nahm die kleine Tochter Uobogos mit nach Haus. Dort tötete er sie und lebte mehrere Tage von ihrem guten Fleisch. Eines Tages begegnete er Uobogo. Uobogo sagte: „Nun, wie geht es meiner kleinen Tochter?" Reineke sagte: „Sie wächst. Sie wächst, so daß man seine Freude an dem Kinde hat!" Uobogo war zufrieden und ging weiter.

Reineke ging zu Junde (dem Nilpferd), und sagte: „Gib' mir deine kleine Tochter, ich bin bereit, sie groß zu ziehen." Junde war damit einverstanden. Er übergab Junde dem Reineke, dieser nahm die kleine Tochter Jundes mit nach

Haus. Dort tötete er sie und lebte mehrere Tage von ihrem guten Fleisch. Eines Tages begegnete er Junde. Junde sagte: „Nun, wie geht es meiner kleinen Tochter?" Reineke sagte: „Sie wächst, sie wächst! Man hat seine Freude an dem Kind." Junde war damit zufrieden.

Während drei Jahren trafen Uobogo und Junde Reineke häufig. Sie fragten ihn dann stets, wie es ihren Töchtern ginge, und Reineke antwortete ihnen stets: ausgezeichnet und daß sie wüchsen und es ihnen vorzüglich ginge. Eines Tages sagte Reineke zu Uobogo: „Höre einmal, deine Tochter wird mir nun nach gerade zu groß. Sie ist schon weit größer, als du selbst bist. Du wirst also deine Schwierigkeiten mit ihr haben. Sie will auch nicht ohne weiteres die Flußufer= wiese verlassen, in der sie nun drei Jahre lebte. Ich werde ihr also morgen eine Schnur um den Hals legen, ich werde dir das Ende der Schnur bringen, um den Hals legen, und du magst dann auf meinen Ruf anfangen, sie aus der Uferwiese in 'deinen Buschwald hinaufzuziehen." Uobogo sagte: „Es ist gut so."

Reineke ging zu Junde und sagte: „Höre, Junde, deine Tochter wird mir nachgerade zu groß. Sie ist schon weit größer als du selbst bist. Du wirst also deine Schwierigkeiten mit ihr haben. Sie will auch nicht ohne weiteres die hochgelegene Buschsteppe verlassen, in der sie nun seit drei Jahren lebt. Sie sagt, sie fühle sich oben im Busch so wohl, daß sie nicht wieder zur Uferwiese zurückkehren will. Auch hat sie Angst vor dem Wasser. Ich werde ihr also morgen eine Schnur um den Hals legen, ich werde dir das Ende der Schnur bringen und du kannst dann auf meinen Ruf hin anfangen, sie von der Busch= steppe zur Uferwiese herabzuziehen. Vielleicht ge= lingt es dir so." Junde sagte: „Es ist gut so."

Am anderen Morgen legte Reineke eine lange und starke Schnur zurecht. Das eine Ende der= selben brachte er Uobogo hinauf und sagte: „Faß das an. Wenn ich dir es zurufe, kannst du be= ginnen, an der Schnur deine Tochter zu dir hin= überzuziehen. Aber warte meinen Ruf ab, ich will dem großen Mädchen noch ein wenig zu= reden." Uobogo sagte: „Es ist gut so." Dann ging Reineke zur Uferwiese hinab, nahm das an= dere Ende der Schnur und stieg zu Junde in den Fluß hinab. Reineke gab Junde das Ende der Schnur und sagte: „Faß das an. Wenn ich es dir zurufe, kannst du beginnen, an der Schnur deine Tochter zu dir herunter zu ziehen. Aber warte meinen Ruf ab; ich will dem großen Mädel noch ein wenig zureden." Junde sagte: „Es ist gut."

Reineke kehrte dann in die Mitte des Wegs zwischen Wasser und Buschsteppe zurück und rief: „Zieht!" Es begannen Uobogo und Junde, jeder an seinem Ende der Schnur zu ziehen. Sie zogen so stark sie konnten. Einmal zog Uobogo Junde ein wenig aus dem Wasser auf die Uferwiese hinauf, einmal zog Junde Uobogo ein wenig aus der Baumsteppe zur Talwiese hinab. Während eines ganzen Tages zogen sie immer hin und her.

Einmal gewann dieser, einmal jener einen kleinen Vorteil. Am Abend aber ermüdete Junde und nun zog Uobogo den Junde aus dem Wasser, über die Flußwiese hin zur Buschsteppe hinauf.

Als Uobogo Junde soweit gezogen und sich in die Buschsteppe geholt hatte, sagte er: „Was, du bist es, die am anderen Ende der Schnur den ganzen Tag über gezogen hat? Reineke hatte mir gesagt, ich zöge meine Tochter!" Uobogo sagte: „Reineke hat uns arg hintergangen. Wir wollen uns dafür an ihn halten. Ich will ihn überall auf dem hohen Lande und in den Buschsteppen verfolgen." Junde sagte: „Ja, wir wollen diesen Betrug nicht so hinnehmen. Ich will ihn überall, wo er auf der Uferwiese oder am Uferrande herum= läuft, aufstöbern und ihn, wenn ich ihn treffe, töten."

Reineke wußte sehr wohl, daß man ihn nun verfolge. Er wußte, daß er in der Buschsteppe und im Uferwiesenland den beiden großen Tieren preisgegeben war. So lief er denn zu Njebaga, dem Kaiman. Er trat in dessen Höhle am Ufer und sagte: „Guten Tag!" Njebaga sagte: „Guten Tag, Reineke, was machst du?" Reineke sagte: „Ich bin gekommen, dich, meinen klugen Njebaga, um Rat zu bitten. Ich habe augenblicklich keine rechte Beschäftigung und will doch irgend etwas Nützliches selbst unternehmen." Njebaga sagte: „Das paßt ja ganz ausgezeichnet. Ich habe sieben Junge, sieben Töchter. Seitdem die geboren sind, kann ich nicht mein Haus verlassen, um mich draußen auf die Sandbank zu legen, — oder

zu promenieren. Würdest du wohl nun die War=
tung der sieben Töchter übernehmen, so könnte
ich mich für einige Tage draußen auf die Sand=
bank legen. Du könntest mir die Kinder von
Zeit zu Zeit bringen und ich brauchte nicht selbst
in der Höhle zu liegen."

Reineke sagte: „Das ist gerade so etwas, wie
ich es mir gewünscht habe. Ich will ausgezeichnet
für deine sieben Töchter sorgen, und will sie schnell
zum Aufwachsen bringen." Njebaga sagte: „Gut,
so kannst du ihnen ja das Essen immer bereiten.
Hier ist ein großer Kochtopf und hier sind Bohnen.
Koche nun immer Bohnen, und wenn eine meiner
Töchter Hunger hat und herankriecht, so gib ihr
zu essen." Reineke sagte: „Das ist sehr einfach."
Njebaga also verließ die Höhle.

Reineke setzte sich an den Bohnentopf.
Wenn einer der kleinen Njebagakinder herankam,
so steckte er es einfach in den Kochtopf und ließ
es kochen. Natürlich starb es. Wenn es tot war,
nahm er es heraus und legte es auf die Seite.
— Inzwischen lag Njebaga draußen vor seiner
Höhle. Junde kam des Wegs. Junde suchte
Reineke, um ihn zu töten. Njebaga, der dachte,
der große Junde könne es auf seine Kinder ab=
gesehen haben, sagte barsch: „Was willst du hier,
Junde?" Junde sagte: „Ich suche die Schwester
meines Vaters. Ich dachte, sie sei vielleicht hier."
Njebaga sagte: „Die Schwester deines Vaters
kommt nie hierher, mach' daß du fortkommst."
Junde hatte vor Njebaga arge Angst. Er machte,
daß er fortkam.

Njebaga rief zu Reineke hinein: „Gib' mir ein Kind, daß ich es an die Brust lege." Reineke gab eines der Kinder hinaus. Da aber nicht mehr alle am Leben waren, so gab er jedes Kind zweimal. Als die Kinder zum zweiten Male an die Mutterbrust gelegt wurden, nahmen sie keine Milch mehr an, weil sie schon gesättigt waren. Njebaga sagte zu Reineke: „Wie kommt das? Die ersten Kinder nahmen gern die Brust, diese aber weisen sie zurück!" Reineke sagte: „Ich habe gerade diese schon ausgezeichnet gut an die Bohnen gewöhnt. Du wirst sehen, sie werden alle sehr schnell nur noch Bohnen essen wollen, und dann ungemein schnell wachsen." Njebaga sagte: „Es scheint ja, als ob du es vorzüglich verstündest, ich bin sehr zufrieden."

Allmählich tötete Reineke eine der Töchter Njebagas nach der anderen, indem er sie in den Bohnentopf steckte und kochen ließ. Er machte aber kleine Kaimane aus Lehm, die waren sehr natürlich. Am anderen Tage sagte Njebaga: „Bringe mir doch etwas zu essen heraus." Reineke brachte sogleich Bohnen mit etwas Fleisch von den jungen Njebagatöchtern. Njebaga aß. Njebaga sagte: „Du kochst ausgezeichnet. Ich verstehe, daß meine Töchter nur noch dein Bohnengericht und nicht mehr meine Milch haben wollen. Immerhin, bring' die Kinder ein wenig heraus und lege sie in die Sonne." Reineke brachte ein Lehmbildnis nach dem anderen heraus und legte sie alle in die Sonne. Njebaga sagte: „Meine Töchter sind ja ungemein gewachsen. Das ist ja

ausgezeichnet. Bring' sie mir doch noch ein wenig
näher." Reineke sagte: „Verzeihe einen Augen=
blick, ich will nur schnell einmal ans Land springen,
um zu kacken." Reineke sprang fort.

Vom Lande aus rief Reineke dem auf der
Sandbank liegenden Njebaga zu: „War mein
Bohnengericht nicht gut?" Njebaga sagte: „Es war
ausgezeichnet." Reineke rief: „Es waren auch
deine eigenen Kinder darin gekocht!" Njebaga
fuhr wütend auf. Reineke rief: „Hüte nur gut
die Lehmpuppen!" Njebaga sah die jungen Töchter
auf der Sandbank näher an. Jetzt erkannte er, daß
sie aus Lehm hergestellt waren. Er ging in die
Höhle und fand darin die gekochten und beiseite
geworfenen Ueberreste seiner Kinder. Voller Wut
machte er sich auf, Reineke zu verfolgen. Reineke
aber versteckte sich in einem Grasbüschel. Njebaga
konnte ihn nicht finden. — — —

Seitdem versteckte sich Reineke immer in
Grasbüscheln, und seitdem stellen die Menschen
Lehmbilder von Njebaga her.

Reineke sagte (bei sich): „Jetzt verfolgen mich
alle großen Tiere, wenn ich ihnen nicht Furcht
mache." Er fand da im Busch eine gefallene
Antilope, die war innerlich ganz verfault und
wimmelte von Würmern und stank weithin.
Reineke kroch in diesen stinkenden, ausgefaulten
Kadaver, steckte seine Beine in die Antilopenbeine
und ging in diesem Zustand dahin, wo Uobogo
(der Elefant) war. Uobogo fragt: „Wo bist du
denn?" Reineke antwortet: „Ach, ich bin die
Antilope." Uobogo sagte: „Wie bist du denn

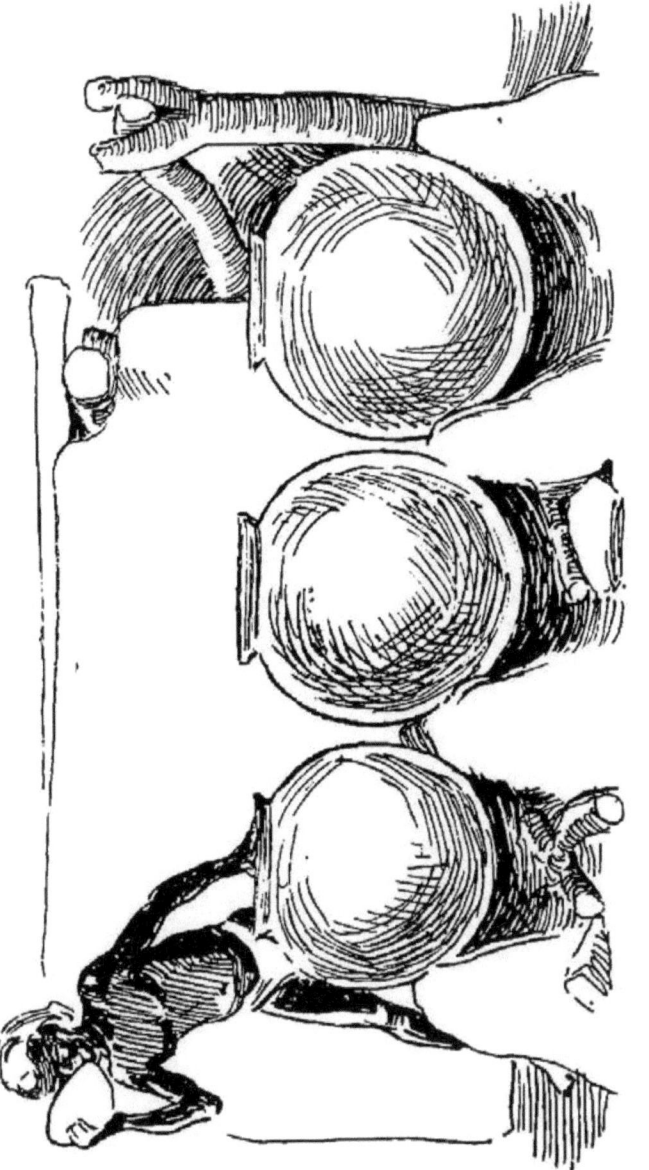

Bierbrauerei im Moſtgebiet

in diesen Zustand gekommen? Du stinkst ja durch den ganzen Busch, und auf dir kriechen Würmer umher." Reineke sagte aus dem Antilopen= kadaver: „Ich habe Reineke geärgert, ich wußte nicht, daß er so starke Zaubermittel hat. Ich hatte ihn nur eben ein wenig geärgert. Da sagte er zu mir: ,Kafo‘, und ich verlor im selben Augenblick meine Gesundheit und Kraft." Uobogo sagte: „Und nur auf den Ruf Kafo hin bist du in diesen ekelhaften Zustand gekommen?" Reineke sagte aus dem Antilopenkadaver: „So ist es. Jetzt stinke ich und bin von Würmern zerfressen." Uobogo sagte: „Man muß sich also vor Reineke hüten?" Reineke sagte: „Sein Zaubermittel ist schrecklich!"

Darauf kroch Reineke in seiner stinkenden Antilopenhülle auf die Uferwiese, und dann wiederholte sich zwischen ihm und Junde das gleiche Gespräch. Nachher suchte er nach Nje= baga zu gleicher Aufklärung. Danach streifte Reineke aber am Fuße die schmutzige Antilopen= haut ab und wusch sich gründlich.

Als Reineke sich gründlich gewaschen hatte, ging er hinauf in die Buschsteppe und sah sich um, ob er nicht irgendwo Uobogo (den Elefanten) sähe. Als er ihn erblickt hatte, ging er auf ihn zu und sagte: „Guten Tag, mein alter Uobogo, wie geht es dir denn?" Sobald aber Uobogo Reineke sah, lief er von dannen und rief nur: „Ich weiß, du hast ein schreckliches Zaubermittel! Laß mich! Ich will dir gar nichts Schlimmes tun."

| **Reinekes Wette.** | Reineke wettete mit einem Naba

(Fürsten). Reineke hatte behauptet: „Die Mädchen können Kinder bekommen, ohne daß sie mit einem Manne schlafen." Der Naba behauptet: „Die Mädchen müssen erst vom Manne beschlafen werden, ehe sie schwanger werden können." Reineke sagte: „Es ist ganz einfach, laß ein Mädchen in ein Haus, das einen Hof hat, bringen. Sorge, daß genug Nahrung ins Haus gebracht wird. Dann mauere es zu, und du wirst sehen, daß, wenn du nach einem Jahr aufmachst, das Mädchen ein Kind hat." Der Naba sagte: „Es ist wahr, wir können den Versuch machen." Der Naba ließ ein Haus mit einem Hof und einem hohen Mauerdamm bauen. Er ließ Speise und alles Korn in Menge hineintragen, setzte ein unberührtes Mädchen hinein und ließ dann den Hof und das Haus vermauern.

Als das Mädchen so eingemauert war, wandte sich Reineke an Dajuga (große Ratte). Er sagte zu ihr: „Wenn du mir einen Dienst erweisen willst, an dem mir sehr viel liegt, so werde ich dich gleich belohnen." Dajuga sagte: „Wenn es in meinen Kräften liegt, will ich es tun." Reineke sagte: „Lege mir hier draußen eine tiefe Grube an. Von der Grube führe einen Kanal bis unter die Hütte, die der Naba zugemauert hat, und dort gehe bis an die Erdoberfläche. Wirst du das machen können?" Dajuga sagte: „Das ist keine sehr große Sache. Das werde ich tun."

Dajuga machte das Loch und den Kanal bis in das Haus des eingemauerten Mädchens.

Sobald das fertig war, lief Reineke durch das Loch zu dem eingemauerten Mädchen hinein. Und das machte er so oft und so lange, bis das Mädchen schwanger war, denn jede Nacht beschlief er sie. Als er das erreicht hatte, sagte er in der letzten Nacht zu dem Mädchen: „Nun klopfe den Boden in deiner Hütte recht ordentlich, denn die Würmer sind in das Erdreich gekommen. Du mußt das sehr ordentlich machen, damit die Hütte nicht einfällt." Dann ging er fort. Das Mädchen verstopfte also alle Löcher und klopfte den Erdboden sehr fest. Außen aber machte Reineke auch jenes Loch zu, durch das er seinerzeit in den Kanal geschlüpft war.

Nach geraumer Zeit sagte Reineke zum Naba: „Es dürfte jetzt übrigens ein Jahr verflossen sein, seitdem du das Mädchen hast einmauern lassen. Vielleicht läßt du nun einmal aufmachen und nachsehen, ob sie ein Kind zur Welt gebracht hat." Der Naba sagte: „Es ist wahr, es ist ja ein Jahr verstrichen." Er gab den Auftrag, das Haus zu öffnen. Als man hineintrat, fand man, daß das Mädchen Mutter geworden war und ein Kind hatte.

Reineke sagte zu dem Naba: „Erinnerst du dich, daß ich gewettet habe, Mädchen könnten auch Kinder bekommen, ohne daß sie von einem Manne beschlafen würden?" Der Naba sagte: „Es ist wahr." Es waren aber alte Leute da, die besprachen die Sache. Eines Tages wandte sich der

Naba an sie und fragte: „Ist es wahr, was Reineke behauptet?" Die alten Leute sagten: „Nein, es ist nicht wahr. Das Kind muß einen Vater haben." Der Naba sagte: „Wie kann man aber feststellen, wer der Vater des Kindes ist?"

Die alten Leute überlegten noch einmal, dann sagten sie zum Naba: „Du kannst vielleicht den Vater des Kindes auf folgende Weise feststellen: Laß alle Männer sich reine Kleider anziehen und jeden mit einer gleichen Speise vor das Kind treten. Jeder soll seine Speise dem Kinde hin= reichen. Welchem nun das Kind die Arme ent= gegenstreckt, das ist sicher der richtige Vater." Der Naba sagte: „Das ist ein sehr guter Rat. So werde ich es machen lassen." Und er gab den Befehl nach allen Seiten.

Alle Männer kamen nun an den Hof. Jeder hatte ein neues Kleid an und einen Kuchen in der Hand. Jeder reichte dem Kinde den Kuchen hin. Aber alle ließen das Kind ganz gleich= gültig. Endlich kam auch Reineke mit seinem Kuchen vorbei und hielt ihn dem Kinde hin. So= wie das Kind den Kuchen Reinekes sah, streckte es die Arme weit aus und lachte ganz laut. Alle alten Leute sagten: „Das ist der richtige Vater des Kindes." Der Naba sagte: „Das ist der richtige Vater des Kindes." Reineke aber sagte: „Nein, ich bin nicht der Vater des Kindes. Das Kind ist ja von einem Mädchen geboren, das nie von einem Manne beschlafen war."

Der Naba sagte: „Es ist schade, daß du nicht zugibst, der Vater des Kindes zu sein, denn wenn es dein Kind wäre, würde ich Mutter und Kind dir zum Geschenk gemacht haben. So müssen wir aber einen Besitzer für die Frau und das Kind suchen. Ich will die Frau und das Kind demjenigen schenken, der mir zuerst frisch bereitetes Dam (das ist Hirsebier) vorzusetzen imstande ist."

Als Reineke das hörte, dachte er nach. Er wußte, daß es im Ort sehr viele gab, die viel schneller Dam zu machen verstanden, als er und seine Mutter. Aber er wollte nicht gerne, daß die Frau und das Kind Leibeigene eines anderen würden. Er rief seine Mutter und sagte zu ihr: „Mache sogleich und so schnell wie möglich einen Topf mit gutem Dam. Du mußt auf jeden Fall mit deinem Dam vor allen Leuten zuerst fertig werden. Hole sogleich vom Fluß das dazu nötige Wasser, ehe noch irgend jemand anders daran denkt. Dann werde ich es zu verhindern wissen, daß die anderen an das Wasser kommen und das nötige Wasser besorgen." Die Mutter Reinekes sagte: „Gut, so will ich es machen." Sie ging sogleich hin und holte vom Fluß Wasser.'

Kaum war sie vom Fluß mit dem Wasser angekommen, so ging Reineke zum Fluß hinunter und setzte sich in eine kleine Hütte, die am Flußufer war. Er hatte seine Armtrommel bei sich, trommelte und sang: „Jeder, der zum Flusse geht, um Wasser zu holen, soll sich so viel Zeit lassen, erst zu hören, was die Trommel sagt. Denn die Frauen des Königs sind am Fluß, und die darf keiner sehen." — — Als nun die Leute kamen, um das Wasser zur Dambereitung zu holen, hörten sie das. Und jeder, der das hörte, kehrte sofort um, denn es stand schwere Strafe darauf, die Frauen des Königs anzusehen. Da so aber niemand Wasser hatte, konnte auch niemand Dam machen außer der Mutter Reinekes, die schon vordem Wasser geschöpft hatte.

So kam es, daß Reineke in der Lage war, dem Naba zuerst Dam zu bringen, und so bekam er denn die Mutter und das Kind als Geschenk des Naba. — — Seitdem, — so sagt man, — gelte die Ehe erst dann, wenn das Dam bereitet und verschenkt werde.

Reineke lehrt Gierschlung den Honigfang Zuerst waren Reineke und Gierschlung gute Freunde. Sie stahlen zusammen Ziegen und Hammel und Hühner und fühlten sich dabei recht wohl. Eines Tages sagte aber Gierschlung zu Reineke: „Hör' mal, Reineke, du paßt mir nicht mehr als Kamerad. Vor allen Dingen bist du mir zu schwach, weshalb ich immer alles tun muß, was Stärke erfordert. Dann aber arbeitest du überhaupt nicht, sondern überläßt mir den größten Teil der Arbeitsleistungen, auch wenn sie keine besonderen Kräfte erfordert. Also will ich dich nicht mehr als Kameraden haben. Ich werde mich nach einem anderen Kameraden umsehen." Reineke sagte: „Wie du willst. Ich fürchte nur, das wird

zu deinem Schaden fein." Gierschlung sagte:
„Das werde ich ja sehen."

Dann lief Gierschlung zu Baga (dem Hund)
und sagte: „Hör', mein kleiner Hund, ich will
in Zukunft mit dir Kameradschaft halten. Ich
bin bis jetzt mit Reineke ausgegangen und wir
haben viele Ziegen, Schafe und Hühner gewonnen,
aber jetzt habe ich das Verhältnis zu ihm gelöst,
denn zum ersten ist er schwach und dann arbeitet
er nicht, und dann muß ich ihm immer mehr als
die Hälfte aller Beute abgeben. Deshalb will
ich nichts mehr von ihm wissen, und will dafür
mit dir, mein kleiner Hund, Kameradschaft
schließen." Baga sagte: „Es ist gut, wir können
es versuchen."

Als Reineke hörte, daß Gierschlung mit Baga
Kameradschaft geschlossen hatte, ging er zu Baga
und sagte zu ihm: „Mein Baga, ich will dir
einen Rat geben: Sei ja vorsichtig mit Gierschlung.
Ich habe gehört, daß Gierschlung mit dir Freund=
schaft geschlossen hat, so sage ich dir denn, daß
Gierschlung furchtbar gierig ist. Da du nun im
Dienste der Menschen bist, so ist das an sich schon
gefährliche Ziegenrauben für dich doppelt gefähr=
lich, denn wenn sie dich dabei ergattern, werden
sie mit dir noch härter verfahren, als mit einem
anderen. Also sei vorsichtig! Sage aber auch
Gierschlung nicht, daß ich dich gewarnt habe,
denn dann wird er gegen dich mißtrauisch." Baga
sagte: „Ich danke dir, mein Reineke, ich werde
mich danach richten." Reineke sagte: „Ich will
dir im übrigen sagen, daß du, wenn du einmal

Hunger haft, dich nur an mich zu wenden brauchst, denn ich weiß eine ausgezeichnete Honigstelle." Baga sagte: „Ich danke dir, mein Reineke."

Eines Tages sagte Gierschlung zu Baga: „Komm, wir wollen uns eine Ziege holen." Baga und Gierschlung machten sich auf den Weg. Sie kamen bis an das Dorf. Gierschlung sagte zu Baga: „Geh hinein und hole nun eine Ziege heraus." Baga sagte: „Aber was denkst du, mein Gierschlung! Was sollte mein Herr dazu sagen, wenn ich ihm eine Ziege raube. Ich bin doch im Dienst der Menschen, und ich kann doch so etwas nicht tun." Gierschlung sagte: „Ja, so muß ich die Ziege wohl selbst holen!" Baga sagte: „Ja, das mußt du, mein Gierschlung."

So lief denn Gierschlung in das Dorf und stahl eine Ziege. Die Ziege trieb er hinaus. Dann sagte er zu Baga: „Nun laufe wenigstens in das Dorf und hole uns Feuer, daß wir kochen können." Baga sagte: „Wie soll ich denn Feuer holen, ich habe keine Hände, es anzufassen. Ich müßte es mit dem Munde nehmen. Wenn ich es aber mit dem Munde nehme, würde ich mir den Mund verbrennen. Was würde aber mein Herr dazu sagen, wenn ich einen verbrannten Mund hätte." Gierschlung sagte: „Es ist gut. Dann wollen wir die Ziege so in unser Lager treiben." Sie trieben die Ziege in das Lager.

In dem Lager war Reineke. Reineke kannte eine ausgezeichnete Honigstelle. Die Bienen hatten in einem gekrümmten hohlen Baum ihre Waben gebaut, und der Baum war so gewunden,

Hammelschlachten

daß man nicht mit dem Kopfe hineinfahren konnte, ohne stecken zu bleiben. Nun hatte Reineke damals noch einen langen, schönen Schwanz. Mit dem Schwanze war er in die Bienenhöhle gefahren und hatte den Honig herausgezogen. Der ganze Schwanz war noch voller Honig, als er in das Lager kam.

Einige Zeit, nachdem Reineke mit seinem Honigschwanze angekommen war, kamen auch Gierschlung und Baga mit ihrer Ziege an. Gierschlung warf sich müde auf die Erde. Reineke stand auf und ging an Gierschlung vorüber. Er strich mit dem mit Honig überzogenen Schwanze Gierschlung an der Nase vorbei und sagte: „Rieche einmal, mein Gierschlung." Gierschlung roch und sagte: „Das ist ja der ausgezeichnetste Honig!" Dann begann Gierschlung den Honigschwanz abzulecken. Er war aber so gierig, daß er nicht nur den Honig, sondern auch den ganzen Schwanz nach und nach wegknabberte, und daher kommt es, daß Reineke heute nur noch einen ganz kurzen Schwanz hat.

Danach fragte Gierschlung: „Wo hast du diesen Honig gefunden, mein Reineke?" Reineke sagte: „Das will ich euch gern sagen: Der Honig ist in einem gekrümmten, hohlen (besser: gewundenen) Aste. Nun wißt ihr, daß ich ja leider nur ein schwaches Tier bin, wäre ich ein starkes Tier, dann könnte ich das morsche Holz mit meinem Kopfe zerdrücken und euch den ganzen Honig bringen. So bin ich leider darauf angewiesen, meinen Schwanz in die Höhlung hineinzuschieben und soviel herauszuziehen, als eben gelingt. Aber es gab für mich immer nur wenig und ist schwierig, während es für dich, den starken Gierschlung ein leichtes wäre, alles auf einmal zu ergreifen." Gierschlung sagte: „Zeige mir doch die Stelle."

Darauf führte Reineke Gierschlung und Baga an den gewundenen, hohlen Baumast und sagte: „Hier, dies ist der Honig!" Gierschlung roch erst daran. Er sagte: „Es ist wahr, und die Höhlung scheint ganz voll zu sein! Ich werde mit meinem Kopfe das Holz aufbrechen." Er fuhr mit wilder Gier eilig hinein, zwängte den Kopf in die Windung und dann war er ganz fest darin und konnte nun den Hals drehen und winden, wie er wollte, er kam nicht wieder frei.

In seiner Herzensangst rief Gierschlung: „Baga, lauf schnell zu meiner Mutter und sage ihr, sie solle das Erdorakel befragen, um zu erfahren, wie ich aus dieser Klemme wieder herauskomme. Lauf schnell!" Reineke nahm Baga beiseite und sagte zu ihm: „Frage doch Gierschlung, ob er dafür bezahlen und erlauben wolle, von der Ziege zu essen, die ihr geraubt hättet." Baga fragte Gierschlung laut: „Ist es erlaubt, als Bezahlung für den Dienst, von der Ziege zu essen, die wir gestohlen haben?" Gierschlung sagte: „Lauf nur schnell und frage meine Mutter. Von der Ziege kannst du nehmen, was du willst. Wenn ich nur bald wieder herauskomme."

Darauf liefen Baga und Reineke so schnell wie möglich von dannen. Sie liefen aber nicht zur Mutter Bagas, sondern in das Lager zu der Ziege. Sie aßen die Ziege auf und ließen Gierschlung in seiner Falle. Gierschlung zog und zog, und kam auch endlich los, aber er war arg zerschunden.

Seitdem will aber Gierschlung von einer Kameradschaft mit Baga noch viel weniger etwas wissen, als von der Kameradschaft mit Reineke. —

| Reineke bestellt seinen Acker. | Reineke schloß Kameradschaft mit Uobogo (dem Elefanten) und mit Jugumde (dem Kamel). Aber so- |

wohl Uobogo als Jugumde wußten nicht, daß Reineke noch einen zweiten Kameraden habe. Jeder von beiden glaubte, er sei der einzige Kamerad Reinekes.

Eines Tages sagte Reineke zu Uobogo: „Wir wollen einen Acker zusammen anlegen und uns dabei in die Arbeit teilen. Du kannst die Bäume und den Busch wegräumen, kannst das Feld reinigen, und ich werde nachher die Saat auswerfen.“ Uobogo sagte: „Es ist gut, so werden wir es machen.“ Sie suchten also einen guten Platz aus, und dann machte sich Uobogo sogleich an die Arbeit. Er räumte Bäume, Büsche und Gras fort und räumte das Feld gut auf. Reineke betrachtete die Arbeit und sagte: „Du hast deine Arbeit gut gemacht! Nun werde ich, sobald

der erste Regen fällt, an die meine gehen und
werde den Samen ausstreuen."

Einige Tage später ging Reineke zu Ju=
gumbe und sagte: „Wir wollen zusammen einen
Acker bestellen, dabei wollen wir uns in die Arbeit
teilen. Ich habe schon das Feld von Bäumen,
Büschen und Gras gereinigt, jetzt kannst du es
übernehmen, die Saat auszustreuen. So teilen
wir uns ausgezeichnet in die Arbeit." Jugumbe
sagte: „Ja, das wollen wir machen." Dann
gingen sie hin, betrachteten den Acker und Ju=
gumbe sagte: „Du hast das Feld gut gereinigt.
Nun können wir säen. Und das werde ich über=
nehmen." Jugumbe warf die Saat aus. Die
Saat ging auf. — Nach einiger Zeit ließ Rei=
neke durch Uobogo den Acker vom Unkraut rei=
nigen.

Als die Saat reif war, ging Reineke eines
Tages zu Uobogo und sagte: „Du mußt doch
einmal nachsehen, was das mit unserem Acker
wird. Ich habe jetzt schon mehrfach ein Tier darauf
wahrgenommen, das scheint unseren Acker in
Beschlag nehmen zu wollen. Es muß ein ganz
riesengroßes Tier sein, viel größer als du. Bring
dir also ja einen großen Knüppel mit. Das Tier
selbst habe ich noch gar nicht gesehen, sondern nur
seine Konde (Gitarre). Aber diese Konde ist so
mächtig, daß du sie nicht würdest tragen können.
Also rüste dich ja, wenn du kannst, mit einem
tüchtigen Knüppel aus, denn dieses Tier muß
viel größer und stärker, als du es bist, sein."

Uobogo sagte: „Gut, ich werde mich einrichten. Ich werde morgen früh auf dem Acker sein."

Alsdann ging Reineke zu Jugumbe und sagte zu ihm: „Jugumbe! Ich fürchte fast, wir haben die schwerste Arbeit der Ackerbestellung für jemand anderes verrichtet. Jeden Morgen sehe ich jetzt auf unserem Acker ein riesenhaftes Tier, dem gegenüber du wie eine Termite bist. Es trägt eine Keule zwischen zwei Fingern, die mir Angst macht zu sehen. Ich glaube, dieses Tier will uns die Frucht unserer Ackerarbeit rauben. Willst du es nicht einmal ansehen?" Jugumbe sagte: „Gewiß will ich dieses Tier sehen, ich werde morgen früh hingehen." Reineke sagte: „Komm aber ja ganz früh, lege dich nur irgendwo an die Sonnenseite hin, so daß ich dich gleich rufen kann, wenn ich das Tier irgendwo sehe." Jugumbe sagte: „Es ist gut, ich werde ganz früh dort sein."

Am anderen Morgen ging Jugumbe ganz früh auf das Feld. Inzwischen lief Reineke zu Uobogo und sagte: „Komm, ich will dir das fremde Tier mit der Konde zeigen." Uobogo machte sich darauf mit Reineke auf den Weg. Ehe sie am Felde ankamen, machte sich Uobogo aus einem großen Baume eine riesenhafte Keule zurecht, und dann gingen sie auf den Acker. Am anderen Ende war inzwischen Jugumbe angekommen. Man sah nur seinen Hals und seine Höcker aus dem Felde emporragen (nach Ansicht der Mossi sehen diese beiden Teile zusammen aus wie eine Konde, eine Gitarre). Reineke sagte zu

Uobogo: „Sieh dorthin, sieh dorthin! Ist das nicht eine Konde?" Uobogo sah hin und sagte: „Ja, das ist eine riesengroße Konde!" Reineke sagte: „Nun kannst du dir denken, wie groß das Tier ist, das dieses Instrument führt. Ich habe Furcht, ich habe Furcht! Schnell, laß uns weg= laufen, ehe das Tier mit uns Streit beginnt. Wirf deine Keule weg! Lauf mit mir fort. Auch dein Leben ist wertvoll." Reineke lief davon. Uobogo bekam auch Angst. Er warf seine Keule beiseite und lief auch in die Weite.

Reineke kehrte aber bald um; er schlich sich zu Jugumbe hin und sagte leise: „Jugumbe, Ju= gumbe, komm schnell! Das Tier ist dort drüben. Es hat eben seine Keule hingelegt. Ach, ich habe solche Angst! Aber komm! Sieh dir die Sache selbst an." Jugumbe sagte: „Ja, ich will mir die Sache ansehen." Reineke führte Jugumbe zu der Stelle, an der Uobogo seine Keule auf die Erde geworfen hatte, und zeigte Jugumbe den Baumstamm. Er sagte: „Glaubst du mit diesem Tier fechten zu können, das solche Keulen hand= habt?" Jugumbe sagte: „Nein, das kann ich nicht!" Reineke sagte: „Aber du könntest es vielleicht versuchen! Warte, ich will das Tier, das da drüben sein muß, rufen, damit du mit ihm kämpfst. Wir wollen doch unsere Acker= arbeit nicht umsonst verrichtet haben." Reineke wollte gehen. Jugumbe sagte: „Laß, laß, ich kann das unmöglich. Lieber gebe ich den Acker auf." Jugumbe lief von dannen.

Reineke sagte zu sich: „Nun gehört mir der Acker allein. Ich brauche jetzt nur noch jemand, der mir das Eintragen des Kornes erledigt." Reineke ging zur Uidi Pelogo (Pferde-Antilope) und fragte: „Wenn du mir das Korn von meinem Acker einsammelst und in die Speicher tragen willst, sollst du gut bezahlt werden." Uidi Pelogo hatte aber alles gesehen, was Reineke mit Uobogo und Jugumbe angefangen hatte, und sagte: „Ich danke dir. Ich kenne aber deine Schliche. Suche dir jemand anders." Darauf ging Reineke zu den Uamsi (Affenart) und sagte: „Wenn ihr mir das Korn auf meinem Acker einsammeln und in die Speicher eintragen wollt, so sollt ihr gut bezahlt werden." Die Uamsi sagten: „Gut, das wollen wir tun."

Reineke sagte: „Fangt ihr nun an, das Korn zu schneiden, ich werde inzwischen die Speicher vorbereiten." Die Uamsi gingen an die Arbeit des Kornschneidens. Reineke ging nach Haus und bereitete die Speicher vor. Er nahm von allen Speichern die Deckel ab. Er setzte sie auf die Erde. Er tat aber unter jeden Strohhelm drei Hunde. Nachher kamen die Uamsi mit dem Korn und füllten es in die Speicher. Reineke sagte: „So ist es gut! Nun braucht ihr nur noch die Strohhelme auf die Speicher zu setzen, und nachher will ich euch gut bezahlen." Die Uamsi nahmen die Strohhelme empor, da fuhren aber die Hunde empor, und das verursachte den Uamsi einen solchen Schrecken, daß sie in großer Bestürzung

von dannen eilten, ohne noch an eine Bezah=
lung zu denken.

So hatte Reineke sein Korn gewonnen, ohne
selbst dabei auch nur die Hand zur Arbeit er=
hoben zu haben. —

Gierschlung und Kinkirsi. Ein Mann hatte einen kleinen
Sohn. Der Mann hatte viel Korn
gewonnen und seinen Speicher gut
gefüllt. Als die schlechte Jahreszeit begann, ent=
stand in der Gegend Hunger. Der Vater sagte
zu seinem Jungen: „Ich will ausgehen, um ein
wenig Arbeit zu suchen. Achte du derweilen auf
den Speicher.“ Der Vater ging.

Eines Tages kam ein kleiner Kinkirsi (Ko=
bold) zu dem Knaben und sagte: „Guten Tag!“
Der Junge sah den Kinkirsi an und sagte auch:
„Guten Tag!“ Der Kinkirsi sagte: „Dein Vater,
der zur Arbeit ausgegangen ist, sendet mich zu dir
und läßt dir sagen, du solltest mir von dem Korn
in eurem Speicher geben.“ Der Junge sagte:
„Wenn mein Vater das angeordnet hat, so nimm
dir.“ Damit machte er den Speicher auf. Der
Kinkirsi kroch hinein. Er aß, so viel er nur essen
konnte, und dann machte er sich noch ein hübsches
Paketchen zurecht, das nahm er mit sich fort. Am
anderen Tage kam der Kinkirsi wieder und sagte:
„Dein Vater, der auf Arbeit ausgegangen ist,
sendet mich zu dir und läßt dir sagen, du sollest

mich in den Speicher hineinlassen, damit ich mir ein wenig Korn nehme." Der Junge sagte: „Wenn mein Vater das angeordnet hat, so komm!" Er führte den Kinkirsi an den Speicher, öffnete ihn und ließ ihn hinein. Der Kinkirsi kroch hinein. Er aß, so viel er zu essen vermochte. Dann packte er noch eine kleine Matte mit Korn voll und schleppte das mit sich von dannen.

Am nächsten Tage kam der Vater wieder. Er sagte: „Guten Tag!" Der Sohn sagte: „Guten Tag!" Der Vater fragte: „Was gibt es?" Der Junge sagte: „Ich habe mich über einen kleinen Kerl geärgert. Der kam zuerst vorgestern und sagte, du hättest ihn geschickt, ich solle ihm den Speicher öffnen und ihn nach Belieben nehmen lassen. Ich tat das. Er aß und nahm auch noch mit. Gestern kam er schon wieder und sagte, du habest ihn geschickt und ich solle ihn essen lassen. Ich ließ ihn in den Speicher. Er aß sich gehörig voll. Dann nahm er noch ordentlich mit und ging von dannen." Der Vater sagte: „Ich will dir etwas sagen, mein Junge: Das ist sicher ein Kinkirsi. Wenn er wiederkommt, dann laß ihn nur ruhig in den Speicher hinein. Dann aber, wenn er darin und ordentlich beim Essen ist, mache den Speicher zu und laß ihn nicht wieder heraus, warte vielmehr, bis ich wiederkomme." Der Junge sagte: „Es ist gut so." Der Vater ging.

Am anderen Tage kam richtig der Kinkirsi wieder und sagte: „Guten Tag!" Der Junge sagte: „Guten Tag!" Der Kinkirsi sagte: „Dein

Vater, der auf Arbeit ausgegangen ist, sendet mich zu dir. Er läßt dir sagen, du sollest mir den Speicher aufmachen, damit ich ordentlich essen kann." Der Junge sagte: „Wenn mein Vater das angeordnet hat, so wollen wir es allsogleich machen." Er ging hin und öffnete den Speicher. Der Kinkirsi kroch sogleich hinein. Kaum war er darin, so schloß der Junge ihn auch wieder.

Der Vater kam wieder. Er sagte: „Guten Tag!" Der Junge sagte: „Guten Tag!" Der Vater sagte: „Was gibt es Neues?" Der Junge sagte: „Der Kinkirsi ist im Speicher gefangen!" Der Vater sagte: „Das ist gut. Wir wollen sogleich nachsehen." Dann ging er hin und öffnete den Speicher. Im Speicher war der Kinkirsi. Der Vater sagte: „Was ist er klein und mager und hat dabei einen so großen Kopf und einen langen Bart." Kinkirsi sagte: „Das kommt daher, daß ich so großen Hunger hatte. Der Kopf ist groß geblieben, aber der Körper wurde, weil ich nicht genug zu essen bekam, immer kleiner. Nun brauche ich aber nur einige Tage gut zu essen, so wächst mein Körper sehr schnell, ich werde wieder ganz groß und stark, und man kann gar nicht glauben, wie ich dann arbeiten kann." Der Vater sagte: „Das ist nicht dumm! Das ist möglich! Wir können es versuchen." Der Vater legte ihm eine Schnur um den Hals und führte ihn in das Haus, um ihn anzubinden. Der Kinkirsi sagte: „Wenn ich sehr gut gedethen soll, müßt ihr mich da anbinden, wo es nicht so hell und wo es etwas abgelegen ist." Der Vater sagte: „Das kann ge=

schehen." Dann band er ihn an, und von da an bekam er in seinem Winkel alle Tage Mehlspeise und Fleisch vorgesetzt.

Eines Tages kam Gierschlung (Katere, der Schakal) vorbeigelaufen und witterte einen Knochen, den Kinkirsi vorher abgeknabbert hatte. Gierschlung trat ein und sagte: „Guten Tag, mein alter Kinkirsi. Was machst du denn hier in diesem stillen Winkel?" Kinkirsi sagte: „Ach, die Menschen haben mich hier angebunden, damit ich fett werde, und nun geben sie mir alle Tage Hühner=, Hammel= und Ochsenfleisch. Und ich mag kein Fleisch essen. Ich habe es nun aber einmal übernommen und muß es durchführen." Gierschlung sagte: „Ich will dir einen Vorschlag machen, Vater Kinkirsi. Ich will dich losbinden. Du kannst mich dann an den Strick legen. Ich tue es aus Freundschaft für dich und verspreche dir, daß ich alles Fleisch, das sie herwerfen, auf= esse." Kinkirsi sagte: „Laß mich, ich habe es nun einmal übernommen und will dir nicht zumuten, daß du dich mit dem Fleische herumplagst. Denn du glaubst gar nicht, welchen Haufen ich davon jeden Tag verzehren muß." Gierschlung sagte: „Vater Kinkirsi, ich bin jung und es soll mich freuen, dir mit junger Kraft eine schwierige Sache abzunehmen." Sie stritten längere Zeit hin und her. Endlich sagte Kinkirsi: „Wenn du denn durchaus willst, so will ich den Freundschafts= dienst annehmen." Darauf band Gierschlung Kin= kirsi los und ließ sich dann von Kinkirsi an den Strick legen. So war denn Gierschlung in dem

stillen Winkel angebunden, und Kinkirsi eilte, von
dannen zu kommen.

Am anderen Tage kam der Knabe, dem Kin=
kirsi sein Essen hinzustellen. Er sah Gierschlung,
stellte das Essen schnell hin, lief zu seinem Vater
und sagte: „Vater, es ist wahr, Kinkirsi ist schon
ganz groß geworden, er läuft schon auf vier
Beinen; er ist schon so groß wie ein Kalb. Er
hat nicht gelogen. Die gute Nahrung hat ihn
schnell groß und stark gemacht.“ Der Vater sagte:
„Das ist ja ausgezeichnet! Ich will das gleich
ansehen.“ Der Vater ging mit dem Sohne hin.
Er sah den Gierschlung. Er sagte: „Du bist
außerordentlich gewachsen. Das ist sehr schön. Du
bist wirklich so groß wie ein Kalb, und wir wollen
dich schlachten.“ Darauf sagte Gierschlung: „Ich
bin ja gar nicht Kinkirsi. Ich bin ja Gierschlung.
Seht ihr nicht, daß ich viel größer bin als Kin=
kirsi?“ Der Vater sagte: „Ach was! Du hast
selbst gesagt, daß du, wenn du gute Nahrung be=
kämst, in einigen Tagen ganz groß sein würdest.
Also, du wirst jetzt geschlachtet.“ Und so ward
Gierschlung getötet. Seitdem fliehen die Kin=
kirsis und die Schakale die Wohnungen der
Menschen. —

**Gierschlung
und der
Buschkönig.** Gierschlung ging eines Tages im
Walde spazieren. Da traf er einen
Topf voller Fische. Es war ein
sehr großer Topf. Gierschlung steckte die Nase
hinein und rief: „Ja, es sind Fische.“ Er be=

gann voller Freude rings um den Topf zu tanzen. Dann sagte er: „Nun will ich aber die Sache beiseite bringen, um ungestört essen zu können." Er nahm ihn auf und wollte gehen. Da kam Djigimde (der Löwe).

Djigimde hatte Gierschlung so vergnügt tanzen sehen. Er sagte zu Gierschlung: „Ich sah dich eben tanzen, weshalb warst du so vergnügt?" Gierschlung sagte: „Ich habe soeben im Busche etwas gefunden, nämlich einen großen Topf voller Fische." Djigimde sagte: „Zeig' einmal!" Gier= schlung setzte den Topf mit Fischen auf die Erde. Djigimde roch daran und sagte: „Das ist nichts für Kinder. Das werde ich selbst essen." Und Djigimde machte sich sogleich daran und fing an zu essen. Gierschlung sagte: „Gib mir doch ein klein wenig ab." Djigimde aß und schüttelte den Kopf. Als er beinahe alles aufgegessen hatte, sagte Gierschlung nochmals: „Gib mir doch ein klein wenig ab." Der Djigimde schüttelte nur den Kopf.

Da sprang aber Gierschlung mit einem schnellen Satze hinter dem Djigimde vorbei und riß ihm den Hodensack fort. Mit dem Hodensack jagte er, so schnell er konnte, von dannen. Als er weit genug war, ging er langsamer. Er sah da Tauben sitzen. Er warf mit dem Hodensack des Djigimde wie mit einem Stein nach ihnen, traf auch wirklich eine Taube und tötete sie. Mit dem Hodensack und der Taube ging er weiter.

Mit dem Hodensack und der Taube kam er an einem Gehöft vorbei, in dem wohnte eine Frau mit ihrem Söhnchen. Die Frau hatte eine sehr große Ziegenherde. Gierschlung nahm die Taube und machte sie dem Söhnlein der Frau zum Geschenk. Nach einigen Tagen machte er sich aus dem Hodensack eine Gitarre, ging zu der alten Frau, spielte die Gitarre und sang: „Pendere, pendere, pendere! Wenn jemand dem Djigimbe den Hodensack entreißt, um damit Tauben totzuwerfen und wenn er dann die Tauben verschenkt, so muß man ihm die Gabe reich belohnen. Was gibst du mir für die Taube, meine Alte?“ Die alte Frau wußte sich nicht anders zu helfen, als dem Gierschlung eine Ziege zu schenken.

Am anderen Tage kam aber Gierschlung wieder und sagte wieder: „Pendere, pendere, pendere! Wenn jemand dem Djigimbe den Hodensack entreißt, um damit Tauben zu töten, und wenn er dann die Tauben verschenkt, so muß man ihm die Gabe reich belohnen. Was gibst du mir für die Taube, meine Alte?“ Die alte Frau hatte große Angst vor dem Manne, der dem Könige der Tiere hatte die Hoden entreißen können. Sie wußte nichts anderes zu tun, als dem Gierschlung von ihren Ziegen zu schenken.

Am dritten Tage aber kam Gierschlung wieder. Er kam jeden Tag, einen nach dem anderen, sang auf der Hodensack=Gitarre und erpreßte eine Ziege, so daß die alte Frau von ihrem großen Ziegenbestande schließlich nichts weiter übrig behielt als eine einzige große Ziege. Da setzte sich die Frau mit ihrem Söhnchen hin und begann zu weinen. In dem Augenblick aber kam

Djigimbe vorbei. Er sah die beiden weinen und sagte: „Weshalb weint ihr denn?" Die Alte antwortete: „Ach, hier kommt immer ein Gier=schlung an, der hat dem Djigimbe den Hodensack geraubt, hat damit eine Taube totgeworfen, hat uns die Taube geschenkt und kommt nun alle Tage, spielt auf seiner Gitarre, die er sich aus dem Hodensack gemacht hat, und verlangt drohend eine Ziege für die Taube. Nun hat er fast schon alle Ziegen erhalten. Es bleibt nur noch die eine dort, und die wird er heute abend holen. Dann sind wir ganz arm!"

Djigimbe sagte: „Ich will euch helfen. Bindet mich gegen Abend auch an den Ziegenpflock, und wenn Gierschlung dann heute abend kommt, dann gebt mich ihm als Ziege." So ward es. Gegen Abend band die Frau Djigimbe an einen Pflock. Als es anfing, Nacht zu werden, machte sich Gierschlung auf, seine Ziege zu holen. Er traf unterwegs Reineke und nahm den mit sich zu der alten Frau. Reineke trug die Gitarre, Gier=schlung sang: „Pendere, pendere, pendere! Wenn jemand dem Djigimbe den Hodensack entreißt, um damit Tauben totzuschlagen, und wenn er dann die Tauben verschenkt, so muß man ihm die Gabe reich belohnen. Was gibst du mir für die Taube?" Die Alte sagte: „Ihr seid zwei Burschen. Ich habe gerade noch zwei Ziegen. Nehmt die beiden Ziegen hin." Darauf führte sie die beiden dahin, wo die Ziege und Djigimbe angebunden waren. Als Gierschlung Djigimbe sah, sagte er: „Das ist die größere, die werde ich nehmen. Nimm du

die andere, mein Reineke." Es war nämlich in=
zwischen vollständig Nacht geworden.

Die beiden führten jeder seine „Ziege" fort.
Nach einiger Zeit begann es zu blitzen. Reineke
sah, daß die „Ziege" Gierschlungs Djigimbe war,
daß Gierschlung das aber nicht sah, weil der Dji=
gimbe hinter ihm her geführt wurde. Reineke
sagte: „Gierschlung, sieh doch einmal rückwärts
auf die Blitze." Gierschlung sagte: „Was scheren
mich die Blitze! Ich mache, daß ich mit den
Ziegen heim komme." Reineke dachte bei sich:
„Diese Sache wird gut endigen. Ich will machen,
daß ich beizeiten von dannen komme." Reineke
sagte nach einer Weile: „Ich habe schweres Leib=
schneiden, führe meine Ziege ein wenig. Ich will
mich in den Wald zurückziehen." Gierschlung
sagte: „Gib die Schnur her." Reineke gab die
Schnur an Gierschlung. Reineke trat in den
Busch, und machte dann, daß er so schnell wie
möglich heim kam.

Gierschlung eilte sich auch mit den zwei
„Ziegen", nach Haus zu kommen. Als er in sein
Gehöft kam, führte er beide Ziegen ins Haus,
rief seine zwei Frauen und sagte: „Kommt mit
euren Kindern und zwei Holzschalen. Ich bringe
zwei Ziegen mit. Die will ich nur gleich schlachten
und das Blut auffangen." Die Frauen kamen
mit den Kindern und Holzschüsseln. Nun packte
Gierschlung Djigimbe am Kopf, um ihm die Kehle
durchzuschneiden. Als er aber so den starken Hals
faßte, knurrte Djigimbe, und an dem Knurren
merkte Gierschlung entsetzt, wen er vor sich hatte.

Er und die Seinen sprangen beiseite. Aber es war zu spät. Djigimde sprang auf einen nach dem anderen und tötete so alle Schakale. Darauf kehrte Djigimde zu der alten Frau zurück und sagte: „Ich habe Gierschlung und seine ganze Familie geschlachtet. Du kannst hingehen, ihr Fell und ihr Fleisch als Ersatz für deine verlorenen Ziegen zu verkaufen.“

3. Aus Togo.

Der Ziegenbock und die Gestirne. Der Ziegenbock kam mit Eisen zum Schmiede und sagte zu ihm: „Mach' mir doch Sonne, Mond, Kälte und Wärme." Der Schmied sagte: „Ich will es tun." Der Ziegenbock ging von dannen. Am anderen Tage kam die Hyäne, brachte Eisen und sagte zum Schmiede: „Mache mir doch Sonne, Mond, Kälte und Wärme." Der Schmied sagte: „Ich will es tun." Die Hyäne ging von dannen.

Der Schmied überlegte. Er wußte nun nicht, was er tun sollte, und wem er die Arbeit machen sollte. Und weil er sich nicht entschließen konnte, wem er die Sachen zuerst machen sollte, tat er zunächst gar nichts. Nach einigen Tagen kam der Ziegenbock wieder zum Schmiede und sagte: „Ich möchte gern sehen, wieweit du mit der Arbeit bist." Der Schmied sagte: „Ich habe noch gar nichts gemacht, denn außer dir war noch die Hyäne da und hat bei mir die gleiche Arbeit bestellt, und nun weiß ich nicht, wen ich zuerst befriedigen soll." Der Ziegenbock sagte: „Ich kenne die Hyäne nicht, — ist die groß oder klein?" Der Schmied sagte: „Die Hyäne ist so groß wie du." Der Ziegen=

250

bock fragte: „Und wann kommt die Hyäne wieder?"
Der Schmied sagte: „Morgen kommt die Hyäne
wieder." Der Ziegenbock sagte: „Es ist gut." Der
Ziegenbock ging heim.

Am anderen Tage rief der Bock seine Frau
und sagte: „Du wirst heute mein Pferd sein."
Er bestieg es. Der Ziegenbock rief seinen Sohn.
Sein Sohn mußte neben ihm herlaufen. Er blies
das Horn und rief: „Agua kanite fau! Gestern
hast du am Berge fünf Hyänen getötet. Heute
ist beim Schmied eine Hyäne. Töte sie, damit
es ihrer sechs sind, die dir erlagen." In solchem
Aufzuge und unter solchem Gerufe kam der
Ziegenbock den Weg zum Schmiede her. Der
Sohn des Ziegenbockes blies und sang.

Die Hyäne war zum Schmiede gekommen.
Sie stand in der Schmiede und sah der Arbeit
des Schmiedes zu. Vom Berge her kam der
Zug des Ziegenbockes. Die Hyäne glaubte etwas
zu hören. Sie sagte zum Schmiede: „Schmied,
unterlaß einmal das Blasebalgstoßen (das ge=
räuschvolle). Es bläst und ruft jemand meinen
Namen." Der Schmied sagte: „Ach was, ich höre
nichts. Weshalb soll ich also meine Arbeit unter=
brechen!" Der Schmied stieß weiter seinen Blase=
balg. Nach einiger Zeit aber sagte die Hyäne
abermals: „Schmied, unterlaß das Blasebalg=
stoßen! Es ruft jemand meinen Namen. Ich
höre es ganz deutlich."

Der Schmied ließ von der Arbeit. Sie hörten
wie der junge Ziegenbock sang: „Agua kanite fau!
Gestern hast du am Berge fünf Hyänen getötet.

Heute ist beim Schmiede eine Hyäne. Töte sie, damit es ihrer sechs sind, die dir erlagen!" Die Hyäne hörte es. Sie erschrak. Sie sagte zum Schmiede: „Verstecke mich! Das ist ein Feind, der mich töten will." Der Schmied sagte: „So krieche in meinen Fellsack (Schultersack)." Die Hyäne kroch in den Fellsack des Schmiedes. Draußen stieg der Ziegenbock von seinem Pferde.

Der Ziegenbock trat in die Hütte des Schmiedes. Der Ziegenbock sagte zum Schmiede: „Wo ist die Hyäne?" Der Schmied sagte: „Die Hyäne ist fort." Der Ziegenbock sagte: „Schmied, gib mir etwas Schnupftabak." Der Schmied sagte: „Ich habe zurzeit keinen Schnupftabak." Der Ziegenbock sagte: „So leihe mir vier Kauri=muscheln, damit ich meinen Sohn damit fort=senden kann, mir Schnupftabak zu kaufen." Der Schmied sagte: „Ich habe zurzeit keine Kauri=muscheln." Der Ziegenbock sagte: „Ach! Ihr Schmiede verdient so viel, daß doch sicherlich Kauris in jeder Schmiedehütte sind." Der Schmied sagte: „Es sind keine in meiner Hütte." Der Ziegenbock sagte: „Sieh, da liegt ein dick=gefüllter Fellsack! Da sollten doch Kauri darin sein!" Der Schmied sagte: „Nein, es sind keine Kauri darin."

Der Ziegenbock sagte: „Nun, so sieh' nur ein=mal in dem Fellsack nach, ob nicht die paar Kauris darin sind." Der Schmied machte zuletzt den Fell=sack ein wenig auf und griff mit der Hand hin=ein. Da sprang die geängstigte Hyäne heraus, warf im Vorbeirennen den Schmied um, stürzte zur Tür und jagte ins Freie. Der Ziegenbock aber rief hinter ihr her: „Lauf in die Berge! In den Bergen habe ich gestern fünf Hyänen getötet. Lauf' auch dahin, damit ich dich als sechste dort treffe." Die Hyäne lief so schnell sie konnte von dannen.

Danach stellte der Schmied für den Ziegenbock Sonne, Mond, Wärme und Kälte her. Aber Ziege und Hyäne, die vordem gute Freunde waren und miteinander aßen, sind seitdem Todfeinde, und die Hyäne lebt seitdem im Busch und nicht mehr im Dorfe.

Ziegenbock und Schafbock. Gott stellte den Menschen auf die Erde. Der Mensch baute sich ein Haus. Gott stellte die Ziegen auf die Erde. Es wurden bald viele. Sie hatten ihre Wohnung. Gott stellte die Schafe auf die Erde. Es wurden bald viele. Sie hatten ihre Wohnung. Gott stellte die Leoparden, die Hyänen, die Löwen auf die Erde, und jedes hatte eine eigene Wohnung. Die wilden Tiere aber fraßen alle Abende Ziegen und Schafe.

Eines Tages kam der Ziegenbock zum Schafbock und sagte: „Was wollen wir machen. Jeden Tag rauben die wilden Tiere einen oder mehrere von uns. Was sollen wir dagegen machen?" Der Schafbock sagte: „Dagegen können wir nichts machen. Man soll das gehen lassen, wie es geht. Wenn wir etwas dagegen tun, geht es uns wo-

möglich noch viel schlechter." Der Ziegenbock
sagte: „Doch, wir wollen etwas dagegen tun. Ich
werde gegen die wilden Tiere in den Krieg ziehen!"
Der Schafbock sagte: „Aber, was denkst du! Die
wilden Tiere sind ja viel zu stark!" Der Ziegen=
bock sagte: „Das ist mir ganz gleich. Ich werde
genau nach meinem Kopfe machen. Und wenn
ich allein Krieg führen muß, so werde ich es
eben ganz allein tun. Du wirst aber sehen, daß
es mir gelingt." Der Schafbock sagte: „Sei vor=
sichtig! Es wird dir schlecht dabei gehen." Der
Ziegenbock sagte: „Ich werde es genau so machen,
wie ich denke." Der Schafbock ging und ließ den
Ziegenbock allein.

Der Ziegenbock sagte zu seiner Frau: „Mach
bis morgen früh schöne, frische Kuchen." Dann
holte der Ziegenbock ein langes Haussaschwert mit
einem schönen, dicken Bandelier. Von den Men=
schen lieh er sich getrocknete Felle vom Leoparden,
von der Hyäne, vom Löwen. Zwischendurch flocht
er sich eine Tasche. Abends spät sagte er zu
seiner Frau: „Halte dich mit deiner Last morgen
früh bereit. Wir werden ein gutes Stück weit
gehen." Die Frau packte abends schon alle Sachen
zusammen und zog das Netz darüber.

Am anderen Morgen früh ging der Ziegen=
bock den Weg auf das Gehöft des Leoparden
zu. Seine Frau ging mit der Last auf dem Kopfe,
auf die oben die Kuchen aufgepackt waren,
hinter ihm her. Sie kamen ganz dicht zu des
Leoparden Haus. Der Leopard lag gerade im
Hintergrunde des Hauses auf seinem Lager. Die

Leopardin aber schaute die Straße entlang. Die Leopardin rief: „Mann! Da kommen die Ziegen, die wir immer essen, an, sie gehen gerade auf uns zu." Der Leopard sagte: „Das ist ja gar nicht möglich! So dumm sind die Ziegen nicht." Die Leopardin sah noch einmal scharf hin und rief dann: „Doch! Es sind die Ziegen!" Der Leopard erhob sich und sagte: „Das sind nicht die, die wir immer essen, das sind andere. Die wir essen, die schreien und laufen fort. Die hier aber kommen ganz unbekümmert auf uns zu. Geh hin und bringe dem Bock eine Schale Wasser." (Wasser bringen ist die übliche Begrüßungsform dem durstigen Wanderer gegenüber.)

Die Leopardin holte eine Schale mit Wasser, um sie dem Ziegenbock entgegenzubringen. Der Leopard versteckte sich hinter der Tür und schaute (gespannt) zu. Die Leopardin ging dem Ziegenbock mit der Schale voll Wasser entgegen. Sie kniete vor dem Ziegenbock nieder. Derweilen setzte die Ziege ihre Last zu Boden. Der Ziegenbock sah die Leopardin grimmig an und sagte grob: „Habe ich vielleicht schon gegessen!?" Er gab der Schale mit Wasser einen Tritt, daß sie umschlug. Der Ziegenbock sagte: „Ich habe die Gewohnheit immer erst zu trinken, wenn ich meine übliche Leopardenleber gegessen habe. Ich nähre mich am liebsten mit Leopardenleber. Frau, gib' mir aus deinem Korbe von der Leber zu essen. Ich hoffe, daß die von gestern noch gut ist, sonst kann ich ja auch aus diesem Leoparden die Leber herausschneiden."

Die Frau Ziege nahm oben von ihrer Last einen Kuchen, kniete nieder und reichte ihn dem Ziegenbock. Der Ziegenbock nahm, biß ab, spie aber das Abgebissene sogleich wieder aus und rief: „Pfui, das ist ja trocken geworden. Ich werde mir eine frische Leber herausschneiden." Er griff an sein Haussaschwert, er zog das Haussaschwert aus der Scheide und schlug gegen den Sack und die trockenen Felle, so daß es knallte. Als die Leopardin und der hinter der Tür versteckte Leopard das sahen und hörten, ergriff sie Furcht und sie liefen mit ihren Jungen von dannen, so schnell sie konnten. Der Ziegenbock aber zündete das Haus hinter ihnen an und sagte: „Da sieht man, was ein Ziegenbock kann."

Der Ziegenbock sagte zu seiner Frau: „Pack deine Last zusammen. Wir wollen weitergehen." Die Ziege packte ihre Sachen zusammen und nahm die Last auf den Kopf. Der Bock ging voran auf der Spur des Leoparden. Die Ziege folgte ihm. Sie gingen auf das Haus der Hyäne zu.

Die Hyäne lag gerade im Hintergrunde ihres Hauses auf ihrem Lager. Die Hyänin aber schaute die Straße entlang. Die Hyänin rief: „Mann! Da kommen die Ziegen, die wir immer essen, an, sie gehen gerade auf uns zu." Die Hyäne sagte: „Das ist ja gar nicht möglich! So dumm sind die Ziegen nicht." Die Hyänin sah noch einmal scharf hin und rief dann: „Doch, es sind die Ziegen!" Die Hyäne erhob sich und sagte: „Das sind nicht die, die wir immer essen, das sind andere. Die wir essen, die schreien und laufen fort. Die

Schmiede der Baffariten in Togo

hier aber kommen ganz unbekümmert auf uns zu. Geh hin und bringe dem Bock eine Schale Wasser."

Die Hyänin holte eine Schale mit Wasser, um sie dem Ziegenbock entgegenzubringen. Die Hyäne versteckte sich hinter der Tür und schaute zu. Die Hyäne ging dem Ziegenbock mit der Schale voll Wasser entgegen. Sie kniete vor dem Ziegenbock nieder. Derweilen setzte die Ziege ihre Last zu Boden. Der Ziegenbock sah die Hyänin grimmig an und sagte grob: „Habe ich vielleicht schon gegessen?!" Er gab der Schale mit Wasser einen Tritt, daß sie umschlug. Der Ziegenbock sagte: „Ich habe die Gewohnheit, immer erst zu trinken, wenn ich meine übliche Hyänenleber gegessen habe. Ich nähre mich am liebsten mit Hyänenleber. Frau, gib mir aus deinem Korbe von der Leber zu essen. Ich hoffe, daß die von gestern noch gut ist, sonst kann ich ja auch aus dieser Hyäne die Leber herausschneiden."

Die Frau nahm oben von ihrer Last einen Kuchen, kniete nieder und reichte ihn dem Ziegenbock. Der Ziegenbock nahm, spie aber das Angebissene sogleich wieder aus und rief: „Pfui, das ist ja ganz trocken geworden. Ich werde mir eine frische Leber herausschneiden." Er griff an sein Haussaschwert, er zog das Haussaschwert aus der Scheide und schlug gegen den Sack und die trockenen Felle, so daß es knallte. Als die Hyänin und Hyäne, der hinter der Tür versteckt war, das sahen und hörten, ergriff sie große Furcht und sie liefen mit ihren Jungen von dannen, so schnell sie konnten. Der Ziegenbock zündete hinter ihnen das Haus an und sagte: „Da sieht man, was ein Ziegenbock kann."

Der Ziegenbock sagte zu seiner Frau: „Pack deine Last zusammen. Wir wollen weitergehen." Die Ziege packte ihre Sachen zusammen und nahm die Last auf den Kopf. Der Bock ging voran auf der Spur der Hyäne. Die Ziege folgte ihm. Sie gingen auf das Haus des Löwen zu.

Der Löwe lag gerade im Hintergrunde seines Hauses auf seinem Lager. Die Löwin schaute aber die Straße entlang. Die Löwin rief: „Mann! Da kommen die Ziegen, die wir immer essen, an; sie gehen gerade auf uns zu." Der Löwe sagte: „Das ist ja gar nicht möglich! So dumm sind die Ziegen nicht." Die Löwin sah noch einmal scharf hin und rief dann: „Doch, es sind die Ziegen!" Der Löwe erhob sich. Er sagte: „Das sind nicht die, die wir immer essen, das sind andere. Die wir essen, die schreien und laufen fort. Die hier aber kommen ganz unbekümmert auf uns zu. Geh hin und bringe dem Bock eine Schale Wasser."

Die Löwin holte eine Schale mit Wasser, um sie dem Ziegenbocke entgegenzubringen. Der Löwe versteckte sich hinter der Tür und schaute zu. Die Löwin ging dem Ziegenbock mit der Schale Wasser entgegen. Sie kniete vor dem Ziegenbock nieder. Derweilen setzte die Ziege ihre Last zu Boden. Der Ziegenbock sah die Löwin grimmig an und sagte grob: „Habe ich vielleicht schon gegessen?!" Er gab der Schale mit Wasser einen Tritt, daß sie umschlug. Der Ziegenbock sagte: „Ich habe die Gewohnheit, immer erst zu trinken, wenn ich meine übliche Löwenleber gegessen habe. Ich nähre mich am liebsten mit Löwenleber. Frau, gib mir aus deinem Korbe von der Leber zu essen. Ich hoffe, daß die von gestern noch gut ist, sonst kann ich ja auch aus diesem Löwen die Leber herausschneiden."

Die Frau nahm oben von ihrer Last einen Kuchen, kniete nieder und reichte ihn dem Ziegenbock. Der Ziegenbock nahm, spie aber das Angebissene wieder aus und rief: „Pfui, das ist ja ganz trocken geworden. Ich werde mir eine frische Leber herausschneiden." Er griff an sein Haussaschwert; er zog das Haussaschwert aus der Scheide und schlug gegen den Sack und die trockenen Felle, so daß es knallte. Als die Löwin und der hinter der Tür versteckte Löwe das sahen und hörten, ergriff sie große Furcht und sie liefen mit ihren Jungen von dannen, so schnell sie konnten. Der Ziegenbock zündete hinter ihnen das Haus an und sagte: „Da sieht man, was ein Ziegenbock kann."

Der Ziegenbock sagte zu seiner Frau: „Pack deine Last zusammen, wir wollen heimgehen." Die Ziege packte ihre Sachen zusammen und nahm die Last auf den Kopf. Der Bock ging voran auf dem Wege nach seinem Gehöft. Als der Ziegenbock heimkam, veranstalteten alle Ziegen und Schafe ein Fest und sangen dem Ziegenbock ein (Ruhmes=)lied. Der Schafbock ging zum Ziegenbock und fragte ihn: „Erzähle mir, wie du es gemacht haft, daß du die Leoparden, Hyänen und Löwen vertrieben haft." Der Ziegenbock sagte: „Es war sehr einfach!" Der Ziegenbock erzählte es. Der Schafbock sagte: „Das ist ja sehr einfach, das kann ich auch."

Der Schafbock sagte zu seiner Frau: „Mach bis morgen früh schöne, frische Kuchen." Dann holte der Schafbock ein langes Haussaschwert mit einem schönen, dicken Bandelier. Von den Menschen lieh er sich getrocknete Felle vom Leoparden, von der Hyäne, vom Löwen. Zwischendurch flocht er sich eine Tasche. Abends spät sagte er zu seiner Frau: „Halte dich mit deiner Last morgen früh bereit, wir werden ein gutes Stück weit gehen." Die Frau packte abends schon ihre Last zusammen und zog das Netz darüber.

Am anderen Morgen früh ging der Schafbock den Weg auf das Gehöft des Leoparden zu. Seine Frau ging mit der Last auf dem Kopfe, auf die oben die Kuchen aufgelegt waren, hinter ihm her. Sie kamen ganz dicht zu dem Leopardenhaus. Der Leopard war mit der Leopardin und seinen Jungen zurückgekehrt und hatte sein Haus, das der Ziegenbock niedergebrannt hatte, wieder aufgebaut. Als der Schafbock mit seiner Frau näherkam, lag der Leopard gerade im Hintergrunde seines Hauses auf seinem Lager. Die Leopardin aber schaute die Straße hinunter.

Die Leopardin rief: „Mann, da kommen die Schafe, die wir immer essen, sie gehen gerade auf uns zu." Der Leopard sagte: „Sie werden es ebenso machen, wie die Ziegen. Wir müssen also wohl auf unserer Hut sein, damit sie uns nicht entwischen." Die Leopardin sagte: „Ja, der Schafbock hat auch ein Schwert und tritt stark auf den Boden." Der Leopard sagte: „So gehe ihm mit einer Schale Wasser entgegen."

Die Leopardin holte eine Schale mit Wasser, um sie dem Schafbock entgegenzubringen. Der Leopard versteckte sich hinter der Tür und schaute zu. Die Leopardin ging dem Schafbock mit der Schale Wasser entgegen. Sie kniete vor dem Schafbock nieder. Derweilen setzte die Frau des Schafbockes ihre Last auf die Erde. Der Schafbock sah die Leopardin grimmig an und sagte grob: „Habe ich vielleicht schon gegessen?" Der Schafbock gab der Schale mit Wasser nicht einen Stoß, wie der Ziegenbock, sondern er sagte: „Setze zunächst die Schale mit Wasser zur Seite, damit ich erst esse. Erst esse ich, dann erst trinke ich. Ich habe die Gewohnheit, des morgens eine Leopardenleber zu verzehren. Leopardenleber ist meine liebste Speise. Frau, gib mir aus dem Korbe von der Leber. Ich hoffe, daß wir noch davon haben und daß sie noch gut ist, — sonst müssen wir den Leoparden bitten, uns eine andere zu besorgen."

Die Frau des Schafbockes nahm oben von ihrer Last einen Kuchen, kniete nieder und reichte ihn dem Schafbock. Der Schafbock nahm, biß ab, spie aber das Angebissene nicht wieder aus, wie der Ziegenbock, sondern kaute es, schluckte es hinter und sagte: „Ach, das schmeckt gut." Der Leopard hinter der Tür gab wohl acht. Als der Schaf=

bock sich niederbeugte, um noch einmal abzubeißen, sprang er ihm in den Nacken und biß ihn tot. Die Leopardin aber sprang auf die Frau des Schafbockes zu und tötete sie.

Seitdem ist es so geblieben. Leoparden, Hyänen und Löwen rauben Ziegen und Schafe. Was der Ziegenbock erreicht hat, hat der Schaf= bock wieder verdorben. Aber wenn Leopard, Hyäne oder Löwe die Ziegen überfallen, so schreien die Ziegen. Ueberfallen sie Schafe, so gibt es kein Geräusch, denn Schafe lassen sich lautlos nieder= schlagen und wehren sich niemals gegen den Räuber.

Tischlein deck dich! Es war einmal eine große Hungers= not. Spinne und seine Familie hatten auch nichts zu essen. Spinne machte sich auf den Weg und wanderte weit fort. Spinne kam zu Varanus (eine große Eidechse). Varanus saß auf Steinen. Spinne wollte an Varanus vorbei= gehen. Varanus sagte: „Wo gehst du so eilig hin? Was hast du vor, Spinne?" Spinne sagte: „Wir haben nichts zu essen. Ich laufe umher und suche, wo ich Essen auftreiben kann. Bei uns ist eine große Hungersnot." Varanus sagte: „Da kann ich dir helfen. Hier hast du ein Talare (ein zu leichtkonkaver Scheibe geschliffenes Kale= bassenstück, mit dem die Frauen den Brei aus dem Topfe kratzen, in dem er gekocht ist). Nimm das Talare und sage zu ihm: „Bulori!" Spinne nahm das Talare und sagte: „Bulori!" Sogleich kam

aus dem Talare viel Essen heraus, soviel, daß
Spinne es gar nicht aufzuessen vermochte. Spinne
aß schnell davon. Dann nahm Spinne sein Talare
und lief damit heim, in sein Dorf zurück.

Spinne ging sogleich zum Uro (Häuptling)
und sagte: „Versammle sogleich alle Leute! Ich
habe soviel Essen bei mir, daß alle Leute essen,
sich satt essen und doch nicht alles verzehren
können." — Der Häuptling sandte die Nachricht
sogleich nach allen Seiten. Von allen Seiten
kamen die Gesunden und Kranken, die Lepra=
kranken, die mit Elephantiasis Behafteten, die
Blinden und Lahmen. Alle kamen. Als alle
beisammen waren, zog Spinne das Talare heraus
und sagte: „Bulori!" Sogleich kam Essen heraus,
viel Essen. Ueberall war Essen. Alle Leute
stürzten sich darauf. Alle aßen sich satt. Alle
nahmen davon mit nach Hause, aber das Talare
gab soviel Speise, daß die Leute nicht alles zu
verzehren vermochten.

Nach einiger Zeit war wieder eine Hungers=
not. Spinne und seine Familie und alle Leute
hatten nichts zu essen. Spinne machte sich auf den
Weg und lief zu Varanus. Spinne sagte zu
Varanus: „Wir haben nichts zu essen. Ich laufe
nun umher und suche, wo ich Essen auftreiben
kann. Bei uns ist eine große Hungersnot!" Va=
ranus sagte: „Da kann ich dir helfen! Hier hast
du eine Sseden (Mörserkeule). Nimm diese
Mörserkeule und sage zu ihr: „Uate!" Spinne
nahm die Mörserkeule und sagte zu ihr: „Uate!"
Sogleich kam aus der Mörserkeule viel Essen

heraus, soviel, daß Spinne es gar nicht aufzu=
essen vermochte. Spinne aß schnell davon. Dann
nahm Spinne seine Mörserkeule und lief damit
heim in sein Dorf zurück.

Spinne ging sogleich zum Uro und sagte:
„Versammle sogleich alle Leute. Ich habe wieder
soviel Essen bei mir, daß alle Leute essen, sich
satt essen und doch nicht alles verzehren können."
— Der Häuptling sandte diese Nachricht sogleich
nach allen Seiten. Von allen Seiten kamen die
Gesunden und die Kranken, die Leprakranken, die
mit Elephantiasis Behafteten, die Blinden und
die Lahmen. Alle kamen. Als alle beisammen
waren, zog Spinne die Mörserkeule hervor und
sagte: „Uate!" — Sogleich kam Essen heraus,
viel Essen. Ueberall war Essen. Alle Leute
stürzten sich darauf. Alle aßen sich satt. Alle
nahmen davon mit nach Hause, aber die Mörser=
keule gab Speise, soviel Speise, daß die Leute
nicht alles verzehren konnten.

Nach einiger Zeit war das Essen zu Ende.
Es war wieder Hungersnot, denn niemand hatte
einen Acker bebaut. Spinne und seine Familie
und alle Leute hatten nichts zu essen, weil sie
faul geworden waren. Spinne machte sich auf
den Weg und lief zu Varanus. Spinne sagte zu
Varanus: „Ich laufe nun wieder umher und suche
vergebens, wo ich Essen auftreiben kann. Bei uns
ist wieder eine große Hungersnot!" Varanus
sagte: „Ich habe euch schon zweimal geholfen!
Habt ihr euere Aecker bestellt?" Spinne sagte:

Speisegenossenschaft

„Wir haben nichts zu essen, — hilf uns doch noch einmal!" Varanus sagte: „Ich habe euch zweimal geholfen! Nun sollst du auch das dritte Mal Essen haben! Hier ist eine Peitsche. Kennst du die?" Spinne sagte: „Nein, die haben wir noch nicht gehabt. Talare und Mörserkeule haben wir auch, aber eine Peitsche haben wir nicht." Varanus sagte: „Nun, dann nimm nur die Peitsche mit und laufe schnell nach Hause. Zu Hause sage dann nur „Bitje-basse, lauf zu!" Spinne nahm die Peitsche. Als Spinne ein Stück weit gelaufen war, sagte er zu sich: „Ich muß schnell einmal ein wenig essen." Er zog die Peitsche hervor und sagte: „Bitje-basse!" Sogleich flog die Peitsche empor und begann auf Spinne loszuschlagen. Spinne lief so schnell er konnte von dannen. Die Peitsche blieb bei ihm und schlug immer weiter. Endlich griff Spinne die Peitsche mit der Hand. Spinne steckte sie ein und ging schnell in sein Dorf zurück.

Spinne ging sogleich zum Uro und sagte: „Versammle sogleich alle Leute! Ich habe euch schon zweimal viel Essen mitgebracht. Diesmal werdet ihr auch genug haben, wenn auch keiner seinen Acker bestellt hat. Sende also überall hin und rufe die Leute. Ich selber habe zu Hause zu tun. Darum gebe ich dir die Sache. Es ist eine Sache, die man Peitsche nennt. Um das Nötige von ihr zu erhalten, muß man zu ihr sagen: „Bitje-basse!" Der Häuptling sagte: „Es ist gut." Er nahm die Peitsche. Spinne ging heim und schloß sich mit seiner Familie ein.

Der Häuptling sandte die Nachricht allso=
gleich nach allen Seiten. Von allen Seiten kamen
die Gesunden und Kranken, die Leprakranken, die
mit Elephantiasis Behafteten, die Blinden und
die Lahmen. Alle kamen. Als alle beisammen
waren, zog der Uro die Peitsche heraus und sagte:
„Das ist eine Peitsche, die hat mir Spinne mit=
gebracht. Spinne hat uns schon zweimal aus der
Not geholfen und Essen mitgebracht. Diesmal
werden wir auch genug haben, wenn auch keiner
von uns seinen Acker bestellt hat. Ich werde es
euch zeigen!" Der Häuptling sagte dann: „Bitje=
basse!" Sogleich flog die Peitsche empor und be=
gann auf den Uro zu schlagen. Die Leute sprangen
auseinander, wollten so schnell wie möglich von
dannen laufen. Aber die Peitsche war überall.
Sie verprügelte alle, die Gesunden und die
Kranken.

| Spinne gewinnt die Häuptlings= tochter. | In einem Dorfe war ein Häupt=
ling, der hatte eine Tochter. Sie
wuchs heran und war reif zur |

Hochzeit. Der Häuptling versammelte alle seine
Leute und sagte zu ihnen: „Ich will für meine
Tochter einen tüchtigen Mann, der sie auch gut
befriedigen kann. Es soll ein Mann mit einem
gehörigen Glied sein. Ich werde deshalb meine
Tochter dem zur Frau geben, der die vielen
Früchte, die an jener Fächerpalme dort oben sind,
mit seinem Glied herunterzuschneiden vermag. Dem

und keinem anderen gebe ich meine Tochter." Die
Leute hörten das. Keiner von den Leuten, die
das gehört hatten, versuchte es. Sie gingen aus=
einander, jeder in sein Gehöft.

Frau Spinne war in der Versammlung ge=
wesen. Sie ging auch nach Haus. Als ihr Mann
nachher von der Farm heimkam, sagte Frau
Spinne: „Du, Uro hat alle Leute zusammen=
kommen lassen und hat gesagt: ‚Ich gebe meine
Tochter dem zur Frau, der ein sehr starkes Glied
hat, ein Glied, mit dem er die sieben Früchte
von dem Fächerbaume herunterzuschneiden ver=
mag.'" Spinne hörte zu. Spinne dachte nach.
Spinne rief darauf: „Die Urotochter werde ich
bekommen."

Spinne wartete ab, bis es dunkel geworden
war. Sobald es dunkel war, nahm Spinne ein
Beil und eine kleine Kalebasse, die war gefüllt
mit dem Rotholzwasser, das die Frauen dazu
zu benutzen pflegten, ihre Kleider rot zu färben.
Damit ausgerüstet, machte Spinne sich in der
Dunkelheit auf den Weg zu der Fächerpalme.
Mit dem Beile schlug er alle sieben Früchte so
weit ab, daß sie nur ganz locker am Stengel
saßen und bei dem kleinsten Anstoß herunter=
fallen mußten. Dann befestigte er die kleine Kale=
basse, die das Rotholzwasser enthielt, zwischen
den Blättern. Dann stieg er wieder herab und
ging nach Hause.

Am anderen Tage ging Spinne zu dem Uro
und sagte: „Meine Frau erzählt mir eben, als
ich von der Farm gestern heimkam, der Uro hat

alle Leute zusammenkommen lassen und hat ge=
sagt: ‚Ich gebe meine Tochter dem zur Frau, der
ein sehr starkes Glied hat, ein Glied, mit dem
er die sieben Früchte von dem Fächerpalmen=
baume herunterzuschneiden vermag.‘ Rufe nun
alle Leute zusammen, daß sie herkommen. Ich
will die sieben Früchte mit dem Gliede ab=
schneiden, und du sollst mir dann deine Tochter
geben.“

Der Uro rief alle Leute zusammen. Sie
kamen alle unter der großen Fächerpalme zu=
sammen. Spinne kam und stieg auf die Fächer=
palme hinauf. Als Spinne oben angelangt war,
begann er mit dem Gliede zu sägen, und sägte und
sägte mit dem Gliede auf den Fruchtstengeln hin
und her. Dabei schrie er fürchterlich. Spinne ließ
dabei von dem Rotholzwasser in der Kalebasse auf
seine Beine tropfen. Die Leute sagten: „Seht,
wie das Blut herabtropft! Hört, wie er vor
Schmerz schreit! Spinne wird sterben, aber Spinne
wird das Mädchen nicht gewinnen!“

Spinne sägte, Spinne schrie, Spinne ließ
Blut hinabtropfen; endlich fiel eine Frucht zur
Erde. Spinne sägte, Spinne schrie, Spinne ließ
Blut zur Erde tropfen; endlich fiel die zweite
Frucht zur Erde. Spinne sägte, Spinne schrie,
Spinne ließ Blut zur Erde herabtropfen; endlich
fiel die dritte Frucht zur Erde. Spinne sägte,
Spinne schrie, Spinne ließ Blut zur Erde herab=
tropfen; endlich fiel die vierte Frucht zur Erde.
Spinne sägte, Spinne schrie, Spinne ließ Blut
zur Erde herabtropfen; endlich fiel die fünfte

Frucht zur Erde. Spinne sägte, Spinne schrie, Spinne ließ Blut zur Erde herabtropfen; endlich fiel die sechste Frucht zur Erde. Spinne sägte, Spinne schrie, Spinne ließ Blut zur Erde herab= tropfen; endlich fiel die siebente Frucht zur Erde.

Dann stieg Spinne vom Baume. Alle sieben Früchte lagen am Boden. Spinne ging mit Stöhnen über den Platz und tat so, als könne er nicht anders gehen als mit gespreizten Beinen. Jedermann sagte: „Wegen eines Mädchens hätte ich mir solche Schmerzen nicht bereitet." Der Häuptling aber sagte: „Ich habe dem, der mit seinem Gliede die Früchte von der Fächerpalme zu schneiden vermag, meine Tochter zur Frau versprochen. Nimm also meine Tochter!" Spinne nahm darauf die Tochter des Uro und ging mit ihr in seine Behausung. —

Nach einiger Zeit begab sich Spinne mit seiner neuen Frau, die die Tochter des Uro war, auf die Farm zur Arbeit. Als er einige Zeit gearbeitet hatte, sagte er zu seiner Frau: „Geh hin und hole mir Wasser vom Flusse. Ich habe Durst!" Die Frau sagte: „Ich habe nichts zum Schöpfen bei mir, gib mir eine Kalebasse." Spinne sagte: „Ich habe keine Kalebasse." Die Frau Spinne sagte: „Wie soll ich denn aber Wasser holen, wenn ich nichts habe, es darin zu tragen?" Spinne sagte: „Nun, so hole doch das Wasser in deiner Scheide." Die Frau Spinne sagte: „Wie soll ich das denn machen?" Spinne sagte: „So lege dich doch nur ins Wasser, — warte, bis die Scheide voll Wasser gelaufen ist

und bringe das Waffer herüber. Das ist leichter
als Palmfrüchte mit dem Gliede abfägen."

Die Frau des Spinne ging. Sie ging ans
Waffer und legte sich hinein. Sie ließ die Scheide
voll Waffer laufen. Als sie dann aber aufstand,
floß das Waffer wieder heraus. Sie legte sich
zum zweiten Male hin, ließ die Scheide wieder
voll Waffer laufen. Als sie aber aufstand, floß
das Waffer doch wieder heraus. Sie legte sich
zum dritten Male hin, — es war das gleiche.
Das Waffer lief immer wieder heraus. Die Frau
sprang aus dem Waffer. Sie lief von dannen.

Heulend kam sie zu ihrem Vater und fagte:
„Spinne verlangt von mir, ich folle Waffer in
der Scheide bringen. Aber jedesmal, wenn ich
sie gefüllt habe, läuft das Waffer wieder heraus.
Spinne fagt, das fei einfacher als Früchte mit
dem Gliede von der Palme zu fägen. Aber ich
kann es nicht." Der Uro verstand, was Spinne
damit fagen wollte, und fagte: „Es ist nicht gut,
daß jemand feinen Schwiegerfohn nach der Kraft
des Gliedes ausfucht und verlangt, daß er Palm=
früchte mit dem Gliede von dem Baum fchneide.
Jeder foll feine Tochter dem zur Frau geben,
den fie liebt."

| Spinne und die liebes= tolle Alte. | Eine Frau war alt, fehr alt. Aber fie wollte durchaus noch beschlafen fein. Sie fand aber |

keinen Mann, der noch Luft gehabt hätte, ihr
beizuwohnen. Zuletzt nahm fie eine Kuh, band

einen Strick an die Hörner, nahm den Strick in die Hand, zog die Kuh hinter sich her und sagte zu jedem: „Ich gebe diese Kuh dem zum Geschenke, der mich beschläft."

Die Frau kam mit der Kuh auch bei Spinnes Haus an. Frau Spinne stand gerade vor der Tür ihres Gehöftes. Die Frau sagte: „Ich gebe die Kuh dem, der mich beschläft." Frau Spinne hörte das. Spinne war gerade auf dem Felde. Als er nach Hause kam, sagte Frau Spinne zu ihrem Manne: „Es ist heute eine ganz alte Frau vorbeigekommen, die hatte eine schöne Kuh bei sich. Die Alte sagte: ‚Ich gebe die Kuh demjenigen, der mich beschläft.'" Spinne sagte: „War die Kuh schön?" Frau Spinne sagte: „Es war eine sehr schöne Kuh, aber die Frau war sehr alt und sehr häßlich." Spinne sagte: „Darauf kommt es ja nicht an."

Spinne ging am anderen Tage nicht auf die Farm zur Arbeit, sondern blieb daheim. Er setzte sich gleichgültig vor die Tür seines Gehöftes auf die Erde. Nach einiger Zeit kam die alte, häßliche Frau mit der Kuh hinter sich und sagte: „Ich gebe die Kuh dem als Geschenk, der mich beschläft." Spinne betrachtete die Kuh genauer, dann sah er sich die alte Frau an. Die alte Frau sagte: „Nun, willst du mich nicht beschlafen?" Spinne sagte: „Ach, ich möchte dich schon sehr gerne beschlafen, und auf die Kuh kommt es mir dabei gar nicht an. Alles, was ich unternehme, will ich auch ordentlich machen, und um dich ordentlich zu befriedigen, muß man stark sein. Leider bin ich aber wegen unserer schlechten Nahrung augenblicklich etwas schwach, so daß ich die Kuh erst gegessen haben müßte, um dir recht zu Gefallen sein zu können." Die alte Frau sagte: „Wenn es sonst nichts weiter ist, so ist es ganz recht. Ich lasse dir die Kuh hier, und du schlachtest sie und ißt ordentlich Fleisch, und wenn du dann recht stark bist, beschläfst du mich." Spinne sagte: „Es ist gut. Ich muß aber erst die ganze Kuh essen. Das wird wohl acht Tage dauern." Die alte Frau sagte: „Es ist gut. In acht Tagen komme ich dann wieder. Dann kannst du mich beschlafen." Spinne sagte: „Ja, sobald ich die ganze Kuh aufgegessen habe." Die alte Frau ging von dannen.

Sobald die alte Frau fort war, schlachtete Spinne sogleich die Kuh. Er legte den Kopf und das Blut und den Darminhalt beiseite. Das andere ward gekocht und zubereitet. Spinne und seine Frau und seine Kinder aßen alle Tage Fleisch und waren über die ausgezeichnete Kost sehr froh. — Es waren aber erst wenige Tage verstrichen, da kam die alte Frau an und fragte Spinne: „Nun, hast du die Kuh schon aufgegessen? Bist du schon stark genug?" Spinne zeigte auf den Kopf der Kuh und sagte: „Sieh hier, da liegt noch das, was am meisten Kraft gibt. Ueberhaupt kommt die Kraft nicht so schnell wieder, wenn man vordem so arg geschwächt war." Die alte Frau ging. Sie kam am anderen Tage

Meine beste Märchenerzählerin vom Sankurru, eine Bankutufrau

wieder und fragte: „Nun, haft du die Kuh schon aufgegessen? Bist du nun stark genug?" Spinne zeigte auf den Kopf der Kuh und sagte: „Sieh hier, da liegt noch das, was am meisten Kraft gibt. Ueberhaupt kommt die Kraft nicht so schnell wieder, wenn man so arg geschwächt ist." Alle Tage kam die alte Frau. Alle Tage zeigte ihr Spinne den Kopf der Kuh. —

Eines Tages aßen Spinne und seine Frau auch den Kopf der Kuh auf. Als sie sich daran gesättigt hatten, sagte Spinne zu seiner Frau: „Morgen werde ich die Alte also glücklich machen müssen." Frau Spinne sagte: „Wie du willst. Die Kuh haben wir gegessen." Spinne sagte: „Mit der Alten werde ich auch fertig werden." Am anderen Morgen rief Spinne seine Frau zu sich und beschmierte ihren Unterleib und ihre Beine über und über mit dem Blute und dem Unrat des Kuhdarmes. Er sagte zu seiner Frau: „So, nun setze dich vor die Tür und warte auf die Alte." Frau Spinne setzte sich vor die Tür. Nach einiger Zeit kam die alte, häßliche Frau. Die Alte sagte zu Frau Spinne: „Nun, was ist denn mit dir geschehen?" Frau Spinne sagte: „Mein Mann hat gestern einen Rinderkopf ge= gessen, da ist er furchtbar stark geworden. Dann hat er sich vom Schmiede noch einen eisernen Dorn für sein Glied machen lassen. Heute nacht sagte er zu mir: ‚Komm, ich muß versuchen, ob ich für die alte, häßliche Frau stark genug bin.' Dann hat er mich so zugerichtet. — Uebrigens wartet mein Mann in seinem Hause auf dich. Er meint, du würdest wohl längere Zeit bei ihm bleiben. Stark genug ist er jetzt."

Als die Alte das hörte, stürzte sie, so schnell sie konnte, von dannen und floh in eine entfernte Gegend. —

4. Aus dem Kongolande.

Reineke und Gier= schlung in dem Schatzhause. Reineke (Gabulufu, eine kleine Antilope) hatte eine Frau und zwei Kinder. Gierschlung (Gulungwe, eine größere Antilope) hatte eine Frau und zwei Kinder. Reineke ging mit einem Hunde in die hohen Gräser und band ihn an. Darauf ging er zu Tambue (dem Löwen) und sagte: „Tambue, ich binde in den hohen Gräsern einen Hund an. Der ist ganz allein für dich. Gehe morgen früh hin und hole ihn dir. Ich sage es sonst niemand." Tambue sagte: „Das ist gut so. Ich werde ihn mir holen." Reineke ging auf einem Umwege nach Haus. Er ging nach Kaschiamas Dorf und sagte zu Kaschiama (dem Leoparden): „Kaschiama, ich binde in den hohen Gräsern einen Hund an, der ist ganz allein für dich. Geh morgen früh hin und hole ihn. Ich sage es sonst niemand." Kaschiama sagte: „Das ist gut, ich werde ihn morgen früh holen." Rei= neke ging nach Hause. — Am anderen Morgen kam Tambue zu dem Hunde in die hohen Gräser. Tambue wollte den Hund nehmen. Von der anderen Seite kam Kaschiama. Er wollte den

Hund nehmen. Tambue sagte: „Geh fort, Ka=
schiama, der Hund ist mir gegeben." Kaschiama
sagte: „Du lügst, Tambue, der Hund ist für mich
bestimmt." Tambue sagte: „Du lügst und stiehlst
mir den Hund." Kaschiama sagte: „Du lügst und
stiehlst." Tambue schlug Kaschiama. Kaschiama
schlug Tambue. Sie schlugen sich, sie schlugen
sich, sie schlugen sich. Es war kein Dritter da, der
etwa gesagt hätte: „Geh du dahin, geh du da=
hin." (Der den Streit schlichtete!) Es war in
den hohen Gräsern. Als die Sonne dastand (beim
Untergange angelangt war), waren beide tot.

Reineke kam in die hohen Gräser. Er fand
Kaschiama und Tambue tot. Er war sehr froh.
Reineke nahm ein Messer und schnitt Tambue
vorn auf. Er zog ihm das Fell ab. Reineke
nahm ein Messer und schnitt Kaschiama vorn
auf. Er zog das Fell ab. Er nahm beide Felle,
trug sie in sein Dorf, trocknete sie in der Sonne.
Reineke, seine Frau und seine zwei Kinder schliefen
auf den Fellen des Tambue und des Kaschiama.
Die Frau von Gierschlung kam. Sie war sehr
erstaunt. Sie ging zu ihrem Manne und sagte:
„Wir beide schlafen so einfach auf der Erde. Rei=
neke, seine Frau und seine Kinder schlafen auf
dem Fell des Tambue und des Kaschiama."

Reineke ging abermals in den Wald. Er ging
und ging und ging. Er kam an ein Dorf der Ba=
kischi (Geister). Die Bakischi waren nicht zu Hause,
sie waren fortgegangen. Alle Häuser waren ge=
schlossen. Reineke ging in ein Haus und sagte:
„Haus, tue dich auf, tue dich auf, tue dich auf!"

Das Haus tat sich auf. Reineke fand darin viele Stoffe und viel Nahrung und viele Kupfer= barren. Reineke nahm alles und trug es mit sich fort in sein Dorf. Er gab seiner Frau und seinen Kindern, und alle waren sehr schön ge= kleidet. Die Frau von Gierschlung kam und sah, wie schön die Familie Reinekes gekleidet war. Die Frau sagte: „Aaaaah, habt ihr schöne Sachen! Ich will nicht mehr mit Gierschlung verheiratet sein, andere Männer besorgen mehr. Ich will meinen Mann verlassen." Die Frau sagte zu Reineke: „Sieh nur, wie schön die Frau und die Kinder Reinekes gekleidet gehen! Du bringst mir nicht solche Sachen!"

Gierschlung nahm zwei Ziegen und ging zu Reineke. Gierschlung sagte: „Hier, nimm die Ziegen als Geschenk und erzähle mir, wie du die schönen Sachen erhalten hast. Meine Frau und ich leben wie die Wilden!" Reineke sagte: „Es ist gut, ich werde es dir zeigen." Nach einigen Tagen sagte Reineke: „Komm' mit, wir wollen in das Dorf der Bakischi gehen." Sie gingen und gingen und gingen. Sie kamen an das Dorf der Bakischi. Die Bakischi waren nicht da. Alle Häuser waren geschlossen. Reineke sagte: „Subbu bululuka, bululuka, bululuka." Ein Haus öffnete sich, sie gingen hinein und fanden viele Sachen. Sie packten die Sachen in Säcke und gingen nach Hause.

Nach einigen Tagen gingen sie wieder in das Dorf der Bakischi. Sie gingen und gingen und gingen. Sie kamen in das Dorf der Bakischi.

Die Bakischi waren nicht da. Alle Häuser waren geschlossen. Reineke sagte: „Subbu bululuka bululuka, bululuka." Ein Haus öffnete sich, sie gingen hinein und fanden viele gute Sachen. Sie packten die Sachen in Säcke; Reineke trug seinen Sack heraus. Gierschlung fand einen großen Topf mit Bohnen; Gierschlung legte seinen Sack hin und aß und aß und aß. Er aß so viel, daß ihm der Bauch anschwoll. Gierschlung warf seinen Sack heraus und sagte: „Nimm meinen Sack!" Reineke nahm den Sack und legte ihn zu dem seinen. Er sagte dann: „Haus schließe dich." Das Haus schloß sich so weit, daß nur noch ein ganz schmaler Ritz blieb. Gierschlung wollte herausgehen, konnte sich aber nicht herauszwängen. Reineke half ihm und zog. Der Bauch Gierschlungs platzte fast. Gierschlung rief: „Laß mich, mein Bauch platzt, lieber bleib' ich im Haus." Reineke sagte: „Ich habe dir den Rat gegeben, alles herauszutragen und nicht drinnen zu essen. Weshalb hast du nicht meinen Rat befolgt! Nun kannst du nicht heraus. Bleib in dem Haus und decke dich mit Holz zu. Bald werden die Bakischi kommen." Gierschlung blieb im Hause und deckte sich mit Holz zu.

Als die Sonne dastand (des Nachmittags), kamen die Bakischi nach Hause. Es kamen erst nicht viele. Es kamen ein Mann und eine Frau. Die Frau nahm Holz und legte es ins Feuer. Gierschlung blickte verstohlen hin. Die Frau nahm einen Topf mit Wasser und setzte ihn ans Feuer. Gierschlung zog den Fuß aus dem Holz. Er stieß gegen den Topf. Der Topf mit dem Wasser fiel

278

in das Feuer. Die Frau sagte zu ihrem Manne:
„Du bist nicht geschickt. Du wirfst mir meinen
Topf ins Feuer." Der Mann sagte: „Du hast
es ja selbst gemacht." Die Frau sagte: „Du
lügst." Der Mann sagte: „Laß mich!" Die Frau
setzte von neuem einen Topf mit Wasser aufs
Feuer. Gierschlung ließ nach einiger Zeit einen
Wind fahren. Alle Bakischi horchten erstaunt auf.
Sie sagten: „Was ist das? Was war das?" —
Das Wasser war nach einiger Zeit am Kochen.
Gierschlung schob sein Bein heraus und stieß gegen
den Topf mit Wasser. Ein Kind rief: „Das war
das Bein eines Tieres!" Sie faßten hin und
hielten Gierschlungs Bein hoch.

Die Bakischi fragten Gierschlung: „Wie hast
du den Ton gemacht?" Gierschlung sagte: „Ich
habe einen fahren lassen." Die Bakischi sagten:
„Zeige uns, wie du das machst." Gierschlung
sagte: „Unter dem Schwanz!" Gierschlung machte
es vor. Er ließ dabei etwas fallen. Die Bakischi
sagten: „Aaaaahhh, aaaahhh! Wir Bäkischi essen
und geben es nach einiger Zeit wieder durch den
Mund von uns. Kannst du es so machen, daß
wir auch nach deiner Art verdauen können?"
Gierschlung sagte: „Ich muß euch einen Weg
machen. Wenn der Weg da ist, müssen die Leute
schlafen. Bringe mir einen im Feuer rotglühend
gemachten Eisenstab." Sie brachten den roten
Eisenstab. Ein Mann sagte: „Mach es mir."
Gierschlung sagte: „Leg dich auf dem Boden auf
den Magen." Gierschlung nahm das rote Eisen
und stieß es von hinten in den Bakischi. Der

Bakischi war tot. Gierschlung sagte: „Die Straße
wird gut!" Die Bakischi sagten: „Der schläft."
So machte Gierschlung fünfzehn tot. Es waren
noch viele.

Die Bakischi sagten: „Denen hast du die
Straße gut gemacht. Mach es uns auch. Wenn
wir dann aufwachen, können wir alle einen fahren
lassen und uns entleeren." Gierschlung sagte:
„Es ist gut. Erst aber will ich auf jenen Berg
mit den großen Bäumen gehen. Gebt mir schöne
Kleider. Kommt alle ins Freie und schlagt den
Tamtam, bis ich zurückkomme." Die Bakischi
sagten: „Es ist gut." Sie gaben ihm Kleider.
Sie gingen ins Feld und schlugen die Tamtam.
Gierschlung ging von dannen auf den Berg. Er
kam auf den Berg und rief: „Ich fliehe!" „Oh,
Bakischi, ich fliehe!" Die Bakischi liefen alle um
Gierschlung zu fangen. Sie kamen an den Berg.
Gierschlung war schon fort.

Gierschlung floh und kam an das Dorf der
Kaschila (kleine Ratte). Gierschlung sagte: „Gib
mir schnell ein Haus, Kaschila. Die Bakischi
kommen. Ich will mich verstecken." Kaschila zeigte
Gierschlung ein Loch. Kaschila sagte: „Geh da
hinein." Gierschlung legte sich in das Loch. Die
Hörner sahen heraus. Kaschila nahm weiße Erde
und rieb die Hörner des Gierschlung damit ein,
Die Bakischi kamen. Die Bakischi sagten, Ka=
schila, wo ist Gierschlung?" Kaschila sagte: „Gier=
schlung ist nicht hier! Fragt das Orakel, wo
Gierschlung ist." Die Bakischi fragten: „Wo ist
dein Orakel?" Kaschila zeigte auf die weißen

Hörner des Gierschlung. Sie sagte: „Hier! Fasse
du an einem Horn an und reibe, ich fasse am anderen Horn an und reibe." Ein Bakischi und
Kaschila rieben das angebliche Orakel. Kaschila
sang:

„Halte, halte,
der Bakischi sieht selbst den Kopf
des Gierschlung!"

Gierschlung hustete nun. Kaschila sang:

„Das Akissi wird dich verraten.
Du hälst Gierschlung an den Hörnern."

Die Bakischi sagten: „Oh, das ist nicht Gierschlung. Das ist das Orakel." Kaschila sagte:
„Ihr seht, daß Gierschlung hier nicht ist. Er ist
wohl in der Steppe." Die Bakischi kehrten nach
Haus zurück.

Gierschlung kam aus dem Loch heraus. Kaschila sagte: „Bezahle mir!" Gierschlung sagte:
„Du siehst, daß ich hier nichts bei mir habe. Komm
mit ins Dorf." Kaschila sagte: „Es ist gut!"
Sie gingen in Gierschlungs Dorf. Die Frau Gierschlungs sagte: „Du bist nicht gestorben? Die
Leute sagten, du seiest tot." Die Frau Gierschlungs machte Essen. Kaschila und Gierschlung
aßen. Gierschlung gab Kaschila fünf Kupfer-
barren. Kaschila ging in sein Dorf zurück. — —

Gierschlung blieb fünf Tage in seinem Dorfe.
Am sechsten Tage kam er zu Reineke. Gier-
schlung sagte zu Reineke: „Wie hast du das Fell
Tambues und Kaschiamas erhalten? Ich will auch

Felle haben." Reineke sagte: „Koche ein Gericht von Bohnen und tue Maniok hinein, das bringe als Gastgeschenk zu Kaschiama. Wenn der ißt, schlage ihn mit einer trockenen Maniokwurzel tot." Gierschlung ging mit einer ganzen Schüssel voll Bohnen und Maniok zu Kaschiama und sagte: „Das ist für dich." Kaschiama sagte: „Es ist gut." Er beugte sich nieder um zu essen. Gier= schlung schlug ihn mit einer trockenen Maniok= wurzel. Die Wurzel zerbrach natürlich. Gier= schlung wollte ausreißen. Kaschiama hieb aber zu und schnitt Gierschlungs Schwanz ab. Gierschlung lief in sein Haus. Er sprang auf den Hänge= boden. Das Blut tropfte herab.

Gierschlungs Frau kam nach Hause. Sie sah das Blut vom Hängeboden herabtropfen. Sie sagte: „Aaaaahhh, mein Mann hat Wildpret er= legt und auf den Boden gelegt." Sie nahm ein Messer und wollte ein Stückchen abschneiden. Sie griff hinein. Gierschlung sagte: „Du willst mir nun wohl auch noch mein Glied abschneiden!"

Aseffu Munene (der große Elefant) lud einmal alle Tiere zu sich zum Tanzen ein. Er machte ein großes, großes Haus und füllte viel Essen hinein. Die Tiere kamen auch alle und versammelten sich in Aseffu Munenes Dorf. Reineke (Gabuluku, eine kleine Antilope) sagte: „Höre, Aseffu, wir werden abends und morgens tanzen. In der Zwischen=

Reineke foppt die Tiere.

zeit werden wir nun schlafen. Da könnte nun
einer hingehen, in das Speisemagazin kriechen
und stehlen. Ich mache also den Vorschlag, daß
du allen befiehlst, abends die Beinfelle (Stiefel)
auszuziehen und oben in das Haus zu hängen,
so können sie nicht laufen." Nseffu Munene sagte:
„Das ist sehr gut." Er ernannte außerdem Ka=
schiama, den Leoparden, zur Wache.

Abends tanzte man. Als es Zeit war, blies
Nseffu das Signal zum Schlafen. Alle zogen
ihre Beinfelle aus und hingen sie oben in das
Haus. Alle Tiere schliefen ein. Mukenge rief
den Regen. Es regnete. Reineke sah sich um.
Alle schliefen. Kaschiama schlief, Mukenge schlief,
alle schliefen. Reineke erhob sich, nahm aus dem
Hause die Beinhäute Gulungwes (einer Antilope)
und zog sie an. Er ging vor das Haus. Er lief
immer hin und her, so daß es viele Spuren gab.
Dann ging er in das Speisehaus und aß, aß, aß.
Dann kehrte er zurück, hängte Gulungwes Stiefel
an den Haken und schlief.

Am anderen Morgen trat Kaschiama heraus.
Er sah die vielen Spuren des Gulungwe. Ka=
schiama sagte: „Das ist etwas." Er ging und
sah, daß im Speisemagazin geraubt und gegessen
war. Reineke sagte: „Das war Gulungwe." Die
Tiere sagten: „Das war Gulungwe." Die Tiere
riefen: „Oh, Gulungwe, Gulungwe!" Gulungwe
sagte: „Ich habe geschlafen, ich habe nicht ge=
stohlen." Nseffu Munene, der Häuptling, kam
und sagte: „Gulungwe muß sterben." Gulungwe
wurde getötet.

Die Tiere aßen, aßen, tranken, tranken und tanzten. Als es Zeit war, blies Aseffu das Signal zum Schlafen. Alle zogen ihre Beinfelle aus und hingen sie im Hause oben auf. Alle Tiere schliefen ein. Mukenge rief den Regen. Es regnete. Reineke sah sich um. Alle schliefen. Gierschlung schlief, Mukenge schlief, alles schlief, — Reineke erhob sich und nahm oben aus dem Hause die Beinfelle Ntundus (einer großen Antilope) und zog sie an. Er ging vor das Haus. Er lief immer hin und her, so daß es viele Spuren gab. Dann ging er in das Speisehaus und aß, aß, aß. Dann kehrte er zurück, hängte Ntundus Stiefel an den Haken und schlief.

Am anderen Morgen trat Kaschiama heraus. Er sah die vielen Spuren des Ntundu. Kaschiama sagte: „Das ist etwas." Er ging und sah, daß im Speisemagazin geraubt und gegessen war. Reineke sagte: „Das war Ntundu." Die Tiere sagten: „Das war Ntundu." Die Tiere riefen: „Oh, Ntundu, Ntundu!" Ntundu sagte: „Ich habe geschlafen, ich habe nicht gestohlen." Aseffu Munene, der Häuptling, kam und sagte: „Ntundu muß sterben." Ntundu wurde getötet. Es wurden in gleicher Weise Bou (der Büffel), Aseffu Kakesse (der kleine Elefant) und endlich die Wache, Kaschiama selbst, getötet.

Es waren bis an diesen Morgen getötet: Gulungwe, Ntundu, Bou, Aseffu Kakesse und Gierschlung. Reineke ging spazieren. Eine alte Frau, Kakaschi Kakullu, kam zu Aseffu Munene. Kakaschi Kakullu sagte: „Du tötest alle Tiere umsonst. Die Tiere haben nicht gestohlen. Gulungwe hat nicht gestohlen. Ntundu hat nicht gestohlen. Bou hat nicht gestohlen. Nseffu Kakesse hat nicht gestohlen. Gierschlung hat nicht gestohlen. Reineke ist der Schlauberger. Reineke hat dir den Rat gegeben, alle Leute sollten des Nachts die Beinfelle oben ins Haus hängen. Reineke nimmt Nachts die Beinfelle, zieht sie sich an, läuft darin herum, stiehlt und hängt sie wieder hin. Stelle nun Kabundji (ein kleines Nagetier) als Wache in das Magazin. Ich werde ein Buanga (Zaubermittel) machen. Wenn Kabundji ausschläft, wird das Buanga ihn aufwecken." Nseffu Munene sagte: „Es ist gut."

Die Tiere aßen, tranken, aßen, tranken und tanzten. Als es Zeit war, blies Nseffu das Signal zum Schlafen. Kabundji ging als Wache in das Magazin. Alle zogen ihre Beinfelle aus und hingen sie oben ins Haus. Alle Tiere schliefen ein. Mukenge rief den Regen. Es regnete. Reineke sah um sich. Alle Tiere schliefen. Reineke erhob sich, nahm oben aus dem Hause die Beinhäute Ngombes, des Hausrindes, und zog sie an. Reineke ging vor das Haus. Er lief immer hin und her, so daß es viele Spuren gab. Dann ging er in das Speisehaus. Kabundji schlief.

Kabundji schlief. Neben Kabundji stand das Buanga. Das Buanga stieß Kabundji an und sagte ganz leise: „Wach auf, wach auf, wach auf, der Dieb kommt. Kabundji sah ganz vorsichtig mit ein wenig geöffneten Lidern umher. Er sah jemand kommen und essen und essen und essen. Er sah, es war Reineke, der die Stiefeln

Ngombes anhatte, — Reineke aß und aß und aß. Reineke ging wieder nach Hause, legte sich hin und schlief. Am Morgen traten die Tiere vor die Haustür, sie sahen die Spuren. Die Tiere riefen: „Ooohhh, Ngombe!" Reineke kam her= aus und rief: „Ooohhh, Ngombe hat gestohlen!" Ngombe rief: „Ich habe geschlafen und nicht ge= stohlen!" Kabundji sagte zu Nseffu Munene: „Reineke hat in den Beinkleidern Ngombes ge= stohlen." Nseffu Munene sagte: „Reineke hat in den Beinhäuten Ngombes gestohlen." Reineke rief: „Ich habe nicht gestohlen, ich habe nicht gestohlen, ich habe nicht gestohlen!" Die Tiere sagten: „Reineke ist ein großer Dieb. Reineke muß sterben." Sie banden Reineke.

Die Tiere wollten Reineke auf der Stelle tot= schlagen. Reineke sagte: „Schlagt mich hier nicht tot. Ihr verunreinigt euch den Platz, wenn ihr mich nachher zerlegen wollt, um mich zu essen. Bringt mich dort ans Holz." Die Tiere brachten Reineke an die Waldgrenze. Reineke sagte: „Nehmt mir die Stricke jetzt ab, ehe ich tot bin, dann habt ihr nicht nachher die Arbeit. Schlagt mich gegen den Boden, dann bin ich tot." Die Tiere nahmen Reineke die Stricke ab und schlugen ihn gegen den Boden. Reineke entschlüpfte aber unter den Zweigen schnell in den Wald.

Der Sohn Kaschiamas rief: „Reineke hat Schuld, daß viele Tiere schuldlos getötet worden sind. Er hat sehr viel geraubt und gefressen. Wir wollen ihn fangen." Alle Tiere sprangen hinter Reineke her. Reineke kam an einen Baum mit vielen Luftwurzeln, zwischen denen eine Höhle am Boden war. Er schlüpfte hinein. Die Tiere kamen an und begannen zu scharren und zu kratzen. Sie kratzten solange, bis Kaschiamas Sohn wirklich einen Fuß des Reineke erfaßte und daran ziehen konnte. Reineke rief: „Ich sitze auf dieser Seite und du ziehst an einem Stück Holz auf der anderen. Reineke lachte. Gierschlungs Sohn ließ los. Reineke sprang auf, an den verblüfften Tieren vorbei und in den Wald. Die Tiere sagten: „Es war doch Reinekes Fuß.“

Der Sohn Kaschiamas rief: „Reineke hat Schuld, daß viele Tiere getötet worden sind. Er hat sehr viel geraubt und gefressen. Wir wollen ihn fangen.“ Alle Tiere sprangen hinter Reineke her. Reineke sprang durch den Wald und kam an ein Dorf. Das war nur von Reinekes bewohnt. Es waren viele Reinekes. Sie schlugen die Trommel und tanzten. Reineke rief: Schneidet euch schnell die Ohren und Schwänze ab.“ Die Tiere kamen an. Sie sahen auf den Boden und sahen viele Spuren Reinekes. Die Tiere sagten: „Wo ist unser Reineke?“ Die Reinekes trommelten und sagten: „Wir alle sind Reinekes.“ Die Tiere antworteten: „Unser Reineke hatte Ohren und Schwanz.“ Die Reinekes sagten: „In diesem Dorfe sind nur Reinekes ohne Ohren und Schwänze.“ Die Tiere kehrten unverrichteter Sache wieder zurück.

Die anderen Tiere wollten nichts mehr mit Reineke zu tun haben, da er ein Räuber ist.

Reinekes Falle. Reineke (Kubundji, ein Nagetier) baute sich ein Haus. Er begann am Morgen und baute bis gegen Abend. Dann hatte er das Bauwerk vollendet und ging an das Wasser, um sich zu baden. Er kam zurück und hörte, daß jemand im Hause war. Reineke fragte: „Wer da?" Von innen rief es: „Ich bin es, Gier= schlung (Kaschiama, der Leopard) mit seiner Frau." Reineke rief: „Das ist recht. Du schläfst mit deiner Frau auf der einen Seite. Ich schlafe mit meiner Frau auf der anderen Seite des Hauses." Reineke ging hinein. Gierschlung öffnete auf der einen Seite sein Bündel. Er nahm seine Lagerfelle heraus. Reineke sah, daß es alles Kabundjifelle (also von seiner Familie) waren. Reineke sagte nichts. Reineke nahm sein Bündel. Er nahm seine Lagerfelle heraus. Gierschlung sah, daß es alles Leopardenfelle (also von seiner Familie) waren. Gierschlung sagte: „Wie be= kommst du alle die Leopardenfelle?" Reineke sagte: „Ach, wenn du das wissen willst, so komme nur morgen früh mit mir, — ich will es dir zeigen." Gierschlung sagte: „Es ist gut." Sie legten sich nieder und schliefen.

Am anderen Morgen gingen sie in den Busch. Am Fuße eines Berges machte Reineke Halt. Er brachte zwei schwere Holzbalken über dem Wege an. Er stützte sie auf ganz dünne Ruten. Reineke sagte zu Gierschlung: „Duck' dich unter diese Balken mit dem Kopfe dem Tale zu. Schließe fest die Augen. Nach einiger Zeit wirst du das Tier vom Berge kommen hören. Ich rufe dazu

Munkutu vom Sankurru, der Märchenerzählung lauschend.

noch: „Greif, greif! Aber erst, wenn du es vor dir siehst, springe zu." Gierschlung legte sich unter die Balken. Reineke ging weiter den Berg hinauf. Er ging zu einem schweren Felsblock und brachte ihn ins Rollen. Der Block rollte den Berg hinab, gerade auf die Balken zu. Reineke rief: „Greif, greif!" Der Block schlug auf die Balken auf und drückte sie direkt auf Gierschlung herab. Gierschlung lag so (der Erzähler streckt alle Viere von sich und die Zunge zum Halse heraus) da.

Reineke rief: „Nun, so fang doch, fang doch, Gierschlung." Reineke kam näher und warf mit Holzstücken auf Gierschlung. Reineke rief: „So stehe doch auf und fang!" Reineke warf wieder mit Holzstücken und rief: „Du starker Gierschlung, so fang doch! Du bist doch sonst so gierig!" Reineke ging hin. Er zog Gierschlung das Fell ab. Er sagte: „Siehst du, Gierschlung, so komme ich zu den Fellen!" Dann nahm Reineke ein altes Schweinefell, wickelte den Leib Gierschlungs hinein und ging nach Hause. Er kam nach Hause, legte das Schweinefell hin und sagte: „Wir haben ein Schwein gefangen. Nun können wir essen!" Die Frau Gierschlungs fragte: „Wo ist denn Gierschlung?" Reineke sagte: „Ach, Gierschlung hat einen weiteren Rückweg eingeschlagen, — Gierschlung wird heute abend kommen." Die Frau machte das Schwein zurecht. Reineke und die Frauen aßen. Die Frau Gierschlungs fragte: „Wo ist Gierschlung?" Reineke sagte: „Gierschlung wird morgen früh kommen."

Am anderen Morgen sagte die Frau Gier=
schlungs: „Gierschlung ist nicht gekommen. Ich
will ihm nachgehen.“ Reineke sagte: „Du willst
denselben Weg gehen wie Gierschlung?“ Die
Frau Gierschlung sagte: „Ja!“ Reineke ging mit
der Frau Gierschlungs den Weg zum Berge.
Unter dem Balken ließ Reineke die Frau sich
niederbucken. Er brachte einen anderen Fels=
block zum Rollen, ging hinab zur toten Frau,
zog ihr das Fell ab und sagte: „Nun bist du,
wie du wolltest, den gleichen Weg gegangen wie
dein Mann. Reineke ist gut. Er macht immer,
was die anderen wollen.“

Reinekes Acker=wirtschaft. Gierschlung (Age, der Leopard) und
Reineke (Kasseschi, eine kleine Anti=
lope) gingen auf das Feld hinaus,
um ihre Aecker zu bebauen. Der eine arbeitete
auf der einen, der andere auf der anderen Seite.
Gierschlung sagte: „Zwischen unseren Aeckern
wollen wir nachher einen Weg machen.“ Reineke
arbeitete ein wenig. Dann nahm er die Hanf=
pfeife und rauchte und sah Gierschlung zu und
rauchte. Gierschlung arbeitete und arbeitete.
Reineke arbeitete ein wenig. Dann nahm er die
Hanfpfeife, rauchte und sah Gierschlung zu und
rauchte. Gierschlung arbeitete und arbeitete. Gier=
schlung hatte bald einen großen Acker bestellt.
Reineke sah, daß Gierschlung einen großen Acker

bestellt hatte. Reineke sagte für sich: „Man muß den Weg machen.“

Reineke ging hinüber zu Gierschlung und sagte: „Du bist zwar ein starkes Tier. Du arbeitest aber doch meinen Acker mit, als ob du mein Sklave wärest.“ Gierschlung sagte: „Ich werde dich totschlagen.“ Reineke sagte: „Bist du denn stark genug, mich quer durch den Acker hier zu schleifen?“ Reineke warf sich auf die Erde. Gierschlung ergriff Reineke bei den Beinen und schleifte ihn quer über den Acker, den Gierschlung bearbeitet hatte. Reineke stand auf und sagte: „Das hast du gekonnt. Nun wollen wir zwischen den Aeckern zum Dorfe gehen.“ Reineke ging mit Gierschlung in der Furche, die Gierschlung eben gezogen hatte, als er ihn über den Acker schleifte, dahin. Sie kamen an das Ende des Ackers. Reineke blieb stehen. Er sagte: „Weißt du, wo wir gegangen sind?“ Gierschlung sagte: „Wo sind wir gegangen?“ Reineke sagte: „Wir sind den Weg zwischen unsern Aeckern gegangen, diese Seite gehört dir, jene Seite gehört mir.“ Gierschlung wollte auf Reineke springen. Reineke sprang davon. Er lief in das Dorf und rief Leute. Er kam mit den Leuten zurück. Er sagte: „Ist dies nicht ein Weg? Seht ihr nicht, daß hier Gierschlung und ich zusammengegangen sind?“ Die Leute sagten: „Das ist ein Weg. Gierschlung und du, ihr seid beide hier gegangen.“ Reineke fragte Gierschlung: „Haben wir beide nicht verabredet, daß wir nachher einen Weg zwischen unseren Aeckern machen wollen?“ Gier-

schlung sagte: „Wir haben es so besprochen." Die
Leute sagten: „Diese Seite des Ackers gehört
Reineke, jene gehört Gierschlung." Reineke sagte
zu Gierschlung: „Hatte ich dir nicht gesagt, daß
du für mich arbeitest wie ein Sklave?" Reineke
sprang davon.

Gierschlung und Reineke pflanzten beide
Bohnen auf ihrem Acker. Gierschlungs Bohnen
waren ausgezeichnet. Reinekes Bohnen waren
schlecht. Reineke nahm einen Sack und ging hin=
über auf Gierschlungs Acker und stahl Gier=
schlungs Bohnen. Er machte ein schönes Bohnen=
gericht und lud Gierschlung zu Gast. Er sagte
zu Gierschlung: „Meine Bohnen sind zwar nicht
so ausgezeichnet wie die deinen, ich wollte aber
doch den großen Häuptling einmal einladen."
Beide aßen von dem Bohnengericht. Gierschlung
sagte bei sich: „Die Bohnen Reinekes sind nicht
schlecht."

Reineke ging alle Tage hin und stahl von
den Bohnen Gierschlungs. Eines Tages ging
Reineke, füllte einen Sack mit Gierschlungs
Bohnen und machte sich auf den Heimweg. Gier=
schlung kam. Reineke saß am Waldrande. Reineke
ging zu Gierschlung und sagte: „Sieh, großer
Häuptling, ich kam vorhin an den Acker, da sah
ich Gulungwe (eine Antilope) herausschleichen.
Er stahl dann von deinen Bohnen und füllte den
Sack voll. Dann ging er zur Seite, um sich zu
entleeren. Ich schlich mich herbei und nahm den
Sack, um ihn dir zu bringen. Hier ist er." Gier=
schlung sagte: „Es ist gut."

Gierschlung sprang auf Gulungwe zu und tötete Gulungwe. Gierschlung wollte Gulungwe die Haut abziehen. Reineke sagte: „Das ist keine Arbeit für meinen großen Häuptling. Du beschmutzest dein schönes Fell. Ich will den Dieb zum Bache herabtragen. Du setzest dich auf einen Baum und siehst zu, wie ich die Arbeit verrichte." Gierschlung sagte: „Es ist gut." Reineke trug Gulungwe zum Bach herab. Gierschlung setzte sich auf einen Baum und sah zu. Reineke trennte die Haut ab. Er schnitt ein gutes Stück Fleisch ab, wälzte es im Schmutz, reichte es zu Gierschlung hinauf und sagte: „Ist das etwa gut für einen großen Häuptling?" Gierschlung sagte: „Wirf es beiseite." Reineke nahm ein schlechtes Stück, wusch es im Wasser und reichte es Gierschlung hinauf. Er sagte: „Ist das etwa nicht gut für einen großen Häuptling?" Gierschlung sagte: „Es ist gut." Reineke nahm ein gutes Stück, wälzte es im Schlamm, reichte es zu Gierschlung hinauf und sagte: „Ist das etwa gut für einen großen Häuptling?" Gierschlung sagte: „Wirf es beiseite." Reineke nahm ein schlechtes Stück, wusch es im Wasser und reichte es zu Gierschlung hinauf. Er sagte: „Ist das etwa nicht gut für einen großen Häuptling?" Gierschlung sagte: „Es ist gut." Reineke legte alle gewaschenen schlechten Stücke auf das Fell. Reineke legte alle guten schmutzigen Stücke auf die Erde. Reineke nahm das Fell mit den gewaschenen, schlechten Stücken, gab es Gierschlung und packte die schmutzigen, guten Stücke in ein Blätterbündel. Gierschlung nahm das Fellbündel und sagte: „Ich schenke dir den Sack mit den Bohnen." Gierschlung ging mit dem Fellbündel nach Hause. Reineke ging mit seinem Blätterbündel und mit seinem Bohnen= sack nach Hause.

Reineke ging alle Tage hin und stahl von den Bohnen Gierschlungs. Reineke tat dies alle Tage. Reineke ging wieder eines Tages hin, füllte einen Sack mit Gierschlungs Bohnen und machte sich auf den Heimweg. Gierschlung sagte: „Was hast du da im Sack?" Reineke sagte: „Großer Häuptling, meine Frau ist so sehr krank, da bin ich in die Aecker gegangen und habe Kraut und Holz für die Medikamente gesammelt. Aber ich habe die ganz rechten nicht getroffen. Das Mittel muß nicht gut sein. Meine Frau wird sterben." Gierschlung sagte: „Schütte den Sack aus." Reineke mußte den Sack ausschütten. Es fielen die Bohnen heraus. Gierschlung sagte: „Du bist ein Dieb!" Reineke sagte: „Ja, ich hatte gestohlen, ich bin schlecht. Aber töte mich nicht hier. Binde mir einen Strick um den Leib und laß mich vor dir her in das Dorf gehen. Dort lasse mich viel zur Trommel tanzen, dann wird mein Fleisch gut." Gierschlung sagte: „So will ich es machen." Gierschlung führte Reineke am Strick. Unterwegs sagte Reineke (zu sich): „Ich, der schlauste von allen Menschen, soll so sterben?" Reineke sagte: „Warte hier, ich will mich an jenem Baume dort entleeren." Reineke ging unter einen Baum. Er nahm ein kleines Messer unter dem Arm hervor und schnitt den um den Leib ge=

bunbenen Strid burch. Er band den Strid an dem Baumafte feft und lief von dannen. Gier= fchlung zog am Strid. Gierfchlung fagte: „Bift du fertig?" Er erhielt keine Antwort. Gier= fchlung zog ftark am Strid. Der Aft brach. Da fprang er hinter Reineke in den Bufch hinein. Reineke lief an ein Waffer. Reineke fchwamm über das Waffer. Gierfchlung kam an das Waffer. Reineke rief: „Ich will hier nur noch ein wenig tanzen. Mein Fleifch wird dann gut." Reineke tanzte.

Reineke läßt fich kochen. Reineke (Kaffefchi, eine kleine Anti= lope) und Gierfchlung (Age, der Leo= pard) gingen zufammen an den Wald. Sie trafen zwei Bäume. Es war ein Mann und eine Frau. Gierfchlung nahm den weiblichen Baum, Reineke nahm den männlichen Baum. Gierfchlung hatte immer Früchte, Reineke hatte an feinem Baume keine Früchte. Reineke fagte: „Gierfchlung hat im Ueberfluß, er gibt mir ab." Reineke nahm einen Schulterfack, ging zu dem Baume Gierfchlungs und ftahl fich von den Früchten Gierfchlungs. Gierfchlung fah, daß von feinen Früchten geftohlen war. Am anderen Tage nahm Reineke wieder feinen Schulterfack und ftahl von den Baumfrüchten. Gierfchlung rief einen Zauberer, der machte ihm eine große Holz= figur. Gierfchlung ftellte den Atifchi (die Figur) auf eine Seite des Baumes und rund herum

Speise und eine Kalebasse mit Malaffu (Palm=
wein).

Reineke kam am anderen (vierten) Tage mit
seinem Schultersack, um von den Früchten zu
stehlen. Er stieg die dem Nkischi entgegengesetzte
Seite des Baumes empor und füllte seinen Sack
mit Früchten. Dann stieg er auf der Seite des
Nkischi herab. Reineke sah den Nkischi und die
Speise und den Malaffu. Reineke sagte zum
Nkischi: „Siehe ,Nkischi, ich habe großen Durst.
Gib mir doch zu trinken. Darf ich trinken?" Der
Nkischi machte eine kleine Bewegung mit dem
Kopfe. Reineke sagte: „Ach, der Nkischi erlaubt
es!" Reineke trank einen guten Teil Malaffu.
Dann sagte er: „Sieh, Nkischi, ich habe großen
Hunger! Gib mir doch zu essen! Darf ich essen?"
Der Nkischi machte eine kleine Bewegung mit dem
Kopf. Reineke sagte: „Ach, der Nkischi erlaubt
es." Reineke aß einen guten Teil von dem Brei.
Der Nkischi vergoß Wasser aus den Augen. Rei=
neke sagte: „Du weinst? Du weinst, weil ich ein
wenig von deinem Essen und von deinem Tranke
genommen habe? Ach, ich will dir die Tränen
abtrocknen." Reineke wischte ihm mit der linken
Hand (sehr gut und liebevoll) die Tränen von der
Backe. Die linke Hand Reinekes saß an der rechten
Backe des Nkischi fest. Reineke konnte die Hand
nicht fortziehen. Reineke sagte: „Ach, du willst
mich festhalten?" Reineke gab ihm mit der rechten
Hand eine Ohrfeige. Die rechte Hand saß am
Nkischi fest. Reineke konnte sie nicht fortziehen.
Reineke sagte: „Komm, wir wollen uns um=

armen." Reineke drückte seine Brust gegen die Brust Nkischis. Reineke saß ganz fest an dem Nkischi, er konnte nicht mehr fort.

Gierschlung sagte zu seiner Frau am anderen Tage: „Ich will doch sehen, ob der Dieb nicht gefangen ist, der meine Früchte gestohlen hat." Gierschlung ging in den Wald. Er sah Reineke fest an dem Nkischi. Reineke hatte den Schulter= sack mit den Früchten über der Schulter. Rei= neke sagte: „Ach, was habe ich schlecht gehandelt, was habe ich schlecht gehandelt! Oh, daß ich ein Dieb bin! Oh, daß ich ein Dieb bin! Oh, töte mich, weil ich so schlecht bin; aber du sollst ein Reugeld haben. Du sollst das Fett meines Bauches haben, das sich von den vielen Früchten angesammelt hat. Töte mich also hier nicht, — denn wenn du mich hier frißt, so fließt das Fett auf den Boden und der Nkischi frißt es auf. Koche mich in deinem Hause in einem Topfe. Weil mein Herz aber schlecht ist, binde mich." Gierschlung sagte: „Ach, du bist so sehr schlecht nicht. Es ist wahr, daß dein Bauch von meinen Früchten viel Fett hat." Gierschlung band Rei= neke und führte ihn mit sich nach Hause.

Gierschlung kam nach Hause und sagte zu seiner Frau: „Setze einen Topf auf das Feuer. Wir wollen Reinekes Bauchfell auskochen." Die Frau Gierschlungs ging mit einem Topfe zum Bach hinab, um Wasser zu holen. Gierschlung führte Reineke in die Hütte. Reineke sagte: „Rufe deiner Frau nach, daß sie zwei Töpfe mit Wasser holen soll, denn mein Fell ist sehr fett." Gier=

schlung ging in die Tür und rief seiner Frau nach: „Bring zwei Töpfe mit Wasser.“ Inzwischen zog Reineke ein kleines Messer aus dem Dache und klemmte es unter den Arm. Gierschlung kam zurück und legte Reineke in den Topf. Die Frau brachte das Wasser und goß es über Reineke. Reineke sagte: „Das erstemal mußt du wenig Wasser nehmen, das gieße dann fort und fülle Wasser bis zum Rande auf.“ Gierschlung ging hinaus. Er sandte die Kröte (Tschikaboa) und Mussoschi als Wächter hinein. Kassechi schaute über den Topfrand und sagte für sich: „Das sind langsame Wächter.“ Kassechi sagte zu Frau Gierschlung: „Nun macht auch schon Brei zurecht, damit ihr nachher gleich essen könnt!“ Die Frau ging hinaus, Mehl zu stampfen.

Die Frau war am Nebenhause und stampfte Mehl. Gierschlung saß vor der Haustür und rauchte Hanf. Reineke nahm das Messer und schnitt die Schnüre durch. Reineke sprang aus dem Topfe. Tschikaboa und Mussoschi machten einige Sprünge. Reineke sprang zur Tür hinaus und an Age vorbei. Reineke rief: „Das Fett habe ich im Topfe gelassen.“

Reineke verkauft Gierschlungs Frau. Gierschlung (Age, der Leopard) nahm seine Frau und ging mit ihr zu Mbou (dem Büffel). Er sagte zu Mbou: „Verkaufe mir diese, meine Frau.“ Mbou sagte: „Nein, das tue ich nicht. Du bist mir zu listig." Gierschlung ging mit seiner Frau zu Aseвu (dem Elefanten). Er sagte zu Aseвu: „Verkaufe mir diese, meine Frau." Aseвu sagte: „Nein, das tue ich nicht. Du bist mir zu listig."

Gierschlung ging endlich mit seiner Frau zu Reineke (Kasseschi, kleine Antilope) und sagte: „Verkaufe mir diese, meine Frau!" Reineke sagte: „Warte, das will ich machen. Ja, das will ich machen." Gierschlung ging.

Nach zwölf Wochen sandte Gierschlung Gu= lungwe (eine Antilope) zu Reineke und sagte: „Ich will den Kaufpreis oder meine Frau haben." Gulungwe kam zu Reineke und sagte: „Gier= schlung will seine Frau oder den Kaufpreis haben." Reineke sagte: „Es ist recht, ich will den Preis oder die Frau holen. Sie ist weit fort verkauft. Ich will hingehen. Komme nach zwei Tagen wieder und warte dann hier auf mich. Meine Frau wird dir Essen machen." Gulungwe ging und sagte es Gierschlung. Reineke sagte zu seiner Frau: „Gieße erst Oel über mich! Dann wirf Mehl über mich! Dann nimm mich in deine Arme und setze dich mit mir dicht ans Wasser. Wenn Gulungwe kommt, sage: ‚Reineke ist über Land weit fortgegangen. Hier habe ich meinen Sohn, er ist sehr krank. Nimm ihn eine Weile in die Arme. Ich will dir Essen machen.‘ Geh dann hin, und wenn du wiederkommst und siehst, daß ich nicht mehr hier bin, so sage: „Oh, du hast meinen Sohn ins Wasser geworfen!" Die Frau Reinekes sagte: „Es ist recht."

Gulungwe kehrte zurück. Er sah Frau Rei=
neke am Waffer sitzen. Frau Reineke sagte: „Rei=
neke ist sehr weit fortgegangen, hier habe ich
meinen Sohn. Er ist sehr krank. Nimm ihn eine
Weile in die Arme. Ich will dir Effen machen.“
Gulungwe nahm den weißen Reineke. Als die
Frau eine Weile im Hause war, sprang Reineke
aus den Armen Gulungwes und in das Waffer.
Dann kam die Frau aus dem Hause, sah, daß
der weiße Reineke nicht mehr da war, und weinte:
„Oh, du hast meinen Sohn ins Waffer geworfen.
Oh, du hast meinen Sohn ins Waffer geworfen!“

Nach einer Weile kam Reineke. Er hatte
sich im Waffer abgewaschen. Gierschlung kam von
der anderen Seite. Reineke sagte: „Ich war mit
Gierschlungs Frau auf dem Wege hierher. Die
Leute sagten: ‚Gulungwe hat deinen Sohn ins
Waffer geworfen.‘ Da habe ich die Frau Gier=
schlungs zurückgelaffen und bin schnell herge=
laufen. Wo ist mein Sohn?!“

Gierschlung sagte: „So soll Gulungwes Sohn
an Stelle deines Sohnes dein Sklave sein. Du
magst außerdem meine Frau behalten. Damit ist
die Sache mit deinem ertränkten Sohne erledigt.“

Also hatte Reineke die Frau Gierschlungs
umsonst und Gulungwes Sohn als Sklaven.

| Reineke baut sein Haus. | Reineke (Joloko, eine kleine Antilope) sagte zu den Tieren: „Ich mache mein Haus nicht, so wie ihr,

aus Gras, sondern aus den Federn des Kanga (Perlhuhnes)." Die Tiere sagten: „Dann müßtest du sehr schlau sein."

Als nun alle Tiere schliefen, bereitete Reineke eine lange Schnur und ging zu den Kanga. Reineke weckte die Kanga und sagte: „Ich habe mit den Tieren gewettet, daß ich euch alle miteinander in die Höhe heben könnte." Die Kanga sagte: „Du wirst es nicht können." Reineke sagte: „Laßt euch nur die Hälse zusammenbinden, dann will ich es versuchen." Die Kanga sagte: „Das ist recht." Reineke band die Hälse aller Kanga zusammen. Dann zog er die Schnur an. Alle Kanga waren tot. Reineke nahm die toten Kanga heim und rupfte sie und machte sein Haus aus ihren Federn zurecht.

Die anderen Tiere sahen das Haus. Die anderen Tiere sagten: „Reineke, du bist sehr schlau. Wie tötest du die Kanga?" Reineke sagte: „Oh, das ist sehr einfach! Ich nehme ein Holz und werfe es nach der Kanga. Dann sind sie schnell getötet." Die anderen Tiere gingen hin und nahmen Holzstücke. Und mit den Holzstücken warfen sie nach der Kanga. Die Kanga liefen aber jedesmal fort. Sie versuchten es oftmals. Die Kanga flogen fort. Die Tiere kamen zu Reineke und sagten: „Wir haben mit Holzstücken nach der Kanga geworfen. Die Kanga sind immer fort-

geflogen. Wir haben nicht eine Kanga getötet!"
Reineke sagte: „Ihr könnt eben nicht werfen."

Reineke sagte: „Ich werde mir jetzt ein Haus
aus Federn der Engue (Rebhühner) bauen." Die
Tiere sagten: „Du mußt sehr schlau sein." Rei=
neke machte am Abend eine Schnur zurecht und
ging zu den Engue und tötete sie ebenso, wie er
die Kanga getötet hatte. Er nahm die Engue
mit nach Hause, rupfte sie und machte sich aus
den Federn ein zweites Haus.

Die anderen Tiere sahen das Haus. Sie
sagten: „Du bist ein schlaues Tier." Sie gingen
zu Reineke und sagten: „Wir können die Engue
nicht töten. Wenn wir mit Holzstücken nach ihnen
werfen, fliegen sie immer fort." Reineke sagte:
„Ihr könnt eben nicht werfen."

III. Charaktertypen.

Physiognomien eines Volkes

Physiognomieen.

Sieht nicht einer von den Kerlen genau so aus wie der andere? — Wenn man so die Photographien, die von drüben herübergeschickt werden, durchsieht, hat man den Eindruck, als ob sie alle miteinander über einen Leisten hergestellt wären!

Das ist so eine von den Ansichten, die man heute noch häufig zu hören bekommt. Wer nie mit jenen Leuten in intime Beziehungen getreten ist, wer nie bei ihnen heimisch war, der meint, ein Neger müsse aussehen wie der andere; genau so, wie sich viele einbilden, ein Chinese gleiche dem anderen auf ein Haar, ebenso wie der Inder allen Indern, der Japaner allen Japanern usw. In der Tat hat man zunächst den Eindruck des Fremdartigen, der allen gemeinsam eine gewisse Aehnlichkeit verleiht, zu überwinden, um nicht nur die einzelnen Physiognomien scharf von einander trennen zu können, sondern auch aus dem Körperbilde die Züge des verschiedenartigen geistigen Lebens herauslesen zu lernen. Ist man aber einmal bis zu einer gewissen Kenntnis und Praxis in diesem Sinne vorgedrungen, so weiß man sehr bald, daß die Verschiedenartigkeiten, besonders in den nördlichen Teilen des inneren Afrika, viel stärker ausgeprägt sind als bei uns.

Allein diese Farbenunterschiede! Da sind gelbe Burschen, die hellere Hautfarbe haben als ein Leutnant, der aus dem Manöver heimgekehrt ist, — da sind rote Burschen, die einen Vergleich mit den Bronzerassen Amerikas aufdrängen; da sind blaue Jungen, die einen dann und wann an die karikierten Mohrengestalten erinnern, die in alten Zeiten vor den Zigarren= und Kolonial= läden prangten. Und diese letzteren sind die seltensten, während die Mittelfarben nach Braun hin die Ueberhand haben. Wiederum sieht man jene Hakennasen, die wir uns nun einmal nicht ganz abgewöhnen können als semitische zu be= zeichnen, — da sind lange Nasen, die dem be= rühmten nordischen Giebel, der das Haus so sehr zieren soll, brüderlich ähnlich sehen; da sind stumpfe Nasen, die dem reizendsten Backfische Europas zur Zierde gereichen würden. Oder aber man betrachte die Lippen, die bald in schlimmsten Wülsten, bald in den feinen Randformen des Schimpansen, dann aber auch in jenen lieblichen Formen erscheinen, auf die man auch in Europa gern küßt. Und das Kinn und die Ohren und jeder einzelne Teil des Kopfes, die Glieder, der ganze Kerl, das ganze Frauenzimmer, hier so, da so, — es tummelt sich in jeder Stadt des Sudan zwischen Aegypten und Senegambien eine so un= endliche Fülle von verschiedenen Menschen und Typen umher, als wollte jede einzelne dieser Stätten von der buntschillernden Vergangenheit

306

dieſer Länder, dem wild=wirren Durcheinander=
gleiten der Raſſen und von der Verſchiedenartig=
keit des Menſchengeſchlechtes überhaupt Zeugnis
ablegen.

Wahrlich, dieſe Länder bieten mehr Typen,
mehr Raſſen als jedes Land des ausgeglichenen
Europa.

Der körperlichen entſpricht die geiſtige Phy=
ſiognomie. Wer einmal auf weiten Reiſen mit
vielen Menſchen durch dieſe Länder zog, wer alle
die Schwierigkeiten kennt, die dazu gehören, um
bei bald unliebenswürdigen Geſellen, bald trotzig
vergrämten Stämmen, unter oft allzu liebreichem
Andrängen der Frauen, unter allzu öffentlich und
ungebunden umherlaufendem Federvieh ſeine
Leute zu ernähren, über der Geſchlechtsmoral ſeine
Hand zu halten und des Eingeborenen Beſitztum
vor den eigenen Leuten zu ſchützen, — wer ſolche
Aufgabe längere Zeit hindurch durchgeführt hat,
der weiß ganz genau: der eine benimmt ſich ſo
wie der Teufel, der andere wie ein vom Himmel
gefallener Engel, der eine wie die Sanftmut in
Perſon, der andere ſtets und ſtändig wie ein
Kampfhahn, dieſer als Dieb, jener als Lügner,
der als Liſtling, der als Dummer, — es wimmelt
durcheinander von Eigenſchaften des Geiſtes und
der Lebensbetätigung, der freien, ungebundenen
Leidenſchaften, der wohlgezügelten Phantaſie, der
klug berechnenden Habgier uſw.

Nur dieſes verbindet alle dieſe Menſchen:
es ſind eben Morgenländer, und in ihrem
Äußeren wiſſen ſie ſtets den Mantel der Gleich=

gültigkeit um alle Eigentümlichkeiten ihrer Seele zu hängen. Es sind Menschen, die den Kampf ums Dasein in anderer Weise führen als wir. Die enge Geschlossenheit der Gemeindeverbände, in denen jeder den anderen kennt, hat ihnen die äußere Gleichartigkeit, die Kunst, sich gleichgültig zu benehmen, auferzogen, wie nie einem europäischen Volke dies zuteil ward. Aber darunter und dahinter spielen die Gedanken und die Wünsche, die Kraft und die Schwäche mit ganz anderen Aussichten auf Erfolg oder Niederlage als bei uns.

Diese Menschen sind so ungleich wie nur möglich, wenn sie auch primitiv sind. Und andererseits aber: In diesen Getrieben wirken ethische Züge und alle Charaktereigenschaften nach denselben Gesetzen wie bei uns. Wenn man sich einbildet, man könne von dem Satze ausgehen, daß diese Menschen ein Gut und Böse nicht kennen, so würde man von vornherein nie zum Verständnis dieser Leute gelangen. Ueberall da, wo es gesetzmäßige Anschauung, Staatsorganisation, Familienordnung usw. gibt, überall da wird ein Innehalten gesetzmäßigen Lebens und ein Verfehlen gegen die Anschauung des Volkes sich ausbilden müssen.

Es versteht sich von selbst, daß solche Verschiedenartigkeit der Physiognomien auch in den Dichtungen zutage treten muß. Die folgenden Erzählungen sind aus einem ziemlich bedeutend entwickelten Umkreise des westlichen Sudan eingesammelt. Sie zeigen uns hier die Anschauung

des Islam, der den Alkali ins Land brachte, —
dort die primitiven Beobachtungsgaben des
naiven Menschen, der seinen Lüstlingen denselben
Witz zuzuschreiben weiß wie die höhere Kultur.
Wir haben da die gerechten Strafen der unge=
rechten Volksführer; wir haben die Anerkennung
von Treue; da wird von gerechter Abschätzung
der persönlichen Liebe gegenüber der materiellen
Gewinnsucht gesprochen; wir haben Stücke, die
gewissermaßen aus dem ägyptischen Altertume
in Parallele zu uns herüberreichen, und wir
haben moderne Ideen, die durch den jüngsten
Weltgeist auch in diese Länder geführt wurden.
Der Protz verfällt seinem Schicksale; der Geiz=
hals verliert das Glück; die Charakterstärke ge=
winnt auch hier den Sieg.

Aus der bunten Reihe der geistigen Phy=
siognomien dieser Volksanschauung mögen die
nachfolgenden Stücke eine Auslese gewähren.

1. Der Lügenkünstler.

Kalondji und Tonjandji gingen zusammen auf Reisen. Tonjandji sagte: „Wer von uns beiden führt das Wort?" Kalondji sagte: „Ich will das Wort führen." Tonjandji sagte: „Nein, ich will das Wort führen." Kalondji sagte: „Nein, ich will das Wort führen." Tonjandji sagte: „Du kannst drei Tage vor mir abmarschieren und ich werde dich in einer Stunde einholen. Deshalb ist es besser, wenn ich das Wort führe." Da sagte Kalondji: „So sei du der Wortführer, — wir wollen es versuchen."

Die beiden wanderten ab. Sie kamen am Abend des ersten Tages an ein Dorf, dessen Häuptling begrüßte sie und fragte: „Wo kommt ihr her?" Tonjandji sagte: „Wir kommen aus Tonjabugu (aus dem Lande der Wahrhaftigen!)." Darauf sagte der Dorfchef nichts, aber die beiden Wanderer erhielten nichts zu essen. Sie kamen am anderen Tage an ein Dorf. Es war die gleiche Sache. Sie bekamen wieder nichts zu essen. So ging es während dreier Tage, und als sie dann gar zu großen Hunger hatten, sagte Kalondji: „So geht es nicht weiter." Tonjandji sagte: „Nein, so geht es nicht weiter, jetzt kannst du das Wort führen." Kalondji sagte: „Gut!"

Sie kamen wieder an ein Dorf. In diesem Dorfe war gerade der Sohn des Häuptlings gestorben. Es war ein wunderschöner Bursch gewesen, und keiner kam ihm im ganzen Lande gleich. Als die beiden in das Dorf kamen, klagten alle Weiber, heulte alle Welt. Kalondji kümmerte sich nicht darum, sondern sagte brüsk: „Guten Tag, ich will trinken, gebt mir Wasser!" Tonjandji sagte: „Gib acht, daß du die Leute nicht reizest, sieh, wie alle klagen." Kalondji sagte: „Ach was! Was gibt es denn?" Die Leute sagten: „Der Sohn des Häuptlings ist gestorben, und das war der schönste Bursch im ganzen Lande."

Kalondji sagte: „Was? Das ist alles? Könnt ihr den denn nicht wiedererwecken?" Die Leute sagten: „Nein, kannst du es denn?" Kalondji sagte: „Nichts ist einfacher als das! Wenn ihr das wollt, kann ich das ja morgen früh tun. Zunächst gebt mir einmal Wasser zum Trinken, denn ich habe Durst." Die Leute sagten: „Wer so etwas kann, darf nicht Wasser trinken, dem soll man Milch bringen." Man brachte eine große Schale Milch. Alle Leute bemühten sich um Kalondji und Tonjandji.

Der Dorfhäuptling kam auch herbei und sagte: „Du kannst meinen Sohn erwecken?" Kalondji sagte: „Nichts ist einfacher. Wenn du es zahlst, will ich ihn morgen früh erwecken." Der Dorfchef sagte: „Ich will dir zwei männliche, zwei weib-

liche Sklaven, zwei Pferde und zwei Kühe geben."
Kalondji sagte: „Gut, also morgen früh!" —
Darauf kam nun jeder, der einen teueren Ver=
storbenen hatte, und setzte sich zu Kalondji. Der
eine sagte: „Wenn du mir meinen im vorigen
Jahre verstorbenen Vater erwecken willst, werde
ich dir eine Kuh schenken." Ein zweiter sagte:
„Wenn du mir meine vor zwei Jahren ver=
storbene Frau erwecken willst, sollst du von mir
einen Sklaven erhalten." Kalondji sagte: „Gut!
Ich werde euch allen euere Toten morgen früh
erwecken, und ihr bezahlt mir das dann." Die
Leute brachten Kalondji und Tonjandji sehr viel
gute Speise. — Abends sagte Tonjandji: „Wollen
wir nun nachts fliehen?" Kalondji sagte: „Wa=
rum denn? Morgen werde ich gut verdienen und
wir werden ausgezeichnet essen."

In der Nacht machte sich Kalondji eine
kleine Kalebasse zurecht zu einem Barani=kurru=
kurru. Am anderen Morgen fragte Kalondji:
„Habt ihr schon das Grab gegraben?" Die Leute
sagten: „Ja, das ist schon geschehen." Kalondji
sagte: „So bringt den Toten dahin und laßt dort
alles Volk zusammenkommen." Er ging dann
selbst hin, stieg in die Grube und höhlte mit den
Händen noch sorgfältig den Seitengraben aus.
Dann sagte er: „Legt den Toten hinein und deckt
ihn mit einem Tuche zu." Die Leute taten es.
Kalondji kroch dann selbst in das Loch.

Kalondji wandte dann erst den Kopf nach
oben und rief laut durch das Tuch in der Rich=
tung auf das versammelte Volk: „Erwecke!"

Dann beugte er sich vor und herab und sprach gegen den Boden hin in die Blasekugel: „Erwecke, mach alle erwecken!" (Soll heißen: „Wenn du einen erweckst, dann erwecke die anderen auch.") — Das wiederholte er dreimal. Dann fuhr er aber empor: „Ach, das ist dumm!"

Der Dorfhäuptling fragte: „Was ist dumm?" Kalondji sagte: „Es ist nichts Besonderes. Es ist da nur ein ältester Bruder, der vor dir das Dorf regiert hat, der will durchaus als erster und vor deinem Sohne erweckt werden. Wir werden ihm als dem ältesten Mitglied deiner Familie willfahren müssen. Warte also einen Augenblick, er ist sogleich am Leben." Der König sagte: „Nein, das will ich nicht. Das will ich auf keinen Fall, — das will ich nicht." Er sagte das, denn der Verstorbene, der ältere Bruder, war ein sehr guter und beliebter Dorfchef gewesen, während er selbst rauh und unbeliebt war. Wenn nun der älteste Bruder wieder lebendig geworden wäre, so wäre es mit seiner Macht zu Ende gewesen. Der Häuptling sagte also aus diesem Grunde: „Nein, das will ich nicht." Kalondji sagte: „Das geht aber nicht anders. Entweder alle oder keinen, denn man kann nicht so unhöflich sein, einem so angesehenen Mann wie deinem ältesten Bruder den Vortritt vor einem so jungen Fant wie deinem gestern verstorbenen Sohne zu verweigern." Der Häuptling sagte: „Dann will ich, daß keiner erweckt wird." Kalondji sagte: „Und wer bezahlt mich dann?" Der Häuptling sagte: „Ich habe die Sache angeregt und werde dich des=

313

wegen bezahlen, wie ich versprochen habe." Ka=
londji sagte: „Gut denn!" Er stieg aus der
Grube. Er erhielt die Bezahlung vom Häuptling
und kehrte als ein wohlhabender Mann zurück.

Kalondji starb als wohlhabender Mann. Er
hinterließ eine Frau und einen Sohn, den diese
Frau ihm geboren hatte. Als der Junge heran=
gewachsen war, hatte er aber bald sein väterliches
Erbteil verschleudert. Es verblieb Mutter und
Sohn nichts als eine Stute und ein Ring, den
die Mutter im Ohre trug. Als der Sohn Ka=
londjis derart fast alles verbraucht und ver=
schleudert hatte, schalt die Mutter und sagte:
„Pfui, schäme dich! Dein Vater hat durch ge=
schicktes Lügen sehr schnell dieses Haus gefüllt
und uns zu wohlhabenden Leuten gemacht. Du
bist ein Taugenichts, der nichts von der Kunst
seines Vaters geerbt hat." Der Sohn Kalondjis
sagte: „Oh, das will ich einmal versuchen."

Der Sohn Kalondjis sagte zu seiner Mutter:
„Leihe mir deinen goldenen Ohrring." Die Mutter
gab ihn. Der Sohn ballte ihn zu einem Brei
und warf den Ballen, wie man den Pferden
Medikamente gibt, dem Pferde in den Hals. Die
Stute verschluckte den Ballen. — Am anderen
Tage ritt er mit dem Pferde zum Könige und
sagte: „Hier ist ein Pferd, das ist so ausgezeichnet,
daß es sich nicht für einen gewöhnlichen Mann
schickt. Es ist ein Pferd für einen König. Es macht

nämlich, wenn es seinen Mist fallen läßt, immer Gold darin. Willst du es kaufen?" Der König sagte: „Das ist unmöglich. Das ist gelogen." In dem Augenblick hob das Pferd seinen Schwanz und ließ seine Pferdeäpfel fallen. Der Sohn Kalondjis sagte: „Paß auf!" Er zeigte seine flachen, leeren Hände, drückte einen der Mist= ballen auseinander, und da lag der Goldreif. Der König sagte schnell: „Was kostet das Pferd?" Kalondjis Sohn sagte: „Das Pferd kostet fünf Sklaven und fünf Sklavinnen." Der König gab dem Burschen schnell die zehn Sklaven, und damit kam Kalondjis Sohn heim. Die Mutter sagte: „Was, so viel gewinnst du auf einer ein= zigen Reise?" Der Sohn Kalondjis sagte: „Das ist noch gar nichts. Paß auf, was weiter kommt."

Der König ließ für die goldmistende Stute nun sogleich einen hohen Stall bauen, der war von einer mächtigen Mauer umgeben. Die Stute war darin. Dazu wurden sieben Pferdejungen hineingesperrt und dann die Tür zugemauert. Futter für Pferd und Essen für die Leute ward von oben durch ein Loch in die Mauer herein= geworfen. Der Mist ward dann auf einen großen Haufen geworfen. Nach drei Monaten rief der König alle seine Sklaven und Sklavinnen zu= sammen. Sie mußten sich ganz nackt ausziehen und dann mußte die ganze Reihe mit Schüttel= sieben den Mist durchschütteln. Er selbst stand daneben. Aber siehe! Es kam nicht ein Krümchen Gold zum Vorschein. Der König ward nun über alle Maßen wütend und sagte: „Der Sohn Ka=

londjis hat mich betrogen! Ruft ihn sogleich herbei, ich will ihn töten." Einige Leute gingen hin, um den Sohn Kalondjis zu rufen.

Der Sohn Kalondjis hatte gerade einen Hammel geschlachtet und ihn aufgeteilt, als die Leute kamen. Als er sie aus der Tonne kommen sah, füllte er schnell ein langes Darmende mit Blut und band es zu. Er ging in das Haus, band es seiner Mutter um den Hals und sagte: „Nun tue alles, wie ich es will. Verdecke den Darm mit deinem Kleide." Er ergriff einen Kuhschwanz und steckte ihn in die Tasche. Die Leute des Königs kamen herein und sagten: „Der Sohn Kalondjis soll zum Könige kommen." Der Bursche sagte: „Ich komme gerne! Mutter, begleite mich!" Sie kamen zum Könige.

Beim König war große Versammlung. Der Sohn Kalondjis kam mit seiner Mutter herein. Der König sagte: „Du hast mich mit der Stute in einer ganz gemeinen Weise belogen. In den Pferdeäpfeln ist kein Gold, ich will dich töten!" Die Mutter des Sohnes Kalondjis sagte: „Nein, töte ihn nicht, laß ihn leben!" Darauf aber stürzte sich der Sohn Kalondjis auf seine Mutter, warf sie hin und schnitt den Darm, der um ihren Hals gebunden war, durch. Darauf floß das Blut über die Erde hin und dem Könige bis vor die Füße. Die Frau blieb aber wie tot liegen.

Der Sohn Kalondjis sagte aber gelassen zum Könige: „Nun können wir die Angelegenheit mit dem Pferde erledigen."

Der König sagte: „Nein, erst wollen wir das hier erledigen! Vor meinen Augen hast du deine Mutter getötet." Der Sohn Kalondjis sagte: „Die Angelegenheit mit meiner Mutter ist ganz unwichtig, denn ich kann sie ja natürlich jeden Augenblick wieder zum Leben erwecken. Dagegen ist die Sache mit den zehn Gefangenen, die du mir für meine goldmistende Stute gegeben hast, viel schwieriger." Der König sagte: „Was, du kannst deine Mutter ohne weiteres wieder zum Leben erwecken?" Der Sohn Kalondjis sagte: „Natürlich!" Der König sagte: „So tue das zuerst."

Der Sohn Kalondjis sagte: „So laß eine Kalebasse mit Wasser kommen." Das Wasser kam. Der Sohn Kalondjis zog den Kuhschwanz hervor. Er tauchte ihn in das Wasser und sagte: „Mein Kuhschwanz, den ich von meinem Vater Kalondji empfangen habe, der ihn von seinem Vater empfangen hat, — wenn du wahrhaftig mein Kuhschwanz bist, so mache diese Frau wieder lebendig." Damit schlug er auf seine Mutter, sie mit Wasser besprengend. Das wiederholte er dreimal. Dann erhob sich seine Mutter. Sie nieste. Der König sagte sogleich: „Deinen Kuh= schwanz muß ich haben! Wieviel forderst du für diesen Kuhschwanz?" Der Sohn Kalondjis sagte: „Der Kuhschwanz ist mir nicht feil. Außerdem ist erst noch die Affäre mit der goldmistenden Stute und den zehn Sklaven zu erledigen, die du mir dafür gabst." Der König sagte: „Die An= gelegenheit mit dem Pferde wollen wir ver=

gessen. — Aber der Kuhschwanz! So ein Kuh=
schwanz ist eine Sache für einen König. Ein König
ist sehr oft zornig und tötet dann. Zuweilen tötet
er dann in der Hitze Leute, die ihm teuer sind.
Alsdann ist es ausgezeichnet, wenn er mit einem
solchen Kuhschwanz die Leute wieder erwecken
kann! Ich will dir noch zehn Sklaven für den
Kuhschwanz geben!" Der Sohn Kalondjis sagte:
„Du bist König. Wenn du durchaus willst, so
will ich dir den Kuhschwanz für diesen Preis
verkaufen." Dann nahm der Sohn Kalondjis
wieder zehn Sklaven und ging mit seiner Mutter
und dem neuen Besitze heim. Der König aber
erhielt den Kuhschwanz.

Eines Tages nun war der König betrunken.
Seine Spielleute waren um ihn und sangen. Er
wurde immer betrunkener. Dann rief er seine
liebste Frau und sagte zu ihr: „Bring' mir schnell
Wasser zum Trinken, sonst schlage ich dich tot."
Die Frau sah die Betrunkenheit des Königs und
mußte sehr lachen. Darüber geriet aber der König
in großen Zorn. Er sprang auf und erschlug
seine Frau. Die Dialli standen bestürzt auf und
wollten gehen. Der König sagte aber: „Bleibt!
Trinken wir weiter! Das ist nachher schnell ge=
regelt, denn die Frau kann ich jeden Augenblick
wieder erwecken." Die Dialli sagten: „Tue es
gleich, sonst verläßt uns nicht die Angst." Der
König sagte ärgerlich: „So bringt mir eine Kale=
basse mit Wasser und den Kuhschwanz Kalondjis
herbei."

Die Sklaven gingen und brachten den Kuh=
schwanz Kalondjis und die Kalebasse mit Wasser.
Der König tauchte den Kuhschwanz ins Wasser
und sagte: „Mein Kuhschwanz, den ich von dem
Sohne Kalondjis empfangen habe, der ihn von
seinem Vater empfangen hat, — wenn du wahrhaft
mein Kuhschwanz bist, so mache diese Frau wieder
lebendig!" Damit schlug er auf seine Frau, sie
mit Wasser besprengend. Das wiederholte er drei=
mal. Aber die Frau erhob sich nicht. Darauf
schlug er wieder auf die Frau bis der Kuh=
schwanz, der ein alter Kuhschwanz war, kurz und
klein geschlagen war. Nun ward der König über
alle Maßen zornig. Er schrie wütend: „Bringt
mir sogleich den Sohn Kalondjis. Er hat mich
betrogen und ich will ihn totschlagen."

Die Boten kamen zum Sohne Kalondjis. Der
aß gerade Erdnüsse. Sie sagten zum Sohne Ka=
londjis: „Komm sogleich zum Könige." Der Sohn
Kalondjis steckte den Rest der Erdnüsse in die
Tasche und ging mit den Boten zum Könige. Er
wollte sprechen, der König aber sagte: „Der
Bursche darf nicht ein Wort reden. Nicht ein
Wort! Sowie er spricht, ist man betrogen. Bringt
eine Kuhhaut herbei!" Die Kuhhaut wurde
herbeigebracht. Der Sohn Kalondjis wurde
hineingewickelt. Die Kuhhaut wurde geschlossen.
Dann wurde das Paket noch verschnürt. Während
das geschah, schob der Sohn Kalondjis noch eine
Handvoll Erdnüsse in den Mund. Als das Paket
fertig war, sagte der König: „So, nun kommt,
wir wollen den Sohn Kalondjis ins Wasser

werfen. Ich werde selbst mitgehen, um zu sehen, ob es richtig geschieht."

Der König machte sich mit den Leuten auf. Zwei Leute trugen das Paket mit dem Sohne Kalondjis auf dem Kopfe. Sie kamen so bis an den Uferwald. Als sie am Uferwald angekommen waren, setzte eine schwer verwundete Antilope quer über den Weg. Ein Jäger hatte sie angeschossen. Der König und seine Leute sprangen sogleich hinterher. Die, die das Paket mit dem Sohne Kalondjis getragen hatten, legten es auf den Weg und sprangen mit hinter der Antilope her.

Das Paket lag auf dem Wege. Diulla (Kaufleute) kamen des Weges. Sie hatten eben den Fluß überschritten. Als der letzte der Diulla vorbeikam, steckte der Sohn Kalondjis von den Erdnüssen in den Mund und aß. Er knackte im Munde die Erdnüsse. Der Diulla hörte das, blieb stehen und sagte erstaunt: „Das Paket ißt!" Der Sohn Kalondjis sagte: „O nein, das ist kein Paket, dem man so ausgezeichnete Sachen zu essen gibt. Das ist eine Menschenlast!" Der Diulla sagte: „Was ißt du?" Der Sohn Kalondjis sagte: „Ach, ich habe viel zu viel; mach ein wenig auf, dann gebe ich dir das übrige." Der Diulla öffnete das Paket. Der Sohn Kalondjis sprang empor. Er war viel stärker. Er stopfte den Diulla in die Kuhhaut und schnürte das Paket wieder zu. Dann ging er von dannen.

Der König kam mit den Leuten von der Antilopenhetze zurück. Die beiden Träger nahmen ihr

Paket wieder auf. Der Mann im Paket schrie:
„Ich bin ein Diulla, ich bin ein Diulla, ich bin
ein Diulla." Die Leute sagten: „Daß du ein
Kaufmann bist, hat der König wohl bemerkt.
Außerdem hast du ihn zu sehr belogen." Sie
kamen an den Fluß. Der König sagte: „Steigt
in ein Boot, fahrt in jener Richtung. Werft ihn
dort vor den Strudel, wo er am tiefsten ist, ins
Wasser." Die Leute taten es. Der König paßte
genau auf. Als es geschehen war, sagte er: „Nun
ist es gut. Kommt heim!" Der König kehrte
mit den Leuten in die Stadt zurück.

Der Sohn Kalondjis war inzwischen auch
heimgegangen. Er verkaufte sein gesamtes Besitztum und handelte dafür schöne Kleider und
Gold ein. Eines Tages war bei dem Könige
große Versammlung. Da begab er sich an den
Hof. Er hatte ein herrliches Kleid angelegt, wie
man es hier im Lande noch nicht gesehen hatte.
Die rechte Hand hatte er gefüllt mit Gold. Er
kam in die Halle. Alle Leute, die da waren,
murmelten: „Oh, welch' ein schönes Kleid. Oh,
welch ein Reichtum! Oh, wie schön!" Der König
selbst hätte beinahe etwas ausgerufen. Der Sohn
Kalondjis ging dicht auf den König zu. Er reichte
kühn die rechte Hand mit dem Golde zum Könige
hinauf und sagte: „Dein verstorbener Vater läßt
dir durch mich einen guten Tag sagen. Ich habe
etwas von der Erde da unten aufgenommen und
bringe es dir als kleines Geschenk. Dort unten
ist nämlich alle Erde Gold." Der König sah
das Gold. Der König fragte: „Hat dir mein

Vater sonst nichts gesagt?" Der Sohn Kalondjis sagte zögernd: „Ja, er hat gesagt, du möchtest ihn doch einmal besuchen dort unten und sollest mich solange als Stellvertreter hier lassen." Der König sah das Gold. Er sah die herrliche Kleidung. Kalondji sagte: „Ich bin bereit, dich dahin zu bringen und dich dann hier zu vertreten, wenn du mir versprichst, sehr bald wiederzukommen. Denn ich habe mich da unten sogleich angesiedelt und habe zwanzig junge Frauen zum Geschenk erhalten. Deshalb will ich bald zurück." Der König sagte: „Ich verspreche es dir."

Ehe der Sohn Kalondjis den König in die Rinderhaut eingewickelt hatte, sagte er: „Paß genau auf den Weg auf. Da, wo du unten im Wasser ankommst, da ist gerade das Tor in die andere Welt." Der König sagte: „Laß mich nur an der rechten Stelle ins Wasser werfen." Der Sohn Kalondjis sagte: „Darauf kannst du dich verlassen."

Der Sohn Kalondjis brachte aber als Vertreter des Königs das Paket mit dem König hinaus und ließ es an derselben Stelle, an der der Diulla versenkt war, ins Wasser werfen. Als es untergegangen war, nahm er die Axt von seiner Schulter, warf sie auf die Erde und sagte zu den Sklaven des Königs: „Von jetzt ab bin ich euer König!"

So ward Kalondjis Sohn König. Wenn er und sein Vater das Lügen nicht verstanden hätten, wäre das sicher nicht geschehen. — —

2. Treue.

Bosso und Tommo stammen von dem gleichen Ahnherrn ab. Dieser Ahnherr hatte zwei Nachkommen, die hießen: Kassum und Brehim.

Es war einmal eine große Hungersnot im Lande. Kassum und Brehim hatten nichts zu essen. Da sagten sie: „Es soll einen großen Strom geben, an dem es viel zu essen gibt. Den (den Niger!) wollen wir aufsuchen." Sie machten sich also auf die Wanderschaft. Nachdem sie eine lange Zeit gewandert waren, sagte Brehim, der ältere: „Mein Bruder, ich habe solchen Hunger, und bin vor Hunger so schwach, daß ich nicht imstande bin, weiterzugehen. Laß mich hier liegen. Ich will hier sterben. Suche du den großen Fluß zu erreichen." Kassum sagte: „Warte ein wenig! Hier nebenan ist ein Busch. Ich will hingehen und sehen, ob ich nicht ein wenig zu essen für dich finde." Kassum ging nun in den Busch und schnitt sich eine Wade ab. Die Wunde verband er mit Blättern und Ranken. Dann machte er ein Feuer und röstete das abgeschnittene Fleisch. Dann schlug er es in Blätter, kehrte zu seinem

Bruder zurück und sagte: „Sieh, Bruder, ich fand im Walde Fleisch. Ich habe es sogleich geröstet, nimm es und stärke dich.“ Darauf aß der ahnungslose Brehim vom Fleische seines Bruders, fühlte sich stark und war bereit, weiterzugehen. Nun aber hatte ihn ein quälender Durst gepackt. Kassum sagte: „Warte, Bruder, ich will sehen, ob ich im Walde etwas zu trinken finde.“ Er ging in den Busch zurück und entdeckte ein Loch, in dem war ein wenig Wasser. Das brachte er seinem Bruder, und nunmehr konnten sie ihren Weg fortsetzen.

Nachdem sie wieder ein tüchtiges Stück gegangen waren, empfand aber Kassum den Blutverlust und den Schmerz der Wunde derart, daß er außerstande war, noch weiterzugehen. So sagte er denn zu Brehim: „Lieber Bruder, ich habe mich ein wenig verletzt. Die Wunde scheint schlimm geworden zu sein. Geh du voraus, geh weiter und laß mich liegen. Suche du den großen Strom. Sobald es mir besser geht, werde ich dir folgen.“ Brehim sagte: „Warte, Bruder Kassum, ich werde mir einmal die Wunde ansehen. Vielleicht kann man einmal etwas tun.“ Brehim löste den Verband an Kassums Beim. Er sah, daß die Wade abgeschnitten war, und er sagte zu Kassum: „Mein Bruder, jetzt sehe ich es ganz deutlich. Als ich am Verhungern war, da hast du dir ein Stück von deinem Bein abgeschnitten und hast mich damit genährt!“ Brehim ging dann in den Busch. Er suchte allerhand Blätter und Kräuter. Die kaute er. Er machte einen Brei daraus und spie

den auf Kaſſums Bein. Da heilte die Wunde
binnen kurzer Zeit.

Nun war Kaſſums Bein geheilt. Sie machten
ſich wieder auf den Weg und wanderten, und
endlich kamen ſie an einen großen Strom. An
deſſen Ufer ſchlugen ſie dann ihre erſten
Hütten auf.

Kaſſum ſowohl wie Brehim hatten jeder ſeine
Tochter bei ſich. Die beiden Mädchen ſahen ein=
ander ſehr ähnlich. — Kaſſum ſagte: „Ich will
ſehen, ob dieſer große Fluß nicht viele Fiſche
hat." Brehim ſagte: „Es iſt gut ſo, ich werde
inzwiſchen ein wenig in die Berge gehen und
ſehen, ob es dort nicht Korn und Feldfrüchte
gibt." Kaſſum blieb im Tale und begann ſeine
Vorrichtungen zum Fiſchfange und zur Jagd auf
Nilpferde und Krokodile zu treffen.

Brehim aber nahm Abſchied und ging in die
Berge. In den Bergen fand er die Soninke. Er
trat in deren Dienſt. Sie gaben ihm ein Gewehr.
Die Soninke lehrten ihn die Herſtellung und An=
wendung der Hacke. Sie nahmen ihn mit auf die
Jagd und zeigten ihm alle Handgriffe und Vor=
nahmen des Jägerhandwerkes. So lernte Brehim
etwas. Eines Tages ſtieg er zum Niger herab
und ſuchte das Lager ſeines Bruders Kaſſum
auf. Er ſagte: „Mein Bruder, ich will eine Zeit=
lang auf Arbeit und Reiſen im Bergland ab=
weſend bleiben. Ich werde dir, wenn ich etwas
gewinne, einen Anteil herunterſenden. Sei ſo

freundlich und beaufsichtige solange meine Tochter, daß ihr nichts geschehe. Sie kann eine Gespielin deines eigenen Mädchens sein." Kassum sagte: „Es ist gut." Brehim rüstete seine Sachen, nahm Abschied und ging in die Berge, um da oben zu arbeiten.

Wenn nun der Fischer Kassum unten im Tale einen guten Fischzug gemacht hatte, sandte er die Hälfte der Beute seinem Bruder Brehim in die Berge. Wenn Brehim in den Bergen eine gute Ernte erzielt hatte, so sandte er die Hälfte seinem Bruder Kassum an den Niger. So blieb Brehim zehn Jahre in den Bergen, ohne herniederzusteigen und seine Tochter weilte währenddessen bei Kassum im Tale. Eines Tages aber starb die Tochter Brehims.

Als die Tochter Brehims gestorben war, sagte Kassum: „Wie soll ich nun vor meinen Bruder treten, da er mir seine Tochter gab, daß ich sie vor allem Unheil bewahre, und da sie nun ge= storben ist." Kassum sagte: „Was soll mir meine eigene Tochter, da die Tochter meines Bruders Brehim gestorben ist! Es ist schon besser, wenn keines von beiden Mädchen lebt, anstatt das eines allein übrig bleibt." Und Kassum ging hin und tötete seine eigene Tochter und dann begrub er die beiden Mädchen nebeneinander und errichtete einen Grabhügel darüber.

Eines Tages kam Brehim von den Bergen herab und sagte: „Guten Tag! Ich möchte euch sehen und möchte sehen, wie es meiner Tochter geht. Geht es ihr gut?" Da konnte Kassum dem Bruder nicht die Wahrheit sagen, und er sagte: „Ach, es geht ihr schon gut. Die beiden Mädchen sind ein wenig fortgegangen." Brehim sagte: „Werden sie heute wiederkommen?" Kassum sagte: „Nein, heute werden sie nicht wieder= kommen, denn ihr Weg ist weit, aber morgen werden sie vielleicht zurückkehren." Da sagte Brehim: „Nun, so will ich solange bleiben, bis die Mädchen wiederkehren."

Am anderen Tage fragte Brehim: „Werden die Mädchen bald wiederkommen?" Kassum sagte: „Ich denke, sie werden bald wiederkommen." Brehim blieb drei Tage. Er wartete. Brehim sagte am dritten Tage: „Ich kann nicht gehen, ohne meine Tochter wiedergesehen zu haben." Da konnte Kassum es nicht mehr bei sich behalten und sagte: „Mein Bruder Brehim, ich muß es dir sagen. Ich hätte mir selbst das Leben nehmen sollen, aber wissen mußt du es doch. Deine Tochter, die ich vor jedem Unglück dir bewahren wollte, ist in meiner Hütte an einer Krankheit gestorben. Als das geschehen war, sagte ich mir: Wie soll ich das meinem Bruder sagen können, ohne vor Scham zu sterben. Was soll mir eine Tochter, wo die Tochter meines Bruders, die ich vor allem bewahren wollte, starb. — Und dann habe ich meine eigene Tochter auch getötet und habe beide Mädchen unter einem Hügel begraben." Brehim sagte: „Zeige mir das Grab." Kassum führte seinen Bruder zu dem Grabe.

Brehim betrachtete das Grab und sagte dann: „Besitzest du nicht genug Macht, die beiden

Mädchen wieder zum Leben zu erwecken?" Kassum sagte: „Nein, das vermag ich nicht." Brehim sagte: „Wir beide haben einander immer lieb gehabt. Wir haben einander stets die Hälfte gegeben von dem, was wir besaßen. Wir haben einander alles getan, was wir vermochten. So wollen wir denn auch teilen." Dann nahm Brehim Zaubermittel aus seinem Beutel. Er sprach Zauberreime und schritt dreimal um den Grabhügel. Als das geschehen war, sagte er: „Nun, mein Bruder, öffne das Grab." Kassum tat es. Da sahen sie unten die beiden Mädchen mit einander spielen. Lebend stiegen sie aus der Gruft hervor.

Die beiden Brüder gingen nach Haus. Daheim sagte Brehim: „Heute nun wollen wir eine Sache abschließen und unsere Freundschaft festmachen, so daß sie keiner unserer Nachkommen lösen kann." Kassum sagte: „Das ist auch mein Wunsch." Darauf nahm ein jeder einen Ballen Reis, eine weiße und eine rote Kolanuß. Jeder machte in seine Stirne einen kleinen Schnitt, so daß das Blut herabträufelte. Dann brannten sie Kolanüsse. Diese gebrannten Kolanüsse mischten sie mit ihrem Blute. Sie aßen gemeinsam. Sie genossen so einer des anderen Blut. Sie sprachen: „Von jetzt ab bis in alle Zukunft hinein, bis in unsere fernsten Nachkommen, wollen wir beide uns nichts Schlimmes zufügen, soll unser Blut nicht mit unserem Blute in Streit geraten. Und unsere Kinder sollen sich nicht heiraten, denn sie sind von gleichem Blute."

Fischereigerät der Bosso

Aus Kassums Familie stammen die Bosso. Sie wohnen am Wasser und sind Fischer. Aus Brehims Familie stammen die Tommo, die wohnen in den Bergen, treiben Ackerbau und Jagd. Denn nachdem sie den Blutschwur getauscht hatten, ging Brehim wieder in die Berge und seiner Arbeit nach. — —

Später war da ein König der Marka, Mussa mit Namen, der hörte von der Blutstreue der Tommo und Bosso und von dem heiligen Schwur. Und er beschloß, diese Sache auszuforschen und zu versuchen, was an der Sache Wahres sei. Er sandte in die Berge und ließ ein Tommomädchen holen. Dieses hielt er im Busch tagsüber. Er sandte an den Fluß und ließ einen Bosso holen, dem gab er ein Haus und sagte ihm: „Heute Abend werde ich dir ein Weib geben, das kannst du in dieser Nacht beschlafen." Er ließ den Mann tagsüber allein in seiner Hütte.

Als es Abend und dunkel geworden war, ließ er das Tommomädchen aus dem Busch holen und befahl, daß man sie im Dunkeln zu dem Bosso in die Hütte bringe. Er wollte, daß die beiden mit einander schliefen, damit das Gerede von der Blutsbeziehung der beiden Stämme und der Heiligkeit des Blutschwures ein Ende nähme. Kaum aber hatte das Tommomädchen ihren Kopf in die Hütte gesteckt, und ehe noch der Bursch sie gesehen haben konnte, fiel der Bosso hin und war tot. Das Tommomädchen aber stürzte draußen hin und verschied. Sie hatte den Mann noch nicht wahrgenommen.

Da ließ der Markakönig alle Tommo und Bosso zusammenkommen und sagte zu ihnen: „Mit diesem Blutschwur ist es eine heilige Sache. Nie sollen sich Bosso und Tommo heiraten. Es soll so bleiben, wie es vordem war." Kaum hatte der Markakönig Mussa dies gesagt, da stürzte er auch hin und war auch im gleichen Augenblick verschieden.

3. Ein Bastard.

Ein Bosso hatte im Bossolande drei Söhne
gezeugt. Der Bosso war ein Tungutu (ein
Magier). Die Söhne wurden groß. Der Bosso
sagte zu seinen Söhnen: „Wenn ich einmal
sterbe, dürft ihr meinen Besitz nicht teilen, sondern
ihr müßt ihn zusammenhalten. Denn unter denen,
die teilen, ist ein Bastard, und wenn ich euch
auch nicht sage, wer es ist, so genügt doch die
Tatsache, um diese Vorsicht zu üben. Ich wiederhole also, daß ihr allein schon aus diesem Grunde
nach meinem Tode mein Besitztum nicht teilen,
sondern daß ihr es zusammenhalten sollt."

Der alte Bosso war ein sehr angesehener
Mann. Die Leute im Dorfe sagten, als er krank
wurde: „Wenn der Alte stirbt, haben wir nicht
mehr einen so tüchtigen Tungutu. Denn die Söhne
sind nicht so gut unterrichtet wie der Vater!"

Nach einiger Zeit starb der Vater. Sobald
der Vater gestorben war, sah einer der Söhne
den anderen von der Seite an und sagte bei sich:
„Ob das nicht der Bastard ist? Sicher, das ist
ein Bastard!" (Bastard in Bosso = Schomo-
diong.) Jeder meinte den anderen gering ansehen

zu müssen. Eine Zeitlang gingen sie still und finster nebeneinander her.

Eines Tages brach der Streit aus. Ein jeder warf dem anderen vor: „Du bist daran schuld, daß nicht jeder sein Erbteil aus dem Besitz seines Vaters nehmen kann. Denn du bist ein Schomo=diong." Und der andere antwortete: „Du lügst, weil du ein Schomo=diong bist. Alle Bastarde lügen und verderben den Ruf anständiger Menschen. Und weil der Vater deine Betrügerei gefürchtet hat, deshalb dürfen wir unsere Besitz=tümer nicht teilen und deshalb müssen wir anderen beiden mit einem Bastard zusammen leben!" Jeder der drei Brüder sagte den anderen schlimme Sachen. Von Tag zu Tag wurden die Streitig=keiten schlimmer. Die Leute im Dorfe sagten: „Der alte Bosso war ein ausgezeichneter Tungutu. Aber seine Söhne taugen nichts. Sie streiten den ganzen Tag."

Endlich sagte eines Tages der Aelteste: „Wir wollen diesen Zänkereien ein Ende machen, und wollen zum Richter, einem Alkali, gehen. Der Alkali mag entscheiden, was an der Sache ist." Der zweite sagte: „Ich stimme dem zu." Der dritte sagte: „Ich denke auch, daß das am besten ist." So machten sich denn die drei Brüder fertig zur Wanderung und traten die Reise an.

Die drei Brüder waren aber so erzürnt, daß keiner mit dem anderen gehen mochte. So gingen sie zwar alle drei dieselbe Straße, aber jeder vom anderen ein starkes Stück entfernt. Der Aelteste ging am weitesten vorn, dann kam der zweite, dann der dritte!

Als der Aelteste ein langes Stück gegangen war, begegnete er einem Alten. Der Alte fragte ihn: „Ich habe mein Kamel verloren. Ist hier ein Kamel entlang gekommen?“ Der Aelteste sagte: „Gewiß ist hier ein Kamel entlang gekommen.“ Der Alte fragte: „Hatte es denn ein besonderes Aussehen?“ Der Aelteste sagte: „Ja, es war auf dem linken Auge blind.“ —

Der Alte lief also weiter seinem Kamele nach. Er begegnete dem zweiten Bruder, hielt ihn an und sagte: „Ich habe mein Kamel verloren. Ist hier nicht ein Kamel entlang gekommen.“ Der zweite Bruder sagte: „Gewiß ist hier ein Kamel entlang gekommen.“ Der Alte sagte: „Hatte es denn ein besonderes Aussehen?“ Der zweite Bruder antwortete: „Ja, es war auf dem Rücken wund.“ —

Der Alte lief also weiter, seinem Kamele nach. Er begegnete dem dritten Bruder, hielt ihn an und sagte: „Ich habe mein Kamel verloren, ist hier nicht ein Kamel entlang gekommen?“ Der dritte Bruder sagte: „Gewiß ist hier ein Kamel entlang gekommen.“ Der Alte fragte: „Hatte es denn ein besonderes Aussehen?“ Der dritte Bruder sagte: „Ja, es war trächtig.“

Darauf sagte der Alte zu dem dritten Bruder: „Das Kamel, das ihr drei mir beschrieben habt, ist mein Kamel. Der erste sagte mir, es sei auf dem linken Auge blind, der zweite, es sei auf dem Rücken wund, — du sagst mir, es sei trächtig.

Ihr kennt also mein Kamel, und auf dem ganzen Wege ist es weit und breit nicht zu sehen. Also müßt ihr drei mein Kamel gestohlen und beiseite gebracht haben. Wenn ihr mir mein Kamel nicht sogleich wiedergebt, werde ich zum Alkali gehen und euch verklagen." Der jüngste Bruder sagte: „Ich habe nichts dagegen einzuwenden, geh zum Alkali. Es paßt sehr gut, da wir auch gerade auf dem Wege zum Alkali sind."

Der Alte kehrte um. Er ging nun mit den drei Brüdern zum Alkali. Der älteste Bruder kam an. Der Alte trug seine Sache dem Alkali vor. Er sagte: „Mein Kamel ist mir gestohlen worden. Ich bin von der anderen Seite gekommen, also konnte niemand auf dieser Seite mein Kamel sehen. Heute morgen war es nicht mehr da. Ich ging nach dieser Seite und traf diese drei Leute, die getrennt von einander gingen. Der erste gab an, daß er ein Kamel gesehen habe, das auf dem linken Auge blind war. Ich fragte nachher den zweiten, ob er mein Kamel gesehen habe. Er sagte, daß er ein Kamel gesehen habe, das auf dem Rücken wund war. Ich fragte nachher den dritten, ob er mein Kamel gesehen habe. Er sagte, daß er ein Kamel gesehen habe, das trächtig war. Mein Kamel aber war wirklich auf dem linken Auge blind, auf dem Rücken wund und trächtig. Die drei Männer haben mein Kamel gesehen, aber sie behaupten, daß sie nicht wüßten, wo es ist. Also müssen sie mein Kamel gestohlen haben."

Der Alkali fragte den Aeltesten: „Du hast also das Kamel gesehen?" Der Aelteste sagte:

334

„Nein, ich habe das Kamel nicht gesehen. Ich habe auch zu dem Alten nur gesagt, daß ein Kamel auf meinem Weg entlang gegangen ist." Der Alkali sagte: „Woran hast du denn erkannt, daß das Kamel, das deinen Weg entlang gegangen ist, auf dem linken Auge blind war?" Der Aelteste antwortete: „Das habe ich daran erkannt, daß das Gras nur auf der rechten Seite abgenagt war. Daraus schloß ich, daß es auf dem linken Auge blind sein mußte."

Der Alkali fragte den zweiten Bruder: „Aber du hast wohl das Kamel gesehen?" Der zweite Bruder sagte: „Nein, ich habe das Kamel nicht gesehen. Ich habe auch zu dem Alten nur gesagt, daß ein Kamel auf meinem Weg entlang gegangen ist." Der Alkali sagte: „Woran hast du denn erkannt, daß das Kamel, das deinen Weg entlang gegangen ist, auf dem Rücken wund war?" Der zweite Bruder antwortete: „Das habe ich daran erkannt, daß an dem Wege einige abgerissene mit Blut beschmutzte Blätter lagen. Daraus schloß ich, daß das Kamel auf dem Rücken verwundet sein mußte, denn jedes Kamel hat die Angewohnheit, wenn es verwundet ist, Blätter auf den Rücken zu werfen, um so die Fliegen zu verjagen."

Der Alkali fragte den jüngsten Bruder: „Hast du denn wenigstens das Kamel gesehen?" Der jüngste Bruder antwortete: „Nein, ich habe das Kamel nicht gesehen, ich habe auch gar nicht zu dem Alten gesagt, daß ich das Kamel gesehen hätte. Ich habe nur gesagt, daß ein Kamel auf meinem Weg entlang gekommen wäre." Der Alkali sagte:

„Woran haſt du denn aber erkannt, daß das Kamel, das deinen Weg entlang gegangen iſt, trächtig war?" Der jüngſte Bruder antwortete: „Wenn ein Kamel trächtig iſt, macht es eine breite Bahn im Gras. Dieſe breite Bahn habe ich auf dem Wege geſehen, den das Kamel gegangen iſt, und daraus ſchloß ich, daß das Kamel trächtig ſein müſſe."

Darauf ſagte der Alkali zu dem Alten: „Laß dieſe drei jungen Leute, denn ich kann kein Unrecht an ihnen finden. Du biſt ihnen aber zu Dank verpflichtet, denn ſie haben dir geſagt, an welchen Zeichen man den Weg erkennen kann, den es gegangen iſt. Folge dieſen Zeichen und du wirſt, wenn Allah will, deinen Weg finden."

Der Alkali ſagte zu den drei jungen Leuten: „Bleibt in meinem Hauſe als meine Gäſte. Nehmt Speiſe und Trank zu euch. Und wenn ihr euch ausgeruht und erfriſcht habt, ſo kommt zu mir, dann will ich eure eigene Sache hören." Darauf wies er den drei Brüdern in ſeinem Hauſe eine Wohnſtatt an und gab den Auftrag, für ſie Speiſe und Trank zu bereiten. Er ließ eine Schüſſel mit Reis bereiten und ſagte zu einem Sklaven: „Bring dieſe Schüſſel mit Reis den drei jungen Leuten und ſetze dich dann an die Tür. Höre zu, was ſie dir ſagen, merke es dir und komm nachher zu mir, um mir alles zu wiederholen. Achte mir genau auf jedes Wort." Der Sklave nahm die Schüſſel mit Reis und trug ſie zu den drei Burſchen hinüber. Er ſagte: „Der Alkali ſendet euch dieſe Schüſſel mit Reis." Der Aelteſte

Ein weiſer Richter des Sudan: Der Imam von Sugu Wangara

der drei Brüder nahm die Schüssel und sagte: „Wir danken." Dann setzte sich der Sklave an die Tür auf den Boden.

Der Aelteste hob den Deckel von der Schüssel, blickte auf den Reis und sagte, ohne erst zu versuchen: „Die Bereitung ist gut, aber der Reis ist beschmutzt." Der zweite blickte in die Schüssel und sagte ohne erst zu versuchen: „Der Reis ist gut, aber das Fleisch darin ist Hundefleisch." Der Jüngste blickte in die Schüssel und sagte, ohne erst zu versuchen: „Der Reis ist gut, die Bereitung ist gut, — aber der Alkali selbst ist ein Bastard." Als der Jüngste das gesagt hatte, verließ der Sklave seinen Platz und ging fort. Er ging zum Alkali.

Der Alkali sagte: „Hast du alles gehört, was die Burschen sagten?" Der Sklave sagte: „Ja." Der Alkali fragte: „Hast du alles gemerkt?" Der Sklave sagte: „Ich habe alles gehört und habe alles gemerkt." Der Alkali sagte: „So wiederhole es mir." Der Sklave sagte: „Ich fürchte mich, das zu wiederholen." Der Alkali sagte: „Ich muß es wissen. Sage es!" Der Sklave sagte: „Ich brachte die Schüssel mit Reis herein. Der Aelteste nahm den Deckel ab, blickte hinein und sagte, ohne erst versucht zu haben: ,Die Bereitung ist gut, aber der Reis ist beschmutzt.' Der zweite blickte in die Schüssel und sagte, ohne erst versucht zu haben: ,Der Reis ist gut, aber das Fleisch darin ist Hundefleisch.' Der Jüngste blickte in die Schüssel und sagte, ohne auch nur versucht zu haben: ,Der Reis ist gut, die Bereitung ist

gut, aber der Alkali selbst ist ein Bastard!' Als
ich das hörte, bin ich aufgestanden und heraus=
gegangen."

Der Alkali sagte zu dem Sklaven: „Rufe
mir die Sklavin, die den Reis bereitete." Der
Sklave ging, er rief die Sklavin. Die Sklavin
kam. Der Alkali sagte zu ihr: „Ich gab dir den
Auftrag, eine Schüssel zu bereiten. Wie kommt
es, daß man von dem Reis sagen kann, er sei
schmutzig." Die Sklavin begann zu weinen und
sagte: „Es ist wahr, ich habe, ehe ich den Reis
bereitet habe, mich von meinem Freunde be=
schlafen lassen, und dann in der Eile vergessen,
mich zu waschen." Der Alkali sagte: „Es ist gut.
Geh!" Die Sklavin ging.

Der Alkali sagte zu dem Sklaven: „Rufe
mir den Schlächter, der den Hammel geschlachtet
hat." Der Sklave ging. Er rief den Schlächter.
Der Schlächter kam. Der Alkali sagte zu ihm:
„Ich gab dir den Auftrag, ein Schaf zu schlachten,
damit den jungen Leuten ein gutes Gericht vor=
gesetzt werden könne. Wie kommt es, daß man
sagen kann, das Fleisch in der Speise sei von
einem Hunde." Der Schlächter dachte nach und
sagte: „Die Sklavin kam vorhin zu mir und
kaufte bei mir ein ganz junges Lamm. Das Lamm
war von einem Schaf geworfen, aber ich muß
zugeben, daß ich nie sah, daß ein Hammel das
Schaf deckte, — wohl aber, daß ein männlicher
Hund vielfach auf meinem Hofe mit dem Schaf
spielte. Also könnte sehr leicht nicht ein Hammel,
sondern ein Hund das Schaf gedeckt haben." Der

Alkali sagte: „Es ist gut. Geh!" Der Schlächter ging.

Darauf begab sich der Alkali zu seiner Mutter und sagte: „Meine Mutter, es sind heute drei junge Männer zu mir gekommen, das sind die Söhne eines sehr klugen Mannes. Die drei Männer wissen in allen Dingen Bescheid. Sie haben mir bewiesen, daß sie so weise sind wie ihr Vater. Ich habe alles, was sie sagen, nach= geprüft und habe gefunden, daß sie sich nicht täuschen. Die drei jungen Männer haben nun auch gesagt, ich sei ein Bastard! Sage mir, meine Mutter, was daran wahr ist, denn ich muß gerecht sein!" Als die Mutter des Alkali das hörte, begann die alte Frau zu weinen. Sie sagte nichts. Sie weinte. Der Alkali sagte: „Sage mir, meine Mutter, was daran ist. Ich werde nicht zürnen. Ich bin aber Alkali, und als solcher muß ich die Wahrheit wissen." Die alte Frau weinte. Sie weinte und sprach nicht. Der Alkali sagte: „Sprich! Ich muß es wissen."

Die alte Frau, die Mutter des Alkali, sagte: „Es ist wahr, die drei jungen Leute haben die Wahrheit gesagt. Dein Vater war einmal im Kriege. Er blieb sieben lange Jahre fort. Ich blieb ihm immer treu. Eines Tages aber war ich sehr erregt. Dein Vater war schon so lange fort, daß ich nicht mehr an seine Rückkehr glaubte. Ich glaubte, er wäre schon längst im Kriege ge= fallen. Ich war noch jung und meiner Erregung nicht mehr Herr. Es war ein alter Sklave, nur dieser eine alte Sklave im Dorf. Der alte Sklave beschlief mich. — Wenige Tage später kam dein Vater aus dem Kriege zurück. — Das ist 65 Jahre her. Es weiß das außer mir kein lebender Mensch." Der Alkali ging.

Der Alkali ließ die drei jungen Leute zu sich kommen und sagte: „Ich hoffe, daß ihr euch nun genügend ausgeruht habt. Nun tragt mir vor, was eure Angelegenheit ist." Der älteste der drei Brüder sagte: „Unser Vater war ein großer Tungutu. Einige Zeit vor seinem Tode ließ er uns drei Brüder, seine Söhne, zu sich kommen und sagte: ‚Wenn ich einmal sterbe, dürft ihr mein Besitztum nicht teilen, sondern ihr müßt es zusammenhalten. Denn unter denen, die teilen, ist ein Bastard, und wenn ich auch nicht sage, wer es ist, so genügt doch diese Tatsache, um diese Vorsicht zu üben. Ich wiederhole also, daß ihr allein schon aus diesem Grunde nach meinem Tode mein Besitztum nicht teilen, sondern daß ihr es zusammenhalten sollt!‘ Dann aber starb unser Vater, und von dem Augenblick an sind wir in Mißtrauen und Uneinigkeit. Jetzt sollst du uns sagen, wie wir aus diesem beständigen Streite und Mißtrauen herauskommen können, und was an der Sache mit dem Bastard wahr ist." Die anderen beiden Brüder sagten: „Ja, so ist es."

Der Alkali sagte: „Ihr streitet um den Bastard. Des Bastardes wegen könnt ihr beruhigt nach Hause zurückkehren, denn es ist kein Bastard unter euch. Euer Vater hat gesagt, unter denen, die teilen, sei ein Bastard. Euer kluger Vater sah richtig voraus, daß ich diese Angelegenheit zu regeln habe, und ich bin in der Tat ein Bastard. — Dann hat euer Vater gesagt, daß ihr ‚allein schon aus diesem Grunde‘ nicht teilen, sondern zusammenhalten sollt. Er hat noch einen anderen dafür gehabt. Ihr solltet nämlich mit der Klugheit, die ihr geerbt habt, nicht geteilt und gegeneinander, sondern zusammen und gemeinsam tätig sein. Ich sehe aus allem, was ich von euch gehört und erfahren habe, daß ihr gemeinsam wirken müßt. Bis jetzt habt ihr euch unbeliebt gemacht, weil ihr euch untereinander bekriegt habt. Haltet von nun an zusammen, so wird man euch lieben und ihr werdet zu Macht und Ansehen kommen. — Nehmt, um einig zu werden, ein wenig von diesem Medikament, und streicht es euch über das Antlitz. Dann wird alles gut werden.“

Die drei Brüder nahmen das Medikament, aßen es und strichen es sich über das Antlitz. Von da an waren sie einig und wurden sehr angesehen.

Das war aber das Medikament der Bastarde, das man auch heute noch kennt und auch häufig noch anwendet. —

4. Der Listige.

In alten Zeiten konnten die Frauen die Männer schlagen, und kein Mann konnte sich dem entziehen. Eine Frau machte alle Tage Reis und Fleisch für ihren Akakamale (Buhlen), aber nur schlechten Brei für ihren Adje (Ehemann). Das ging so in einem fort, ohne daß der Adje dazu etwas tun konnte, die Verhältnisse zu ändern.

Eines Tages kaufte der Mann einen Sklaven, mit Namen Dabarinkaba. Er sagte zu Dabarinkaba: „Alle Tage kocht meine Frau Reis und Fleisch für ihren Akakamale und für mich nur schlechten Brei. Der Liebhaber hat es gut. Der Mann aber hat es schlecht!" Dabarinkaba sagte: „Warte, das werde ich ändern. Uebermorgen wirst du schon Reis zu essen bekommen." Die Frau gab Dabarinkaba den Reis und das Fleisch, damit er es zum Liebhaber hereintrage und gab dem Manne den Brei. Der Bursche Dabarinkaba tat in den Reis eine Kleinigkeit, die Magenschmerzen macht und brachte ihn zu dem Liebhaber. Als er am zweiten Tage wieder den Reis brachte, jammerte der Liebhaber, daß er krank sei und den Reis nicht essen könne. Dabarinkaba sagte: „Ach, ich habe einen Freund, der versteht das gut zu arrangieren." Der Akakamale seiner Herrin ging mit. Dabarinkaba brachte ihn zu dem Freunde. Die beiden schnitten dem Manne den Arm auf, taten dann eine Kleinigkeit Gift hinein, und dann war der Mann sehr schnell tot.

Dabarinkaba ging zurück und brachte seinem Herrn den Reis. Dazu sagte er: „Die Leute werden dir noch mehr bringen." — —

Dabarinkaba stellte alsdann einen Sack aus Geflecht her. Er tat den Toten hinein und band ihn recht fest zu. Alsdann nahm er den Sack mit dem Toten auf die Schultern und trug ihn in den Busch. Er trug ihn zu einem großen Hause, das einsam draußen im Busch lag. In dem Hause wohnte ein Sunjala (Räuber), mit seiner Frau. Die Frau hieß: Naninamina (d. h. komm, nimm das)! Der Bursche kam in der Dämmerung mit seinem Paket zu dem Hause.

Der Bursche kam mit seinem großen Sack herbei und rief die Frau: „Naninamina!" Die Frau kam heraus, nahm den großen Sack und sagte: „Ach, das ist schwer, was mag das Gutes sein!" Sie stellte den Sack beiseite. Dabarinkaba versteckte sich im Busch. — Dann kam der Räuber mit seiner großen Kiste herbei und rief: „Nani= namina!" Die Frau kam heraus, nahm die große Kiste und sagte: „Ach, das ist schwer? Was mag das Gutes sein!" Sie stellte die Kiste beiseite. — Dann kam der Räuber nochmals mit seinem Ballen Stoff herbei und rief seine Frau: „Nani= namina!" Und dann brachte er noch andere

Ballen. Der Bursche versteckte sich nun im Haus. Der Räuber und seine Frau gingen zu Bett.

Am anderen Morgen sagte der Räuber: „Nun wollen wir sehen, was wir Gutes gewonnen haben." Der Räuber öffnete einen Ballen. Es waren schöne Stoffe und Kleider darin. Der Räuber öffnete einen zweiten Ballen; es waren schöne Stoffe und Kleider darin. Der Räuber öffnete die Kiste; es waren Gold und geschliffene Steine und Silber darin. Der Räuber öffnete den Sackkorb; da war die Leiche darin! Der Räuber sagte zu seiner Frau: „Wer hat das gebracht?" Die Frau sagte: „Du hast es gebracht mit den anderen Sachen."

Dabarinkaba kam herbei. Er tat, als käme er zufällig des Weges. Dabarinkaba trat herbei und rief entsetzt: „Oh, du hast den Sohn des Königs ermordet. Du hast den Sohn des Königs ermordet." Der Räuber sagte: „Nein, ich habe ihn nicht ermordet." Dabarinkaba sagte: „Ich muß es anzeigen." — Der Räuber sagte: „Du willst es anzeigen?" Dabarinkaba sagte: „Ja!" Der Räuber fragte: „Du willst es anzeigen?" Dabarinkaba sagte: „Ja!" Der Räuber fragte: „Du willst es anzeigen?" Dabarinkaba sagte: „Ja!"

Der Räuber fragte: „Kann ich dich nicht be=zahlen, daß du schweigest?" Dabarinkaba sagte: „Nimm alles, was du in diesem und im vorigen Jahre gestohlen hast und bringe es zu meinem Herrn. Wenn du das ehrlich tust, will ich dich nicht verraten, sondern will dir die Leiche des

Sohnes des Königs wegschaffen." Der Räuber sagte: „Es ist mir recht."

Der Räuber trug alles Gut, das er in diesem und im vorigen Jahre gestohlen hatte, zu dem Herrn Dabarinkabas. Dabarinkaba nahm die Leiche, steckte sie in den Sack und trug sie von dannen. Er trug die Leiche ein gutes Stück mit in den Busch hinein.

Dabarinkaba kam mit seinem schweren Sack ziemlich weit in den Busch hinein. Er sah zwei Jäger, die stiegen auf einen Baum und suchten oben nach Honig. Dabarinkaba stellte seinen Sack beiseite und trat an den Baum. Er rief hinauf: „Was macht ihr da oben?" Der eine Jäger antwortete: „Wir sammeln Honig!" Dabarinkaba rief: „Gebt mir ein wenig von dem Honig ab." Der eine Jäger antwortete: „Nein, wir geben nichts ab." Dabarinkaba rief: „Gebt mir von dem Honig ab oder ich werde sterben." Der eine Jäger rief: „Nein, ich gebe dir nichts ab."

Da ging Dabarinkaba an seinen Sack, nahm den toten Mann heraus und lehnte ihn an den Stamm des Baumes. Der andere Jäger sah hinab. Er rief: „Was machst du da unten?" Der Tote antwortete nicht und Dabarinkaba hatte sich versteckt. Der andere Jäger fragte nochmals: „Was machst du da unten?" Der Tote antwortete nicht. Darauf stieg der andere Jäger herab, stieß den Toten stark mit dem Fuße an, daß er umfiel und sagte: „Was machst du da?" Der Tote antwortete nicht.

Der andere Jäger leuchtete dem Toten ins Gesicht und rief dann: „Er ist gestorben, er rief dir ja hinauf, du sollest ihm Honig abgeben, sonst würde er sterben. Nun aber ist er gestorben." Der eine Jäger kam herab und sagte: „Was sagst du da? Ich habe gesehen, wie du ihn mit dem Fuße anstießest, so daß er umfiel. Du hast ihn getötet." Der andere sagte: „Nein, du hast ihn getötet." Der erste sagte: „Nein, du hast ihn getötet." Die beiden Jäger stritten hin und her, wer den Mann getötet habe.

Dabarinkaba kam durch den Busch herbei. Er sagte von weitem: „Na, was habt ihr denn da zu streiten?" Die Jäger riefen entsetzt: „Du darfst nicht näher kommen." Dabarinkaba sagte: „Weshalb soll ich denn nicht näher kommen? Ihr habt wohl etwas Schlechtes getan?" Dabarinkaba kam näher; Dabarinkaba sah den Toten. Er sagte: „Oh, ihr habt den Sohn des Königs getötet! Deshalb soll ich nicht näher kommen! Oh, ihr habt den Sohn des Königs getötet. Oh, ihr seid schlechte Leute. Oh, ich muß euch anzeigen!" Der eine Jäger rief: „Ich habe ihn nicht getötet. Der andere hat ihn getötet. Er hat ihm einen Fußtritt gegeben." Der andere Jäger sagte: „Nein, ich habe ihn nicht getötet, der dort hat ihn getötet. Der Mann rief: Gebt mir Honig oder ich sterbe! Mein Kamerad aber hat ihm das abgeschlagen. Da ist er gestorben. Als ich herunterkam, war er schon tot. Der Kamerad hat ihn getötet."

Dabarinkaba sagte: „Jedenfalls habt ihr den Sohn des Königs getötet. Ich muß es anzeigen." Die Jäger sagten: „Du willst es anzeigen?" Dabarinkaba sagte: „Ja." Die Jäger fragten: „Du willst es anzeigen?" Dabarinkaba sagte: „Ja!" Die Jäger fragten: „Du willst es anzeigen?" Dabarinkaba sagte: „Ja!" Die Jäger sagten: „Können wir dich nicht bezahlen, daß du schweigst?" Dabarinkaba sagte: „Nehmt allen Honig zusammen, den ihr in diesem und im vorigen Jahre gewonnen habt und bringt ihn zu meinem Herrn. Wenn ihr das ehrlich tut, will ich euch nicht verraten, sondern will euch auch noch die Leiche des Königssohnes fortschaffen." Die Jäger sagten: „Es ist uns recht."

Die Jäger trugen allen Honig, den sie in diesem und im vorigen Jahre gestohlen hatten, zu dem Herrn Dabarinkabas. Dabarinkaba nahm aber die Leiche, steckte sie in einen Sack und trug sie von dannen. Er trug die Leiche aus dem Busch in die Stadt zurück.

Dabarinkaba nahm die Leiche des Sohnes des Königs und eine Gallama (Löffel) voll Honig und brachte die Leiche vor die Tür des Hauses, in welchem die Frauen des Königs lebten. Der König konnte Dabarinkaba nicht gleich sehen, er hörte aber seine Schritte und er sah, als er oben zum Fenster hinausblickte, jemand an die Tür seines Frauenhauses gelehnt stehen, der unbedingt ein Mann war.

Der König ergriff Bogen und Pfeil und schoß einen Pfeil nach dem anderen nach dem Manne.

Dabei sagte er: „Wer wagt es, nachts in das Frauenhaus eines so großen Königs wie ich bin, zu gehen?!" Der König schoß einen zweiten Pfeil. Er sagte: „Wer wagt es, nachts in mein Frauenhaus einzudringen?" Er schoß einen dritten Pfeil ab. Unten am Tore fiel der Körper des Toten um.

Am anderen Morgen ging der König selbst hinab, um zu sehen, wer da seinen Pfeilen erlegen war. Er sah, daß es sein eigener Sohn war. Da begann er zu klagen: „Ich unglücklicher Mann! Ich habe nur einen Sohn, der war mein Liebling, und den habe ich selbst erschossen. Oh, ich bin ein unglücklicher Mann!" Alles Volk in der Stadt sagte: „Der König hat heute seinen eigenen Sohn erschossen. Jetzt ist kein Mensch mehr seines Lebens sicher."

In der Stadt war ein kleiner, sehr kluger Knabe. Der sagte zum Könige: „Höre, du warst es ja gar nicht selbst, der deinen Sohn erschossen hat. Ein anderer hat deinen Sohn getötet. Warte bis morgen, so will ich dir den zeigen, der es gewesen ist." Der König sagte: „Ich habe meinen Sohn erschossen. Wenn du aber irgend einen Sinn darin siehst, so versuche es festzustellen, ob nicht vielleicht ein anderer die Tat begangen hat."

Am anderen Tage nahm der Bursche sein Kulilan-u-sirife (Rasiermesser). Er tat seine Zaubermittel darauf und warf es in die Luft, damit es die Hälfte des Schädels desjenigen rasierte, der den Sohn des Königs getötet hatte. Das Messer flog auch auf Dabarinkaba zu und rasierte dem die rechte Hälfte des Schädels.

Dabarinkaba erkannte aber den Sachverhalt. Er fing das Messer mit der Hand auf, behandelte es mit seinem eigenen Zaubermittel, und darauf flog es über das Land hin und rasierte allen Burschen in der Stadt die rechte Hälfte des Schädels. — Die Burschen der Stadt bekamen einen Schreck. Sie machten sich sogleich alle mit einander Mützen und stülpten diese über. Am anderen Morgen ließ der König alle Burschen zusammenkommen. Alle kamen; nur Dabarinkaba sagte: „Was soll ich da, es ist ja doch nutzlos."

Die Burschen saßen rundherum. Der Berater des Königs trat in die Mitte und nahm dem ersten die Mütze ab. Der Bursche war halb geschoren. Der Berater sagte: „Da ist er ja schon!" Der König sagte: „Laß auch die anderen die Mütze lüften." Alle Burschen lüfteten die Mützen. Sie waren alle halb geschoren. Der König sagte: „Es nützt nichts, glaube mir; ich habe es selbst getan." Der Berater sagte: „Laß es mich noch einmal versuchen."

Der Knabe nahm wieder sein Kulilan-u-sirife und tat sein Zaubermittel darauf und schleuderte es in die Luft. Das Messer schnitt in das linke Ohr Dabarinkabas einen tiefen Schnitt. Dabarinkaba fing aber das Messer ein, tat einen Zauberspruch dazu und warf es wieder in die Luft. Das Messer schnitt in alle linken Ohren der sämtlichen Burschen der Stadt dieselbe Lücke. Die Burschen wurden wieder zusammenberufen und der König sah wieder, daß alle gleich gezeichnet waren. Darauf sagte er zu seinem Ratgeber:

„Laß jetzt alles weitere! Ich weiß jetzt bestimmt, daß ich meinen Sohn selbst getötet habe. Wenn du so fortfährst, dann wirst du uns noch alle töten."

Seit dieser Zeit stammt die Sitte der Leute, Mützen zu tragen. Früher war das nicht so. Seitdem wollen aber schon die kleinsten Burschen Mützen haben! — — — —

5. Das Schicksal des Protzen.

Im Orte Tendella im Lande Seno lebte der Kado Serre, der vom Stamme der Togo war. Dieser Mann war über alle Maßen reich, viel reicher als irgend ein anderer im Lande Seno. Eines Tages rief er alle seine Angehörigen und Stammesgenossen zusammen und sagte zu ihnen: „Ich habe jetzt so ungeheuere Massen von Korn, daß ich nicht weiß, was ich damit machen soll." Einer der Angehörigen sagte: „Nun, so verschenke doch an arme Leute, an solche, die nichts haben." Serre sagte: „Nein, das paßt mir nicht." Ein anderer sagte: „Nun, so leih doch Saatkorn aus an die, die eine Mißernte hatten und die nun in Sorge sind." Serre sagte: „Nein, das paßt mir nicht." Ein anderer sagte: „Nun, so verkaufe doch dein Korn und schaffe dir dafür Vieh an." Serre sagte: „Nein, das paßt mir nicht."

Keiner konnte ihm einen Rat geben. Serre sagte: „Sendet mir zur Verarbeitung des Kornes alle jungen Mädchen. Es kamen hundert junge Mädchen zusammen. Er gab ihnen das Korn. Die Mädchen nahmen die Mahlsteine. Die hundert Mädchen rieben sieben Tage und sieben

Nächte lang ununterbrochen Korn. So ward eine ungeheuere Menge Mehl hergestellt. Als alles Korn zermahlen war, sagte Serre: „So, nun bringt auch Wasser herbei! Wir wollen das Mehl mit Wasser anreiben und daraus eine kleine Mauer herstellen, die mir als Sitz dienen soll, wenn wir Beratungen pflegen." Als die anderen Habe seiner Familie das hörten, kamen sie herbei und sagten: „Laß das, Serre. Laß das. Das ist gegen alles Recht!" Serre sagte: „Laßt mich doch mit meinem Ueberfluß machen, was ich will. Ich bin reich." Die anderen Habe gingen von dannen. Serre hieß das Mehl mit Wasser anrühren. Er ließ daraus Stücke formen, die wie die Luftziegel waren. Er ließ aus den Mehlluftziegeln die kleine Mauer errichten. Er ließ in die Mauer Kaurimuscheln einlegen.

Wenn Beratungen gepflogen wurden, setzte Serre sich auf diese Mauer. Die anderen nahmen neben ihm Platz.

Eines Tages hatte Serre eine Mißernte. Er hatte auf seinen Feldern nicht einen einzigen Kolben Korn. Er mußte Vieh verkaufen, um Korn für Nahrung und Saat anzuschaffen. Im nächsten Jahre war es wieder so. Es ging so Jahr für Jahr. Serre mußte sein Rindvieh, seine Pferde verkaufen. Ein Teil seiner Leute starb vor Hunger. Ein Teil seiner Leute lief von dannen, um nicht dieses Leben mitführen zu müssen. Er hatte zuletzt nur noch einen einzigen Esel und ein einziges Mädchen. Das war alles, was von seinem Reichtume übrig geblieben war.

Fürstengehöft in Maffina

Fritz Nansen. 03

Um nicht Hungers sterben zu müssen, kratzte er täglich etwas von seiner kleinen Mauer ab, bis auch diese aufgezehrt war.

Als auch die kleine Mauer verbraucht war, sagte er eines Tages: „Ich will zu dem Könige der Gana, zu Alle Sogole reiten und will ihn um Saatkorn bitten. Der Ganakönig ist reich und freigiebig, und meine Familie will mir nichts mehr geben." Serre setzte sich mit seiner kleinen Tochter auf den Esel und ritt in das Land Gana.

Der König Alle Sogole hielt gerade Audienz ab. Rund um ihn saßen die vornehmen Mit= glieder und Fremden, alle in schönsten Gewändern. Da kam Serre auf seinem Esel in seinen schmutzigen, alten Kleidern angeritten. Der König Alle Sogole wechselte mit ihm alle Grüße und fragte ihn, woher er komme. Er sagte: „Ich komme aus Tendella." Der König Alle Sogole sagte: „Mann aus Tendella, mache es dir be= quem. Du sollst sofort ein Quartier haben." Und er ließ ihn sogleich in ein gutes Haus bringen. Der König Alle Sogole wußte aber nicht, daß der andere der früher so wohlhabende Serre war.

Als der König mit seinen Geschäften fertig war und alle anderen entlassen hatte, sagte er zu seinen Leuten: „Bringt mir in meine Halle eine Schale mit Hirsebier, legt mir zur Seite ein Fell, daß sich der eben angekommene Fremde aus Ten= della darauf niederlassen kann; laßt den Knaben zum Bedienen kommen und ruft mir den Frem= den." Die Leute gingen und riefen Serre. Der König sagte: „Nun, fremder Mann, trinke einen

langen Schluck, denn du haft eine Reife hinter
dir und mußt durftig fein." Serre fagte: „Ich
fann nur fehr wenig trinfen." Der König fagte:
„Weshalb das?" Serre fagte: „Ich habe fo-
lange gehungert und es ift mir fo fchlecht ergangen." Der König fagte: „Wenn es fonft nichts
ift, fo trinfe nur in aller Seelenruhe, denn jetzt
bift du bei mir und fomit vor Hunger gefchützt.
Du wirft alles befommen, was du brauchft.
Trinfe nur!"

Sie tranfen zufammen. Nach einiger Zeit
fragte der König: „Du fommft aus Tendella?
Lebt denn der reiche Serre noch, der fich feiner-
zeit aus überflüffigem Mehle ein Sitzmauer
machen ließ?" Serre fagte: „Ja, er lebt noch!"
Der König fragte: „Hat er denn noch fo viele Kühe
und Rinder?" Serre fagte: „Nein, er hat alle
feine Herden verfaufen müffen, weil er feine Ernte
hatte." Der König fragte: „Hat er denn noch feine
vielen Pferde?" Serre fagte: „Nein, er hat alle
feine Pferde verfaufen müffen, weil er gar nichts
mehr zu effen hatte." Der König fragte: „Hat
er denn noch viele Menfchen, Kinder, Hausfflaven
und Arbeiter?" Serre fagte: „Nein, die hat er
nicht mehr. Ein Teil ift vor Hunger geftorben,
ein anderer Teil ift davongelaufen, um nicht das
gleiche Ende zu nehmen. Er felbft hat fein
Mäuerchen aus überfchüffigem Mehle aufgegeffen
und hat nun nichts mehr als einen Efel und ein
fleines Mädchen." Serre fagte: „Ja, fo geht
es den Menfchen. Serre war einft reich und
ftolz und übermütig, und nun fitzt Serre in

schmutzigen, alten Kleiderfetzen vor dir." Der König sagte: „Du bist Serre?" Serre sagte: „Ja, ich bin der gleiche." Der König sagte: „Was willst du?" Serre sagte: „Ich habe nichts mehr, gib mir etwas Korn zum Säen." Der König sagte: „Nimm soviel du nötig hast, mit dir."

Der König Alle Sogole gab Serre reichlich Saatkorn. Serre stieg mit seinem kleinen Mädchen und dem Korne auf den Esel und ritt von dannen, nach Hause.

Am anderen Tage hielt der König wieder Audienz ab. Er sagte zu seinen Vornehmen: „Wißt ihr, wer der Mann war, der in schmutzigen Lumpen mit dem kleinen Mädchen auf dem Esel hier ankam?" Die Leute sagten: „Nein, wir wissen es nicht." Der König sagte: „Ihr habt doch alle von dem reichen Serre gehört, der so übermütig war, daß er sich ein Mäuerchen aus überschüssigem Mehle bauen ließ?" Die Leute sagten: „Von dem haben wir alle gehört." Der König sagte: „Nun, der Bettler auf dem Esel, der gestern hier war, um mich um ein wenig Saatkorn zu bitten, das war der gleiche Serre, der seinerzeit nicht auf seine Familie hören und anderen keine Wohltaten erweisen wollte." Einige Leute sagten: „Das ist kaum möglich!" Der König sagte: „Wenn ihr den Beweis haben wollt, so laßt aus jedem Haushalte je eine Mulle Korn kommen, tut alles in Lasten und sendet sie ihm. Sorgt dafür, daß euer Korn nicht mit meinem Saatkorn zusammenkommt." Die Leute taten es. Es kamen 1200 Mullen Korn zusammen.

Ehe aber dieses Korn noch ankam, war Serre gestorben. Nachdem er solange nichts gegessen hatte, hatte er im Heißhunger die Hälfte des vom Könige erhaltenen Saatkornes auf einmal gegessen, und da er an Nahrung nicht mehr gewöhnt war, starb er allsogleich. — — Bis heute ist die Nachkommenschaft Serres arm geblieben.

6. Der Mann von Charakter.

Ein Mann machte in Kaarta mit dem Sohne eines Königs Freundschaft. Sie waren sehr gute Freunde, bis eines Tages der König starb und nun dieser Sohn König ward. Da war es mit der Freundschaft vorbei, und nun suchte der junge König sich des früheren Freundes auf irgendeine Weise zu entledigen. Der König verfolgte ihn auf alle Art, aber er wußte Surro Sanke nicht beizukommen. Da sagte Surro Sanke: „Das ist sehr einfach. Du willst mich töten. Du kannst mich töten, erstens, wenn du mich eifersüchtig siehst, d. h. wenn du mich dabei ertappst, daß ich eifersüchtig auf meine Frau bin. Zweitens kannst du mich töten, wenn ich etwa lüge oder irgend etwas Unwahres sage. Drittens kannst du mich töten, wenn du mir eine Feigheit nachweisen kannst.“ Der König sagte: „Gut, das soll gelten.“

Der König beschloß, sogleich seine Maßnahmen zu treffen. Er ließ einen Häuptling kommen, dessen Dorf einen Tagesmarsch entfernt lag, und sagte zu ihm: „Ich werde morgen früh Surro Sanke zu dir senden. Der wird dir sagen, du sollst sogleich zu mir kommen. Sage ihm das

zu und sattle gleich dein Pferd; laß ihn voraus=
gehen, weil du ja zu Pferde schnell nachkommen
kannst, und wenn er dann fortgegangen ist, laß
wieder abzäumen und komme nicht. Surro Sanke
wird dann bei mir eintreffen und mir sagen, daß
du kämest, und das ist dann eine Unwahrheit."
Der Häuptling sagte: „So werde ich's machen."

Danach ließ der König hundert Soldaten
kommen und sagte: „Morgen werde ich Surro
Sanke auf dieser Straße zu jenem Häuptling
senden. Nehmt ordentlich Pulver mit euch, aber
keine Kugeln. Wenn nun Surro Sanke des
Weges kommt und an nichts Schlimmes denkt,
feuert kräftig mit Pulver auf ihn, aber nicht mit
Kugeln, damit er ordentlich erschrecke." Die hun=
dert Soldaten sagten: „So werden wir es machen."

Danach ließ der König drei Männer kom=
men und sagte zu ihnen: „Morgen früh sende ich
Surro Sanke zu jenem Häuptling. Surro Sanke
hat drei Frauen. Sobald er fort ist, gehe ein
jeder von euch zu einer der Frauen Surro Sankes
und schlafe bei ihr. Ihr müßt so lange ein jeder
bei einer der drei Frauen bleiben, bis Surro
Sanke zu euch kommt. Dann sorgt dafür, daß
Surro Sanke euch bei seinen Frauen in ent=
sprechender Weise sieht. Auf diese Weise wird
Surro Sanke eifersüchtig werden." Die drei
Männer sagten: „So werden wir es machen."

Am anderen Morgen ließ der König Surro
Sanke kommen und sagte zu ihm: „Gehe diesen
Weg zu jenem Häuptling und sage ihm, er soll
sogleich zu mir kommen." Surro Sanke sagte:

„Es ist gut." Er zog von dannen. — Als er
ein Stück weit gegangen war, fingen an der Stelle,
an der sie versteckt waren, die hundert Mann
an, mit Pulver nach ihm zu schießen. Surro Sanke
blieb sogleich stehen. Er hatte einen Bogen und
drei Pfeile bei sich. Als er einen Mann erblickte,
legte er einen Pfeil auf und schoß einen, dann
einen zweiten und dritten Soldaten tot, so daß
die anderen von Furcht ergriffen wurden und
nach der Stadt zurückkehrten. Die siebenund=
neunzig kamen zum Könige und sagten: „Der
Mann Surro Sanke hat drei von uns getötet.
Er hat keinen Schreck gezeigt, als wir schossen.
Du wirst ihn töten lassen, ihm aber nie Furcht
einjagen können!"

Inzwischen kam Surro Sanke zu dem
Häuptling und sagte: „Der König läßt dir sagen,
du sollest sogleich zu ihm kommen." Der Häupt=
ling sagte: „Das soll geschehen." Er sattelte sein
Pferd. Er stieg mit einem Fuß in den rechten
Steigbügel, ehe er aber noch den anderen Fuß
im Steigbügel hatte, sagte er: „Geh nur voraus,
du bist zu Fuß, ich komme zu Pferde schnell nach."
Surro Sanke sagte: „Es ist gut." Er ging von
dannen. Der Häuptling stieg wieder ab, ließ das
Pferd absatteln und blieb daheim. Surro Sanke
kam zum König. Der König fragte: „Wird der
Häuptling kommen?" Surro Sanke sagte: „Ich
weiß es nicht." Der König sagte: „Wieso weißt
du es nicht? Hast du den Auftrag nicht richtig
ausgerichtet?" Surro Sanke sagte: „Gewiß habe
ich ihn richtig ausgerichtet. Aber deshalb kann

ich noch nicht wissen, ob er wirklich kommt. Wenn der linke Fuß in den Steigbügel kam, wie der rechte, dann kommt er vielleicht, — ich sah den Häuptling aber nur zur Hälfte aufsteigen." Der König sagte: „Dann geh nur zu dir nach Hause."

Surro Sanke kam in sein Gehöft. Er kam auf das Haus seiner ersten Frau zu, öffnete und sah neben seiner Frau einen Mann, der gerade seine Hosen anzog. Darauf machte er gelassen seine Tür zu und ging auf das Haus seiner zweiten Frau zu. Gerade als er öffnete, sah er einen Mann herauskommen, der ging an ihm vorüber, hockte sich nieder und schlug sein Wasser ab. Darauf schloß er auch diese Tür, ging auf das Haus der dritten Frau zu und öffnete. Aber als er eintreten wollte, stieß er mit der Stirn gegen die eines anderen Mannes, der gerade herausgehen wollte. Somit schloß er ganz gelassen auch diese Tür.

Er ging hinauf in die Mitte des Platzes und rief: „Hat mir jemand Essen bereitet? So sagt mir, wo der Teil für mich niedergelegt ist." Darauf kamen alle drei Frauen mit den Kalebassen voll Essen heraus, und neben einer jeden ging ein Galan. Die drei Männer wollten gehen. Surro Sanke aber rief: „Ihr werdet doch so nicht gehen wollen? Ich hoffe, daß meine Frauen für uns alle vier genug Essen bereitet haben, so kommt her und speist mit mir." Die drei Männer gingen hin und wuschen sich die Hände, und hierauf hockten alle vier zum Essen nieder. Die vier aßen miteinander.

Als die drei Männer gehen wollten, sagte Surro Sanke: „Wartet, ich werde euch noch begleiten.“ Er begleitete sie bis an das Tor und noch weiter, bis dahin, wo aller drei Wege sich abzweigten. Surro Sanke reichte noch jedem Tabak zum Schnupfen und einige Kola als Wegzehrung. Er schüttelte jedem die Hand und ging wieder nach Haus. Die drei Männer gingen aber zum Könige und sagten: „Du kannst diesen Surro Sanke töten, aber eifersüchtig machst du ihn deswegen doch nicht.“ — Der König ließ am anderen Tage die drei Frauen Surro Sankes kommen und fragte: „Hat euer Mann Surro Sanke irgendwie gescholten, weil ihr gestern drei Männer bei euch hattet?“ Alle drei Frauen sagten: „Er hat nichts gesagt und getan.“ Der König sagte: „Man kann ihn nicht eifersüchtig machen.“

Der König ließ Surro Sanke rufen. Als er kam, sagte der König zu ihm: „Das, was du redetest, ist wahr, du fürchtest dich nicht, du bist nicht eifersüchtig, und du lügst nicht.“

Surro Sanke sagte: „Ich kann dir das auch erklären.“

Surro Sanke sagte: „Ich war einmal im Kriege. Wir hatten eine heiße Zeit. Es kam zu einem Gefecht. Alle meine Kameraden fielen. Ich blieb allein übrig. Ich hatte ungeheuren Durst. Ich dachte, ich müßte vor Durst sterben. Dann kam ich an ein Wasser, in dem lag ein Kaiman neben dem anderen. Es war ganz angefüllt mit

Kaimanen. Ich dachte, wenn ich schnell im Vor=
überlaufen ein wenig Wasser mit der Hand
schöpfen könnte, würde ich wohl heil davon=
kommen. Ich versuchte es. Aber ein großer
Kaiman schlug mit dem Schwanze nach mir, so
daß ich in das Wasser stürzte. Sofort kamen alle
Kaimane herbei, um mit den Schwänzen nach mir
zu schlagen und mich zu beißen. Der Kaiman,
der mich zuerst geschlagen hatte, nahm mich aber
unter seinen Leib und schützte mich vor den
anderen. Dann brachte er mich in seine Höhle,
die vom Spiegel des Wassers unter der Erde
hinführte. In der Höhle saß ich nun. Der Kaiman
ging von dannen. Vor dem Eingang der Höhle
lagen Kaimane. Ich wußte nicht, wie heraus=
kommen. Da toste über mir ein Rudel großer
Antilopen vorbei, und eine trat mit dem Fuße ein
Loch in den Boden, so daß das Tageslicht herein=
schien und ich sah, daß die Decke über mir ganz
dünn war. Ich erweiterte die kleine Oeffnung
und kroch heraus. — Seit dem Tage fürchte ich
mich nicht mehr!"

Surro Sanke sagte: „Eines Tages brach ich
mit guten Kameraden zum Raubzuge auf. Wir
waren dreißig Mann. Drei Monate lang zogen
wir umher, ohne einen einzigen Fang zu machen.
Nichts glückte. Drei Monate waren wir in der
Steppe, ohne ein Weib zu sehen. Da, eines
Tages gelang es uns, einer Frau habhaft zu
werden, und brünstig, wie wir waren, beschliefen
wir sie sogleich alle dreißig, einer nach dem
anderen. So lebten wir wieder drei Monate lang,

und während dieser Zeit beschlief jeder diese Frau jeden Abend. Dann gelang es, eine zweite Frau zu ergattern, und nun beschlossen wir, daß je fünfzehn von uns eine Frau erhielten. Wir sagten das den Frauen. Dann gingen die beiden Frauen heim, um Wasser zu schöpfen. Als sie am Brunnen waren, stürzte die Frau, die schon drei Monate lang bei uns war, die neuangekommene Frau in den Brunnen hinab. Sie sagte: ‚Was, jetzt soll ich nur noch mit fünfzehn Männern schlafen? Das halte ich nicht aus.‘ Seit dem Tage bin ich nicht mehr eifersüchtig.“

Surro Sanke sagte: „Eines Tages war ich auf der Wanderschaft. Weit ab vom Dorfe traf ich einen Menschenschädel, am Wege liegend. Ich fragte: ‚Wie kommt wohl der Menschenschädel da hin, wo er so weit vom Dorfe entfernt ist?‘ Der Schädel sprach: ‚Weil ich so viel sprach!‘ Ich sagte: ‚Weshalb?‘ Der Schädel sagte: ‚Weil ich so viel sprach!‘ Dreimal sprach der Schädel zu mir. Dann ging ich weiter. Ich kam im nächsten Dorfe an. Ich erzählte dem Häuptling: ‚Zwischen deinem und dem vorigen Dorfe liegt ein Schädel, der spricht.‘ Der Dorfchef sagte: ‚Du lügst!‘ Ich sagte: ‚Nein, ich spreche die Wahrheit!‘ Der Dorfchef sagte: ‚Du lügst!‘ Ich sagte: ‚Nein, ich lüge nicht, und wenn du es nicht glaubst, so gib mir drei Menschen mit, denen will ich das zeigen, und die mögen es selbst hören.‘ Der Dorfchef sagte: ‚Gut, zwei Leute mögen mit ihm gehen. Wenn es wahr ist, daß der Schädel spricht, so mag es gut sein. Sonst soll man ihm sogleich wegen seiner Lügerei den Kopf abschlagen.' Ich ging mit den beiden Leuten hin. Als wir an den Schädel kamen, fragte ich ihn: ‚Weshalb liegst du hier?' Der Schädel antwortete nicht. Ich fragte ihn dreimal, aber er antwortete nicht. Darauf banden mich die zwei Leute, wie er ihnen befohlen hatte, und schon hob einer den Schädel auf, um mich zu köpfen. Ich sagte: ‚Ach, weshalb hast du gestern gesprochen, und weshalb sprichst du heute nicht?' Da sagte der Schädel plötzlich: ‚Uba, Uba! (Der Mund, der Mund!)' Meine Begleiter sagten: ‚Ja, jetzt hat er gesprochen.' Sie banden mich los. Sie brachten mich zum Dorfchef und sagten: ‚Es ist wahr, der Schädel spricht.' — Seitdem sage ich: Von den beiden Oeffnungen im Menschenleibe, aus denen das Schlechte kommt, ist der Mund die gefährlichere. — Und seitdem lüge ich nicht mehr.“

Der König sagte: „Es ist gut, ich kann dich nicht töten.“

Surro Sanke sagte: „Es gibt ein Mittel für dich, mich zu töten. Ich habe drei Haare auf dem Kopfe. Wenn du die Namen dieser drei Haare erfährst, dann kannst du mich töten.“ Der König sagte: „Es ist gut.“

Der König war so zornig darüber, daß er Surro Sanke nicht zu töten vermocht hatte, daß er beschloß, jetzt kein Mittel unversucht zu lassen, das Geheimnis der drei Haare zu ergründen. Er ließ also die erste Frau Surro-Sankes zu sich kommen und sagte: „Du bist die Frau eines Mannes, der nicht reich ist. Wenn du mir sagst, welches die Namen der drei Haare deines Mannes sind, so will ich dich zu meiner Frau machen und dir viele Kühe schenken." Die Frau sagte: „Ich kann dir das nicht sagen, denn ich weiß es nicht." Der König ließ die zweite Frau Surro Sankes kommen und sagte zu ihr: „Du bist die Frau eines Mannes, der nicht reich ist. Ich will dich zu meiner Frau machen und wohlhabend, aber du mußt mir die Namen der drei Haare auf dem Kopfe deines Mannes nennen." Die Frau sagte: „Ich bin die Lieblingsfrau meines Mannes. Mein Mann hat mich lieber wie alle Weiber, ich kann es nicht sagen." Der König sagte: „Ich kann dir viel Vieh und Schmuck schenken." Die Frau sagte: „Würdest du mich zu deiner Frau machen?" Der König sagte: „Ich will dir er= füllen, was du nur willst." Die Frau sagte: Das Härchen auf der rechten Seite heißt: ‚Wallidi= tege=mogo=dinje (das heißt: Nicht einmal des Freundes Sohn kann dir deinen Sohn ersetzen).' Das Härchen auf der linken Seite heißt: ‚Kani= kono=fo=mussue (Erzähle deine Sachen nicht den Frauen).' Das starke Haar in der Mitte heißt: ‚Kekorro=ba=kanji=kaphula (Es ist gut, wenn ein alter Mann zugegen ist).' Das sind die Namen der drei Haare auf dem Kopfe meines Mannes."

Als der König das wußte, ward er gar froh und sagte zu seinen Leuten: „Ruft mir Surro

Sanke." Der war gerade bei einer Arbeit und hatte keinen Ueberhang. Es war aber ein Bursche da, den hatte eine seiner Frauen mit in die Ehe gebracht. In der Eile nahm Surro Sanke dessen Ueberwurf, der sehr klein und kurz war, und ging zum Könige. Der König sagte ihm sogleich: „Das Härchen auf deiner rechten Seite heißt: Wallidi=tege=mogo=dinje. Das Härchen auf deiner linken Seite heißt: Kani=kono=fo=mussue. Das große Haar in der Mitte heißt: Kekorro=ba=kanji=kaphula. Ist es nicht so?" Surro Sanke sagte: „Nun kannst du mich töten!"

Surro Sanke ward hinausgeführt. Der Henkersknecht mit dem Schwerte ging neben ihm. Der König folgte. Da kam der unechte Sohn Surro Sankes, ging nebenher und schrie: „Oh, mein Ueberwurf, oh, mein Umhang! Nun wird er vom Blute bespritzt werden." Der Bursche dachte nicht daran, daß sein Vater nun hin=geschlachtet werden sollte, sondern dachte nur an seinen Ueberwurf. In eiligem Laufe kam der richtige Sohn Surro Sankes und schrie: „Oh, mein armer Vater! Oh, mein armer Vater! Hier, nimm meinen Ueberwurf für deinen letzten Weg. Oh, mein Vater, oh, mein armer Vater." Darauf ward der Ueberwurf gewechselt und der Vater erhielt an Stelle des kleinen Ueberwurfes des unechten Sohnes den langen Ueberwurf des echten Sohnes.

Sie kamen zur Stelle. Surro Sanke kniete nieder. Der Henker hob den Säbel. Surro Sanke beugte das Haupt vor. Da kam ein alter Mann

auf den Knien herangerutscht und bat Surro
Sanke: „Grüße mir meinen alten Vater, grüß
mir meine alte Mutter!" Der König, der das
sah, rief: „Oho, da will wohl einer eine Bot=
schaft über mich und mein Leben mit hinüber=
senden? Ihr wollt euch wohl drüben über mich
beschweren? Nein, dann erlaube ich nicht, daß
dieser Mann getötet wird." Da banden sie Surro
Sanke wieder frei.

Der König fragte: „Nun sage mir aber, was
die Namen deiner drei Haare bedeuten!" Surro
Sanke sagte: „Du hast gesehen, wie vorher mein
Stiefsohn um seinen Ueberhang Sorge hatte, ohne
dabei an mich zu denken. Da hast du den Sinn
des Haares auf der rechten Seite. Du hast durch
die Frau, die ich am meisten liebte, die Haar=
namen erfahren, da hast du den Sinn des
Namens des Haares auf der linken Seite. Wenn
dieser Alte im Kreise nicht gewesen wäre, hättest
du mich töten lassen. Das ist der Sinn des
Namens des Haares in der Mitte meines Kopfes!"

7. Liebesprobe.

Tamme, Domboü und Kambeü waren drei gute Kameraden. Tamme war ein Tessuge aus Dimba. Domboü war ein Gindo aus Bankassi. Kambeü war ein Togo aus Rani=Bonso. Sie waren alle drei von verschiedenem Stamme, aber gute Freunde. Ohne daß einer von dem anderen wußte, bewarb sich ein jeder um die Gunst des gleichen Mädchens; das war Jelle. Jeder von ihnen wollte gern Jelle heiraten, die ein fleißiges Mädchen war und ein gutes Einkommen ver= sprach.

Wenn Tamme zu Jelle ging, um mit ihr zu plaudern, so brachte er stets einen Korb voller Früchte des Brotfruchtbaumes mit. Wenn Dom= boü zu Jelle ging, um mit ihr zu plaudern, so brachte er stets einen Korb voll Erdnüsse mit. Wenn Kambeü zu Jelle ging, brachte er als Ge= schenk jedesmal einen Korb roter Kaurimuscheln mit. So suchte ein jeder Jelles Gunst zu er= werben. Und das ging eine gute Weile so.

Eines Tages sagte Jelles Mutter zu ihrer Tochter: „Da sind drei tüchtige Männer, die dir täglich reiche Gaben gebracht haben und die dich

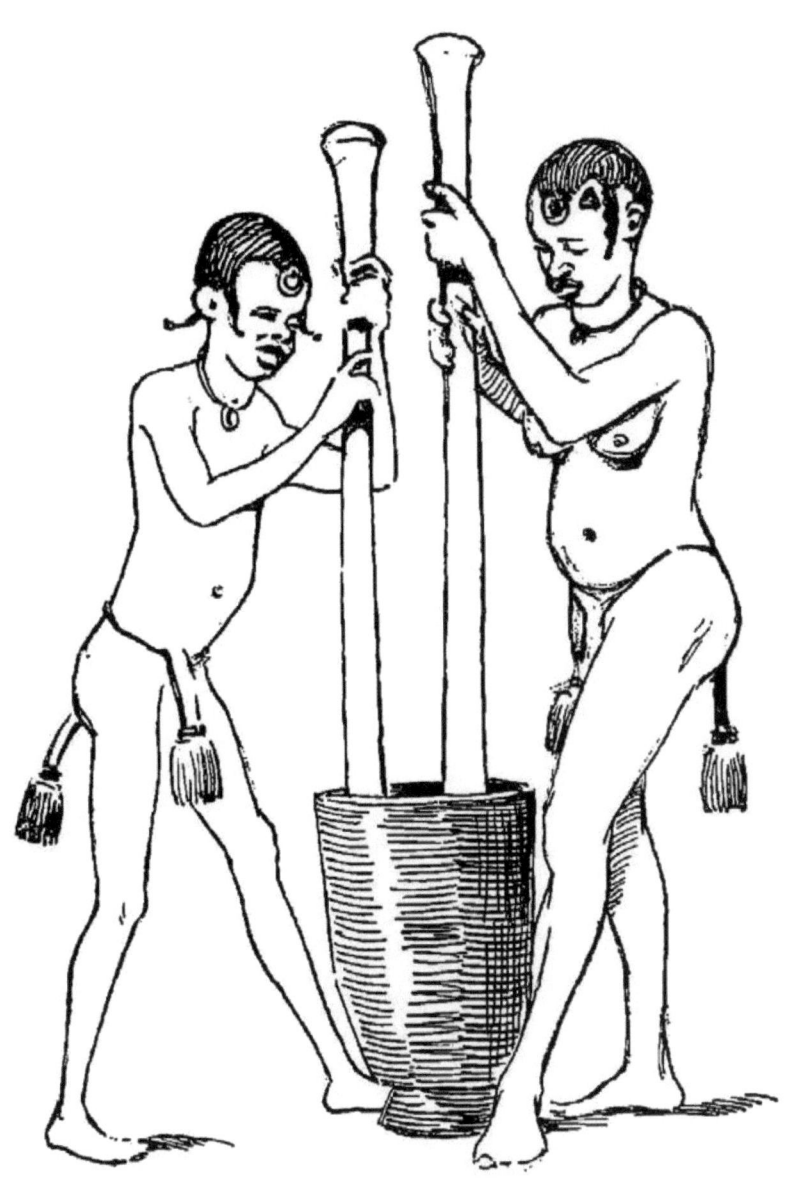

Kornstampfen im Mörser

alle drei zur Frau haben wollen. Nun wähle dir einen von den Männern, es scheint, daß jeder von ihnen ein ordentlicher Mann sei." Jelle sagte: „Mutter, ich kann mich nicht entschließen. Wähle du mir doch einen aus." Die Mutter sagte: „Das ist deine eigene Sache. Ich will nicht, daß, wenn ich etwa schlecht wähle, du mir nachher sollst nachsagen können, ich hätte dir einen schlechten Gatten gewählt." Die Tochter sagte: „Ich kann mich aber nicht entschließen. Wähle du doch."

Darauf wandte sich die Mutter an eine alte Frau und fragte sie: „Kannst du mir nicht einen guten Rat geben? Es sind da drei junge Männer, von denen wünscht ein jeder meine Tochter zur Frau zu haben. Ein jeder macht ihr bei jedem Besuche reiche Geschenke. Nun wissen wir aber nicht die Wahl zu treffen. Kannst du mir nicht einen Rat geben?" Die alte Frau sagte: „Die Sache ist sehr einfach! Laß alle drei kommen, verstecke deine Tochter. Sage ihnen, deine Tochter sei gestorben. Sage ihnen, du wollest ihnen ihre Geschenke wiedergeben. Auf solche Weise wirst du schnell erfahren, was an den Leuten daran ist." Die Mutter sagte: „Ja, das ist gut. So will ich es machen."

Die Mutter versteckte ihre Tochter und sandte eine Botschaft an Tamme Tessuge, an Domboü Gindo und an Kambeü Togo. Sie sagte zu ihnen: „Kommt zu mir. Meine Tochter Jelle ist gestorben. Ich will jedem das zurückerstatten, was er meiner Tochter schon an Geschenken gegeben hat." Alle drei kamen. Der Tamme Tessuge senkte den Kopf zu Boden. Dann sagte er: „Ich bin einverstanden. Gib mir meine Geschenke wieder. Wenn Jelle auch gestorben ist, so gibt es doch fünfzig andere Mädchen, die ich damit gewinnen kann." Er ging. Der Domboū Gindo senkte den Kopf zu Boden. Dann sagte er: „Ich bin einverstanden; gib mir meine Geschenke wieder. Wenn Jelle auch gestorben ist, so gibt es doch noch fünfzig andere Mädchen, die ich damit gewinnen kann." Er ging. Kambeū Togo senkte den Kopf zu Boden. Die Mutter Jelles fragte ihn: „Und wie ist es nun mit dir?" Kambeū sagte: „Was soll ich mit den Kaurimuscheln? Jelle war Jelle. Ich könnte mir ein anderes Mädchen erwerben, aber Jelle kann ich nun nicht mehr erlangen." Dann ging er.

Vier Monate vergingen. Dann ließ die Mutter wieder alle drei rufen und sagte zu ihnen: „Jelle ist nicht tot; Jelle lebt." Sie zeigte ihnen das Mädchen. Sie sagte zu Domboū Gindo und Tamme Tessuge: „Ihr liebtet nicht meine Tochter Jelle, sondern das gute Einkommen, das sie versprach. Es war euer Vorteil, der euch interessierte." Dann sagte sie zu Kambeū Togo: „Du hast meine Tochter wirklich mehr geschätzt als deine Kaurimuscheln. Hier hast du meine Tochter!" So erhielt Kambeū Togo das Mädchen Jelle zur Frau.

Der Geizhals.

Im Orte Maku im Lande Pignari lebte ein
Kado, der hieß Ansige. Er war ein Bastard,
aber sein Vater hatte keine anderen Kinder, und
so zog er den Ansige auf wie seinen Sohn. Man
nannte ihn Ansige-Karambe. Als der Vater starb,
hinterließ er Ansige alles, und Ansige war nun
ein wohlhabender Mann.

Ansige war ein Bastard und hatte den
Charakter eines Bastardes. Er war sehr geizig.
Er war ganz außerordentlich geizig. Dann war
er ein nimmersatter Vielesser. Er konnte ganz
unendliche Massen vertilgen. Als sein Vater ge=
storben und er ein reicher Mann geworden war,
schaffte er sich drei Frauen an. Alle drei mußten
für ihn arbeiten, mußten für ihn Essen besorgen.

Alle Tage sagte er zu ihnen: „Ihr arbeitet
mir nicht genug. Ihr macht mir nicht genug Essen.
Ich will mehr zu essen haben." Die Frauen sagten
unter sich: „Er ist geizig, er ißt zu viel." Alle
Leute sagten: „Ansige Karambe ist über alle
Maßen geizig und gierig." Als Ansige einige
Jahre verheiratet war, kam seine erste Frau zu
ihm und sagte: „Ich will mich ein wenig nach

meiner Familie umsehen und verreisen." Sie
ging zu ihrem Vater. Dann kam die zweite Frau
und sagte: „Ich will mich ein wenig nach meiner
Familie umsehen und verreisen." Sie ging zu
ihrem Vater. Dann kam seine dritte Frau und
sagte: „Ich will mich ein wenig nach meiner
Familie umsehen und verreisen." Sie ging zu
ihrem Vater.

Nun war Ansige allein. Er mußte sich das
Essen von anderen Frauen herstellen lassen, und
da er geizig war und gleichzeitig gierig, so wollte
er für kleine Bezahlung immer sehr viel haben,
und demnach bekam er sehr schlechtes Essen. Da
sagte er eines Tages: „Es ist ganz abscheulich.
Ich habe drei Frauen, die sind nun seit zwei
Jahren fortgelaufen zu ihren Eltern, und ich muß
mir für teuere Bezahlung schlechtes und so wenig
Essen von anderen Weibern machen lassen, so
daß ich beinahe Hungers sterbe. Ich werde meine
Frauen besuchen und verlangen, daß sie heim=
kommen." —

Ansige machte sich auf den Weg und kam
nach einer langen Wanderung zu dem Dorfe, in
dem seine erste Frau wohnte, die hieß Paama.
Er sagte zu dem Vater seiner Frau: „Guten
Tag." Der Vater seiner Frau schenkte ihm einen
Hammel. Ansige tötete den Hammel, zog ihm
die Haut ab und ließ von dem Knaben, der ihn
gebracht hatte, ein Gerüst bauen; er röstete darauf
den Hammel in einem Stück und begann ihn dann
auch gleich zu verteilen und zu verzehren.
Während er gute Stücken abschnitt und diese

dann in den Mund schob, hielt der Knabe den
Braten. Er gab aber dem Knaben nichts ab.

Einmal fiel ein kleines schlechtes Stückchen
herab. Der Knabe hob es auf und aß es. Anfige
sah das und wurde auf der Stelle außerordentlich
wütend und schlug auf den Knaben. Er schlug
aber so, daß derselbe sogleich tot hinfiel. Dann
aß Anfige den Hammel auf. Die Frau Paama
sagte inzwischen daheim zu sich: „Ich kenne doch
meinen Mann! Ich muß doch einmal nach ihm
sehen, denn sicherlich hat er inzwischen in seiner
Gier eine Sache gemacht!" Sie ging hin. Sie
fand den Mann. Sie fand den toten Knaben
bei ihm. Sie sagte: „Was ist das?" Anfige sagte:
„Du kennst mich doch. Tue doch nicht so, als
ob du mich nicht kenntest. Ich wollte meinen
Hammel allein essen. Und als ich im besten Essen
war, nahm der Junge das beste Stück fort, um
es zu essen. Da habe ich auf ihn geschlagen, und
da war er gleich tot." Die Frau sagte: „Warte,
bis es Abend ist, dann wollen wir das erledigen."

Abends kam die Frau und brachte das Essen.
Anfige wollte zugreifen. Seine Frau sagte:
„Warte, erst muß die Sache mit dem Jungen
geregelt werden. Mein Vater hat ein sehr wildes
Pferd. Da wollen wir den Jungen hinbringen."
Anfige nahm mit seiner Frau den Jungen auf
und trug ihn mit ihr im Dunkeln dahin, wo das
wilde Pferd angebunden war. Dort legten sie
ihn nieder. Dann schrie die Frau. Viele Leute
kamen auf den Schrei hin herbei. Die Leute
fragten: „Was gibt es?" Die Frau sagte: „Seht

das Unglück! Ich wollte meinem Manne das Essen bringen. Ich fand ihn nicht, weil er mit dem Jungen hineingegangen war, dem wilden Pferde meines Vaters Futter zu geben. Ich ging nach und kam gerade dazu, wie das Pferd hinten aus= und den armen Jungen totschlug." Die Leute sagten: „Es ist eben ein Unglück!" Sie trugen den Jungen fort.

Ansige ging zurück, dahin, wo seine Frau das Essen hingestellt hatte. Er aß schnell alles auf. Am anderen Tage vergaß er seiner Frau zu sagen, daß sie zu ihm zurückkehren sollte. —

Ansige machte sich auf den Weg und kam zu seiner zweiten Frau. Er kam im Dorfe seiner Schwiegereltern an, als alle Leute gerade die Mittagsmahlzeit genossen hatten. Er sagte seinem Schwiegervater guten Tag. Man wies ihm eine Wohnung an. Seine Frau sagte zu ihrem Vater: „Es hat gerade alle Welt gegessen. Wie ich aber meinen Mann kenne, hat er großen Hunger mit= gebracht. Kann ich ihm nicht irgend etwas zu essen geben?" Der Vater sagte: „Gewiß, bring' ihm doch etwas jungen, gerösteten Mais. Daran kann er sich sättigen." Die Frau machte sich so= gleich auf, holte einen ganzen Korb voll Mais herbei und röstete ihn und brachte ihn ihrem Manne.

Ansige aß allen Mais, der in dem Korbe enthalten war. Es blieb auch nicht ein Körnchen übrig. Sonst hätte man 20 Männer damit sättigen können. Aber Ansige hatte durch den Genuß des jungen frischen Maises die Gier nach mehr

befallen. Er ging also auf die Felder dahin,
wo er glaubte, daß wohl Mais stehen müsse.
Er fand auch das Maisfeld, brach ein gut Teil
Kolben ab und nahm sie mit sich. Inzwischen
war es aber dunkel geworden. Und da Ansige
den Weg nicht kannte, so merkte er es nicht, daß
ein alter Brunnen im Wege war. Er ging also
mit seiner Maislast auf den Brunnen zu und fiel
mit dem Mais in den Brunnen hinein.

Inzwischen dachte seine Frau daheim: „Ich
kenne doch meinen Mann. Ich muß doch einmal
nach ihm sehen, denn vielleicht hat er inzwischen
in seiner Gier eine Sache gemacht." Sie machte
sich auf den Weg. Sie kam dahin, wo Ansige
den gerösteten Mais gegessen hatte, und sie fand
alle leeren Maiskolben. Sie sagte sich: „Viel=
leicht hat er Gier nach mehr Mais gehabt. Ich
werde mal auf das Maisfeld gehen. Sie ging
dahin. Sie kam an den Brunnen. Sie sah unten
im Brunnen ihren Mann. Sie fragte: „Was
ist das?" Ansige sagte: „Du kennst mich doch!
Tue doch nicht so, als ob du mich nicht kenntest!
Als ich von deinem gerösteten Mais gegessen
hatte, bekam ich Lust, noch mehr davon zu essen.
Ich suchte das Maisfeld auf. Ich brach mir
einen guten Teil voll Kolben ab. Ich ging zurück
und fiel in diesen Brunnen mit meinen Mais=
kolben." Die Frau sagte: „Laß nur, ich will
dir schon heraufhelfen."

Die Frau ging. In der Nähe des Brunnens,
am Maisfeld, waren die Rinder. Die Frau jagte
die Kühe ins Maisfeld. Als die Kühe bei emsigem

Grasen waren, schrie sie laut auf. Auf das Schreien hin kamen viele Leute auf das Mais= feld. Sie fragten: „Was gibt es?" Die Frau sagte: „Ach, das Unglück! Mein Mann ging spazieren und sah die Kühe im Maisfeld. Er sah, wie sie die Kolben abbrachen. Er jagte sie und sammelte die Kolben auf, und da er die Gegend nicht kannte, wußte er nicht, daß ein Brunnen im Maisfelde ist, und fiel hinab. Nun ist er wegen der Maiskolben, die er meinem Vater retten wollte, in den Brunnen gefallen!" Die Leute sagten: „Das ist ja nicht so schlimm. Man kann ihn schon wieder heraufholen." Sie kamen mit Licht und mit Stricken. Sie leuchteten hinunter und holten ihn glücklich wieder herauf.

Dann ging Ansige zurück und aß das Abend= essen. Am anderen Tage vergaß er seiner Frau zu sagen, daß sie mit ihm zurückkommen solle. —

Ansige machte sich am nächsten Tage abermals auf den Weg und kam an das Dorf seiner dritten Frau. Er ging zu seinem Schwiegervater, sagte guten Tag und meinte: „Ich möchte meine Frau besuchen." Der Schwiegervater sagte: „Das ist recht." Dann ließ er ihm einen Platz anweisen und gab den Auftrag, daß die Frau auch etwas zu essen für ihren Mann mache. Die Frau machte sich sogleich an die Arbeit, stellte ein Gericht her und brachte ihm dies, sowie eine große Schale mit Erdnüssen. Ansige aß sogleich das Gericht, und dann begann er mit dem Knaben, der die gute Speise gebracht hatte, die Erdnüsse zu essen. Der Knabe knackte die Erdnüsse wie alle Leute

erst auf, und ließ die Schalen zur Erde fallen.
Anfige wollte aber dem Jungen möglichst wenig
zukommen lassen und aß deshalb eiligst die Erd=
nüsse mit den Schalen. Nachher sagte die Mutter
der Frau: „Ich will jemand hinsenden, der die
Schalen der Erdnüsse wegfegt, die dein Mann
gegessen hat." Die Frau dachte: „Mein Mann
wird, wie ich ihn kenne, nicht viele Erdnußschalen
auf die Erde geworfen haben. Das braucht aber
kein anderer zu sehen." Sie sagte zu ihrer Mutter:
„Du brauchst niemand anderes zu senden. Ich
werde das selbst machen." Sie ging hin und
fand, daß nur die Schalen der wenigen Erdnüsse
dalagen, die der Knabe gegessen hatte.

Nachher sagte der Vater: „Bereite zum
Abendessen deinem Manne ein Gericht, das er
gern ißt." Die Frau sagte: „Ich will ihm
Punandi machen (Klöße aus Reis)." Der Vater
sagte: „Nimm den guten Reis dazu, der uns heute
frisch hereingebracht wurde." Die Frau sagte:
„Ich will es tun."

Dann machte sich die Frau daran und begann
den Reis im Mörser zu stoßen und zermalmte
so vier große Mullen Schrotmehl. Dann tat sie
Wasser dazu und stellte das Gericht her. Alle
dem sah Anfige vom Hause aus, das ihm zu=
gewiesen war, zu, und mit Gier blickte er besonders
immer auf den Mörser. Dann brachte die Frau
das Gericht Punandi, das aus vier Mullen
Schrotmehl bereitet war. Anfige aß das Gericht
vollkommen auf. Als Anfige mit dem Gericht
fertig war, mußte er immer an den Mörser denken.

Er sah zu dem Mörser hin und sagte bei sich: „Vielleicht ist in dem Mörser noch ein wenig darin." Ansige ging hin und sah in den Mörser. Es war noch ein ganz klein wenig daran, und zwar am unteren Rande. Er steckte den Kopf hinein, um das abzulecken. Als er dann aber den Kopf wieder herausziehen wollte, konnte er es nicht. Er war vollkommen eingekeilt. Er mußte wohl oder übel mit dem Kopfe im Mörser stecken bleiben.

Inzwischen dachte seine Frau daheim: „Ich kenne doch meinen Mann! Ich muß doch einmal nach ihm sehen, denn vielleicht hat er inzwischen in seiner Gier eine Sache gemacht." Sie machte sich auf den Weg. Sie sah in das Haus, das ihm angewiesen war. Er war nicht darin. Er hatte allen Punandi aufgegessen. Die Frau sagte: „Er hat den Reis gegessen. Danach war er sicherlich noch gierig. Ich werde einmal am Mörser nach ihm sehen." Die Frau ging hin. Sie fand ihren Mann mit dem Kopf im Mörser stecken. Sie fragte: „Was ist das?" Ansige sagte: „Du kennst mich doch! Tue doch nicht so, als ob du mich nicht kenntest! Als ich dein Punandi gegessen hatte, bekam ich Lust, von dem Schrotmehl zu versuchen. Ich steckte deshalb den Kopf in den Mörser, und nun komme ich nicht wieder heraus."

Die Frau sagte: „Jetzt will ich dir sogleich helfen." Sie zog einen Ring vom Finger und warf ihn in den Mörser. Dann schrie sie laut. Hierauf kamen viele Leute angelaufen und fragten: „Was gibt es?" Die Frau sagte: „Das Unglück, das Unglück! Ich bin an dem Unglück schuld. Ich sagte zu meinem Mann, er hätte einen dicken Kopf. Er sagte nein, er habe keinen dicken Kopf. Ich fragte ihn, ob er einen Fingerring, den ich in den Mörser werfen wollte, glaube mit dem Munde herausholen zu können, und er sagte ja, das könne er wohl. Er steckte den Kopf in den Mörser hinein. Aber nun bekommt er ihn nicht wieder heraus." Die Leute sagten: „Wenn es weiter nichts ist, das ist nicht schwierig." Sie holten eine Axt und zerschlugen den Mörser. Da konnte er den Kopf wieder frei bewegen.

Am anderen Tage machte sich Ansige schleunigst auf den Heimweg. Er vergaß aber auch, seiner dritten Frau zu sagen, daß sie mit ihm heimkommen solle. —

Als er wieder in seinem Dorfe angelangt war, fiel ihm ein, daß er vergessen hatte, seinen drei Frauen zu sagen, sie sollten heimkommen. So sandte er eine Botschaft an jede einzelne, und ließ ihr sagen, sie sollte heimkommen. Alle drei Frau antworteten eben dasselbe, nämlich: „Ich kenne dich doch, tue doch nicht so, als ob du nicht wüßtest, daß ich dich kenne."

Ansige starb Frauen= und kinderlos. Noch heute mögen die Habefrauen die Geizigen und Gierigen nicht leiden!" . . . —

Hurenrache.

Eine Hure wohnte in einer Stadt, die so weit von Bamako fortliegt, wie Mekka. Sie hatte die Gewohnheit, nie auf die Straße zu gehen, sondern empfing jeden Abend alle ihre Freunde bei sich, und da ging es dann sehr vergnügt zu. Diese Hure hatte einen jungen Bruder. Eines Tages verbreitete sich das Gerücht, daß der mit einer Frau gehurt habe, und wenn man auch keine Zeugen beibringen konnte, weil das Gerücht nämlich nicht auf wahren Tatsachen beruhte, so verurteilte der Richter den jungen Burschen doch zu hundert Peitschenhieben. Der Bürgermeister, an den der junge Mann sich wandte, bestätigte das Urteil und ebenso der Almami, das religiöse Oberhaupt. Darauf begab sich die Hure zu dem Gericht und sagte: „Es ist an dem Gerücht nichts Wahres, aber um ihm die Schande zu ersparen, will ich gerne eine Geldbuße zahlen." Da wurde ihr geantwortet: „Und wenn du bereit wärest, soviel zu zahlen, wie dein Bruder wiegt, so müßten wir ihn doch auspeitschen." Somit erhielt der Bursche seine hundert Peitschenhiebe.

Die Hure sagte danach zu ihrem Bruder: „Alle Drei haben dich verurteilt. Ich werde dir Gelegenheit geben, jedem von allen Dreien hundert Peitschenhiebe verabreichen zu können." — — Am dritten Tage danach zog sich die Hure sehr schön an und ging dahin, wo der Almami war. Sie schritt an ihm vorüber. Der Almami sagte: „Du sagst mir nicht guten Tag?" Sie sagte: „Ich habe es gesagt, du hast es nur nicht gehört." Der Almami sagte: „Du gehst heute aus? Das ist doch sonst nicht deine Gewohnheit." Die Hure sagte: „Du fragst mich nach dem Verwunderlichen und begehst doch selbst das Verwunderliche, daß du nie zu mir kommst wie die anderen Männer dieser Stadt!" Der Almami sagte: „Ich würde schon kommen, wie die anderen Männer dieser Stadt, aber es sind immer so viele Männer bei dir." Die Hure sagte: „Wenn das der Grund ist! Heute um einhalb sieben wird z. B. kein Mann bei mir sein." Der Almami sagte: „Wirklich?" Die Hure sagte: „Bei deiner Gerechtigkeit!" Der Almami sagte: „Dann werde ich heute nach dem Salaam um einhalb sieben Uhr zu dir kommen."

Die Hure ging weiter. Sie kam am Hause des Richters vorbei. Der richtete an sie die gleiche Frage wie der Almami. Sie unterhielten sich in gleicher Weise und verabredeten, daß der Richter um acht Uhr bei ihr niemand antreffen würde, — „bei seiner Gerechtigkeit."

Die Hure ging weiter. Sie kam am Hause des Bürgermeisters vorbei. Der richtete an sie die gleiche Frage wie der Almami und der Richter. Sie unterhielten sich in gleicher Weise. Sie ver= abredeten, daß der Bürgermeister um Mitternacht bei ihr niemand antreffen würde, — „bei seiner Gerechtigkeit!"

Dann suchte die Hure ihren jüngeren Bruder auf und sagte zu ihm: „Komm' heute Nacht nach Mitternacht zu mir, dann wirst du Gelegenheit haben, mit den Leuten, die dir die hundert Peitschenhiebe verabfolgen ließen, abzurechnen."

Der Almami hatte kaum sein Gebet vor der Gemeinde gesprochen, als er auch, ohne erst zu essen, schleunigst in das Haus der Hure eilte. Er schleuderte seine bunten Kleider in eine Ecke und kam zu der Hure auf das Bett. Die Hure scherzte mit ihm, ohne ihm Befriedigung zuteil werden zu lassen, bis 8 Uhr. Da hörte man Schritte kommen. Der Almami fragte hastig: „Kommt da jemand?" Die Hure sagte: „Ist es denn schon acht? Dann ist es der Richter." Der Almami sagte: „Kommt der öfter zu dir?" Die Hure sagte: „Nein, er kommt heute zum ersten Male." Der Almami sagte: „Ach, der darf mich nicht sehen. Verstecke mich!" Es standen drei große Koffer im Zimmer. Die Hure sagte: „Komm' hier hinein." Sie öffnete einen Koffer und der Almami kroch schleunigst hinein, nackt wie er war. Die Hure schloß zu, zog den Schlüssel ab und steckte ihn zu sich.

Der Richter kam herein. Er warf seine Amts= kleider eilig in einen Winkel und kam zu der Hure aufs Bett. Die Hure scherzte mit ihm, ohne ihm Befriedigung zuteil werden zu laſſen, und trieb dies Spiel bis Mitternacht. Da hörte man Schritte kommen. Der Richter fragte haſtig: „Kommt da jemand?" Die Hure ſagte: „Iſt es denn ſchon zwölf Uhr? Dann iſt es der Bürger= meiſter." Der Richter fragte: „Kommt der öfter zu dir?" Die Hure ſagte: „Nein, er kommt heute zum erſtenmal." Der Richter ſagte: „Aber der darf mich hier nicht ſehen! Verſtecke mich!" Die Hure ſtellte darauf einen zweiten Koffer auf den erſten, in dem der Almami verborgen war. Sie ſagte: „Komm' hier hinein." Der Richter kroch, nackt wie er war, hinein. Die Hure ſchloß zu, zog den Schlüſſel ab und ſteckte ihn zu ſich.

Der Bürgermeiſter kam herein. Er ſtellte ſeine Lanze an die Seite, warf ſeine Kleider eilig in einen Winkel und kam zu der Hure aufs Bett. Die Hure ſcherzte mit ihm, ohne ihm Befriedigung zuteil werden zu laſſen und trieb das Spiel bis draußen Schritte ertönten. Der Bürgermeiſter fragte: „Kommt da jemand?" Die Hure ſagte: „Das wird mein junger Bruder ſein." Der Bürgermeiſter ſagte: „Der, dem wir die hundert Peitſchenhiebe verabfolgt haben?" Die Hure ſagte: „Derſelbe." Der Bürgermeiſter ſagte: „Ach, der darf mich hier nicht ſehen! Verſteck' mich." Die Hure ſtellte einen dritten Koffer auf den zweiten, in dem der Richter war. Sie ſagte: „Komm' hier hinein!" Der Bürgermeiſter kroch, nackt wie er war, hinein. Die Hure ſchloß zu, zog den Schlüſſel ab und band ihn mit den an= deren beiden zuſammen.

Die Hure hieß ihren Bruder hereintreten. Sie sagte: „Ich habe dir versprochen, dir die drei Männer zu überantworten, die dich zu der unwürdigen und unverdienten Strafe verurteilt haben. Hier siehst du nun die Kleider und Abzeichen dieser Männer in den Winkeln liegen. Dort steht die Lanze des Bürgermeisters. In diesen drei Koffern sind die drei Leute selbst. Hier hast du die Schlüssel zu den Koffern." Der Bruder sagte: „Die Koffer sind zu schwer, die kann ich nicht fortschleppen, ich will aber die Kleider und die Schlüssel zu den Koffern zu mir nehmen, um bei dem Richter einer benachbarten Stadt zu klagen." Er nahm die Sachen und ging damit von dannen. Am anderen Morgen erwartete die versammelte Gemeinde der Gläubigen den Almami, auf daß er das Gebet beginne. Aber er kam nicht. Darauf wurden die Leute unruhig und sagten: „Wir wollen zum Richter gehen, damit der den Almami rufen läßt." Die Volksmenge strömte zum Richter. Die Leute des Richters sagten: „Seit gestern Abend haben wir den Richter nicht mehr gesehen." Darauf machte sich die Menge auf, und alle Welt lief, um zu dem Quartiere des Bürgermeisters zu kommen. Sie riefen: „Der Bürgermeister muß das regeln! Der Bürgermeister muß den Almami und den Richter suchen lassen." Im Gehöft des Bürgermeisters waren nur die Frauen daheim. Die sagten mürrisch: „Er war in der letzten Nacht bei keiner von uns." Als die Menge das hörte, bemächtigte sich ihrer große Angst.

Inzwischen konnte der Bürgermeister, der im obersten Koffer im Hause der Hure war, seine Notdurft nicht mehr anhalten, denn er hatte in der letzten Nacht recht viel getrunken. So begann er denn ordentlich sein Wasser abzuschlagen, und das Wasser lief durch die Ritzen in den zweiten Koffer auf den Richter, und der rief: „Bürgermeister, halt' an!" Der Bürgermeister erkannte den Richter an der Stimme und sagte: „Bist du auch da?" Darauf hielt auch der Richter seine Notdurft nicht länger mehr in Schranken und schlug sein Wasser ab, so daß der Almami im untersten Koffer ein zweites Bad erhielt und rief: „Hör' auf, Richter, hör' auf! Ich, der Almami, bin ja unter euch." Darauf sagte der Bürgermeister: „Wenn wir alle drei hier sind, dann wollen wir doch schreien." Der Almami sagte: „Wir wollen nicht schreien." Der Bürgermeister begann aber doch aus seinem Koffer heraus zu schreien.

Das Schreien hörte die Menge, die ängstlich durch die Straßen eilte. Einige Leute sagten: „Kommt, bei der Hure prügeln sich zwei Männer." Alles kam angerannt. Die Leute sahen keinen Menschen im Haus, aber die Nässe, die aus den Koffern gelaufen war. Sie hörten Stöhnen und Rufen.

Da brachen die Leute die drei Koffer auf, und der Bürgermeister, der Richter und der Almami kamen ganz nackt herausgekrochen! —

Anmerkung.

Es soll nicht unterlassen werden, für wissenschaftliche Verwertung der vorliegend abgedruckten Ueberlieferungen, Legenden und Märchen die entsprechenden Ursprungsangaben einzufügen.

Zum Buche 1 „Von Rittertum und Minne": Das eigentümliche Problem der Beziehung solchen Rittertumes zu unserer eigenen Vergangenheit und den entsprechenden nordischen Ueberlieferungen habe ich behandelt im Ergänzungshefte Nr. 166 zu „Petermanns Mitteilungen". Der Leser wird dort die Angaben finden, die zu dem historischen und ethnologischen Verständnisse nötig sind. Die hier vollständig wiedergegebenen Legenden stammen aus den verschiedensten Gegenden des Territoriums zwischen dem Senegal und Timbuktu. Am berühmtesten ist die Reihe von Gesängen, welche die Heldentaten der Leute aus Kalla preisen. Man kann diese Gesänge zusammenfassen unter der Eingeborenen-Bezeichnung „Pui", und kann sie andererseits auch direkt als „das kleine Heldenbuch der Sahel" in Anspruch nehmen. Aus diesem „Pui" stammen die Gesänge über „Samba-Kullung" (Nr. 2), „Singana-Samba" (Nr. 3) und „Kumba-Sira-Maga" (Nr. 8). — Als älteste Traditionen, die weit zurückreichen, bis zum Anbeginn der ältesten Stadtkultur dieser Gebiete, erklären die Eingeborenen die Wagadu-Legenden, von denen ich unter Nr. 9 bis 10 die Biba-Tradition und die feinsinnige Erzählung von Hatumata gegeben habe. Alle übrigen Ueberlieferungen stammen aus Fulbemund. Das „Gossi-Baudi" (Nr. 4) soll seinen Ursprung in der Landschaft Bakunu haben. Der Sang von „Sira-Maga-Njoro" (Nr. 7) wird als

älteste Tradition Masinas überliefert, was aber jeden=
falls bezweifelt werden kann. Den Sang vom „falschen
Ritter" (Nr. 6) empfing ich zwar ebenfalls von den
Barden der Fulbe in Masina, doch behandelt er Völker=
verhältnisse, die nicht in diesen Rahmen gehören, und
muß derselbe unbedingt auch aus dem Bakunu= oder
Njorogebiet in die östlichen Provinzen eingewandert sein.

Zum Buche 2 „Ueber Reineke & Co. im
Busch": Derartige Fabeln besitzt der größte Teil der
höher entwickelten Völker Afrikas, und es sind schon
aus verschiedenen Gegenden verwandte Stücke bekannt
geworden. Die im ersten Abschnitt „aus Senegambien"
reproduzierten Tiergeschichten wurden sämtlich von den
Mande zwischen Bamako, Kankan und Kayes ein=
gesammelt. Die unter Nr. 2 „aus dem fernen Sudan"
vereinigten Erzählungen erhielt ich von den Mossi in
Wagadugu. Die als Nr. 3 „aus Togo" gebuchten
Stücke rühren von zwei verschiedenen Stämmen her
und zwar die ersten beiden von den Bassariten, die
letzten drei von den Tim. Endlich ist zu den unter
Nr. 4 „aus dem Congo=Lande" wiedergegebenen Legen=
den zu bemerken, daß die erste und zweite bei den Bena=
Lulua, die dritte bei den Kanioka, die vierte, fünfte
und sechste bei den Bassonge, und die siebente von den
Batetela eingeheimst wurde.

Zum Buche 3 „Ueber Charaktertypen"
habe ich zu bemerken, daß sämtliche Stücke aus dem
Gebiete zwischen dem Senegal und Timbuktu stammen
und zwar ist Nr. 1 (Der Lügenkünstler) von den Mande;
Nr. 2 (Treue) von den Bosso bei Timbuktu; Nr. 3
(Von einem Bastard) ebenfalls von den Bosso; Nr. 4
(Der Listige) von den Mande; Nr. 5 (Das Schicksal des
Protzen) von den Tomo; Nr. 6 (Der Mann von Charak=
ter) von den Mande; Nr. 7 (Die Liebesprobe) und Nr. 8
(Der Geizhals) von den Tommo; Nr. 9 (Die Rache der
Hure) von den Mande. Aus dem Inhalt der ver=
schiedenen Stücke erkennt man die engere oder nahe
Beziehung zu den Ueberlieferungen der Mohammedaner.

Inhalt.

Außer der vorliegenden Aus-
gabe wurde von diesem Werke
eine Liebhaberausgabe von
100 numerierten Exemplaren
in Ganzlederband hergestellt.

———

Druck von Paß & Garleb
G. m. b. H.
Berlin W.